佐藤和賀子

戊辰戦後の仙台藩〈家老〉一族

坂家のファミリーヒストリー

吉川弘文館

目次

Ⅱ　教師になった長男坂要之進と長女坂コウ

Ⅲ　次男坂琢治の生涯

はじめに

斬首された坂英力

仙台からJR仙石線で日本三景の松島へ向かう途中、下馬《げば》駅（多賀城市）という小さな駅がある。駅前には、明治四五年（一九一二）に坂定義《さかさだよし》が開設した坂総合病院があり、地元の人々から「坂病院」「坂さん」として親しまれている。定義の父で幕末の仙台藩で奉行（家老）であった坂英力時秀《えいりきときひで》は、明治二年、同じく奉行であった但木土佐成行《ただきとさなりゆき》と共に、藩政執行の最高責任者として、戊辰戦争で新政府に抵抗した仙台藩の責任をとり、斬首の刑に処せられた。英力の死後、坂家には定義ら六人の子ども、老母と三番目の妻がのこされ、一家離散を余儀なくされた。

戊辰戦争後の仙台藩

戊辰戦争後、仙台藩に下賜された「二八万石は旧領表高《きゅうりょうおもてだか》の半分にも満たず、会津藩に次ぐ厳しい処分」（『仙台市史』通史編6）といわれている。首謀者の処分においては、仙台藩は会津藩より厳しい結果となった。戊辰戦争に関わった主だった家臣を差し出すように命じられた一一藩のうち、長岡・庄内・米沢・二本松・棚倉藩の五藩は、すでに死亡した人物を届け出た。生存者を届け出た六藩のうち、盛岡・村松・山形・村上の四藩は、盛岡藩の家老楢山佐渡《ならやまさど》が盛岡の報恩寺で処刑されたように、国元で処刑された。故郷に帰らず東京で処刑されたのは、会津藩の萱野長修《かやのながはる》（権兵衛）と仙台藩の但木土佐と坂英力であった、と坂英力の評伝（後述）にはある。

それでは、逆賊とされた旧藩士たちは戊辰戦後をどのように生きたのだろうか。

戊辰戦争によって悲劇的な結末を迎えた会津藩旧藩士の家族の歴史については、これまで研究が進み、明らかにされている。しかし、戊辰戦争後の旧仙台藩士の家族の歴史については、士族授産として北海道開拓に関わった家族を除いてはあまり知られていない。旧仙台藩では、現在の北海道伊達市の基礎を築いた亘理《わたり》伊達家の伊達《だて》邦成《くにしげ》、石狩国空知《そらち》（現在の石狩郡当別町）に移住した岩出山伊達家の伊達邦直《くになお》、札幌市白石区の名前の由来となった白石城主の片倉《かたくら》小十郎邦憲《こじゅうろうくにのり》などの家臣団が北海道に入植し、各々の家族と家臣については、各自治体史などで入植当時の様子が明らかにされている。しかし、士族授産には関わらなかったが、戊辰戦争後に辛酸をなめた旧仙台藩士やその家族の歴史については、旧会津藩に比べると、これまで紹介されることが少なかった。なぜであろうか。それは、幕末の政争のなかで但木土佐が奉行（家老）に就き、数年後に但木が失脚すると、反但木派が藩政の要職に就き、但木土佐・坂英力が斬首された後も藩内の主流となり、明治以降も旧藩士の心情が一つでなかったことも一因であったと思われる。

明治を生きた仙台藩の女性たち

女性の歴史に関しても同様である。『日本女性史大辞典』（吉川弘文館）から、戊辰戦争に関わる時代を生きた人物の掲載数を仙台藩と会津藩で比較してみよう。会津藩は瓜生岩《うりゅういわ》、大山捨松《おおやますてまつ》、中野《なかの》竹子《たけこ》、新島八重《にいじまやえ》、若松賤子《わかまつしずこ》の五名が掲載され、一方、仙台藩の女性で掲載されているのは、新宿中村屋の女主人となった相馬《そうま》黒光《こっこう》（一八七六〜一九五五）の叔母の佐々城《ささき》豊寿《とよじゅ》（一八五三〜一九〇一）のみである。

相馬黒光の著書『広瀬川の畔』は、明治初期の旧仙台藩士の家族の困窮を伝える貴重な記録である。黒光の祖父星《ほし》雄記《ゆうき》は仙台藩の中級武士である。星家の跡取り娘である黒光の母巳之治《みのじ》は婿養子を迎え、養蚕や機織りで家計を支え、時には、娘に質屋通いをさせることもあった。しかし、母の奮闘も空しく、屋敷は人手に渡った。黒光は零落してゆく生家に心を残しながらも上京を決意した。相馬愛蔵《あいぞう》と結婚後、黒光は夫とパン屋を開業し、荻原守衛《おぎわらもりえ》・中村彝《なかむらつね》などの若い芸術家、インド独立運動家を援助し、多彩な文化人との交流の場である「中村屋サロン」の中心になった。昭和戦前に、黒光は仙台の坂家を訪ねている。

ほかに、明治前半期に仙台から東京に出て活躍した女性に、仙台藩医菅野淡水《かんのたんすい》の娘菅野秀子《ひでこ》（一八二一〜九九）がいる。秀子は、婿養子の医師菅野東水《とうすい》と死別し、戊辰戦争の動乱のなかで資産を失うと、子どもを連れて上京し、明治六年（一八七三）にロシア正教会宣教師のニコライ・カサートキンから洗礼を受けた。ニコライは、後に東京復活大聖堂（ニコライ堂）を建てたことでも、その名が知られている人物である。秀子は明治一六年にニコライが東京市神田に女子神学校を開校すると舎監になった。彼女は実質的には校長の役割を担い、ニコライから全幅の信頼を置かれた女性である（佐藤和賀子「明治期ニコライ堂の女子神学校と宮城の女性たち」）。

相馬黒光や菅野秀子のように、明治初期に仙台から上京し、東京で活躍したのはきわめて少数の女性たちである。大多数の女性たちは、血縁と地縁の絆と柵から、生まれ育った地域に留まり近代を生きた。そのような女性たちの歴史に触れたいと思っていた時に、坂英力の家族に関する資料に巡り合ったのである。

「坂英力伝」と「坂琢治伝」

戦前に、坂英毅《えいき》は祖父英力と父琢治《たくじ》の二冊の評伝をまとめた。父の評伝「坂琢治傳」（以下「坂琢治伝」と記す）は、英毅が一人で執筆した。一方、英力の評伝「奥羽戊辰事変ノ眞相ヲ闡明《せんめい》セル坂英力傳」（以下「坂英力伝」と記す）は、琢治が遺した「戊辰戦争東軍ノ価値ヲ論ジテ武士道ノ盛衰ニ及ブ」（一九一九年に脱稿）と題する手稿を踏まえて、英毅が昭和一〇年（一九三五）に書き終えた。その「付記」には、「亡父坂琢治及び旧主伊達邦宗伯の遺命を奉じこの著書をなせり」「奥羽越七千余の殉難者の英霊に黙禱を捧ぐ」と記した。この原稿は、『仙台戊辰史』を著した藤原相之《ふじわらあいの》助《すけ》が校閲し、原稿に前記の表題をつけた。藤原相之助は大正二年（一九一三）に「仙台藩国老坂英力君碑」を坂家の菩提寺の日浄寺《にちじょうじ》（仙台市青葉区堤町）に建立し、坂家とは縁の深い歴史家であった。

英毅は「坂英力伝」最後の頁に「信興ノタメニ、コノ原稿ヲ作リシ苦心ヲ残シ置クモノナリ、父」と記し、同書を出版する前に出征し戦死した。

坂家は、昭和二〇年七月一〇日の仙台空襲で屋敷を全焼した。その際、「坂英力伝」「坂琢治伝」執筆時の原資料や家族の日記、手紙など多くの資料が失われた。しかし、幸いにも「坂英力伝」「坂琢治伝」の原稿は疎開されていたので焼失を免れた。

「坂琢治伝」は、筆者が坂家の研究を始めた平成二二年（二〇一〇）には、すでに浄書された原稿の複写が製本されていた。しかし、「坂英力伝」の公刊までには長い年月を要して、令和二年（二〇二〇）に英毅の次男坂正毅《まさたか》氏によって複写製本の形でまとめられた。公刊に際し、正毅氏は原稿が長い間秘蔵された理由について「英毅は第二次世界大戦で出征するにあたり、長男信興にこの書を世に問うことを託しましたが、兄信興は若くして他界したため手つかずに今日に至りました」と述べている。このように「坂英力伝」は、英力、琢治、英毅、正毅氏の坂家四代の思いが継がれて公開された書である。

本書について

本書の前提になるのが、次の二点の拙稿と、筆者が執筆を担当し坂総合病院が企画した一冊の本である。

・「軍医坂琢治と妻しまの授産事業―「宮城授産場日誌」をてがかりに―」（荒武賢一朗編『東北からみえる近世・近現代』岩田書院、二〇一六年）

・「仙台藩奉行坂英力の遺された家族の近代―坂家の女性たちを中心に―」（『地域女性史研究』第三号、二〇二二年）

・『医者屋にならず―坂病院初代院長　坂定義先生の生涯と業績―』（宮城厚生協会坂総合病院編・刊、二〇一九年）

『医者屋にならず』は、坂総合病院（宮城県塩竈市錦町）に所蔵されている坂定義（英力の三男）に関する履歴書などの関連資料や宮城県公文書館などの資料をもとに、軍医としての前半生と地域の医療福祉活動に活躍した後半生について明らかにしている。

本書では、前記の論考で資料とした「坂琢治伝」と、論考執筆後に公刊された「坂英力伝」を手がかりに、主に旧仙台藩領〔宮城県と岩手県の一部〕で暮らした坂家の人々の幕末から昭和三〇年代までを記している。具体的には英力の遺児を育てた彼の母と妻、そして地域のなかで医療、福祉、教育に貢献した三人の息子と一人の娘の生涯をたどり、論を進めるために必要な場合には、その配偶者や子どもたちにも言及している。坂家三代の多様な個性を持った家族の人生は、日本の近代国家の歩みに、ある時は命がけで並走し、また、ある時は静かに、時には激しく抵抗してきた。坂家の家族の歴史は、まさに日本近代史の光と影を映しているといってよいであろう。

本書の主な資料である「坂英力伝」「坂琢治伝」は、どちらも家族が記した評伝であるので、英力や琢治の公的な事績のみならず、共に暮らした家族だけが知る事柄も記されている。さらに、坂家の女性たちが家族と交わした日常の言葉が、家族の記憶の断片として残されている。その断片は女性たちの人柄や心情を察することができるほど豊かな内容である。「坂英力伝」「坂琢治伝」は、英力や琢治と同じ時代を生きた坂家の女性たちの記録でもある。

なお、本書の書名を『戊辰戦後の仙台藩〈家老〉一族』としたが、冒頭でも少し触れたように、仙台藩では藩政の最高責任者を「奉行」と言った。それゆえ、正確には、仙台藩奉行一族、とすべきかとは思う。しかし、一般的には「奉行」といえば、上位者の配下にあって実務にあたる一部局のトップを想起されるので、あえて〈家老〉としたことを、あらかじめお断りしておきたい。

本書の執筆にあたって、坂家の人名表記は自筆履歴書に準じ、自筆履歴書がない場合は「坂英力伝」の表記に統一している。敬称は存命の方にのみ付した。「坂英力伝」「坂琢治伝」からの引用は、かたかなの部分はひらがなに直している。年齢は数え年で記す。坂英力の処罰後、坂家は「坂」を「阪」に改め、家名復興後は「坂」に復したが、その後も「阪」を使った資料があり、原文通りに記す。宮城県塩竈市は坂家に縁の深い土地であり、地名を単独で使う場合は「塩竈」と記し、「塩釜」「塩竈」の表記は原資料に従う。坂家略系図を二二二・二二三頁に、坂琢治・坂定義と関係のある地名の略地図を二二四頁に掲載している。また、本文中で参考または引用した文献には（　）を付した。

Ⅰ　坂英力の生涯

一章　仙台藩伊達家に仕える

坂家の系譜―初代から四代まで―

坂家の家譜は、初代の坂平内重續が江戸詰の時に、明暦三年（一六五七）の大火で屋敷が類焼し失われた。そのため重續は子や孫に坂家の歴史について常々語り、それを子孫が断片的な手記に残した。英力《えいりき》は、安政五年（一八五八）に初代から六代までについて短く書き留めている。

時代が下り、昭和初期に岩手県東磐井《いわい》郡黄海《きのみ》村が郷土史編纂のために、坂家に系譜の提供を依頼した。江戸時代に仙台藩領であった黄海村に坂家の知行地があった。磐井郡は、明治一一年（一八七九）に東西に分割され、黄海村は東磐井郡の管轄になった。その後の町村合併で、黄海村は岩手県一関市藤沢町となり現在に至る（図1）。黄海村の求めに応じて、英力の孫英毅《えいき》は、昭和九年（一九三四）一月に英力の手稿と英力以前の先祖の手記をもとに「坂家略系」を作成した。その緒言には、「黄海村よりの要求は急なり、乃《すなわ》ち主として血脈の関係を明らかにし他は大略に止めたり」とある。

「坂家略系」をもとに初代から四代までをたどってみよう（二二二頁の坂家略系図①参照）。

伊達家と坂家の関係は、仙台藩祖伊達政宗《だてまさむね》の時代に遡る。坂家の祖である佐賀惣七は伊達政宗に仕え、豊臣秀吉《とよとみひでよし》による朝鮮出兵に出征し、軍功をあげて政宗から「御賞」があった。惣七が病死した時、嫡子の平内重續は一歳であった。平内重續は成長すると、寛永元年（一六二四）に政宗によって召し出され、この時、「佐賀」を「坂」に改め、坂平内重續は坂家初代となった。

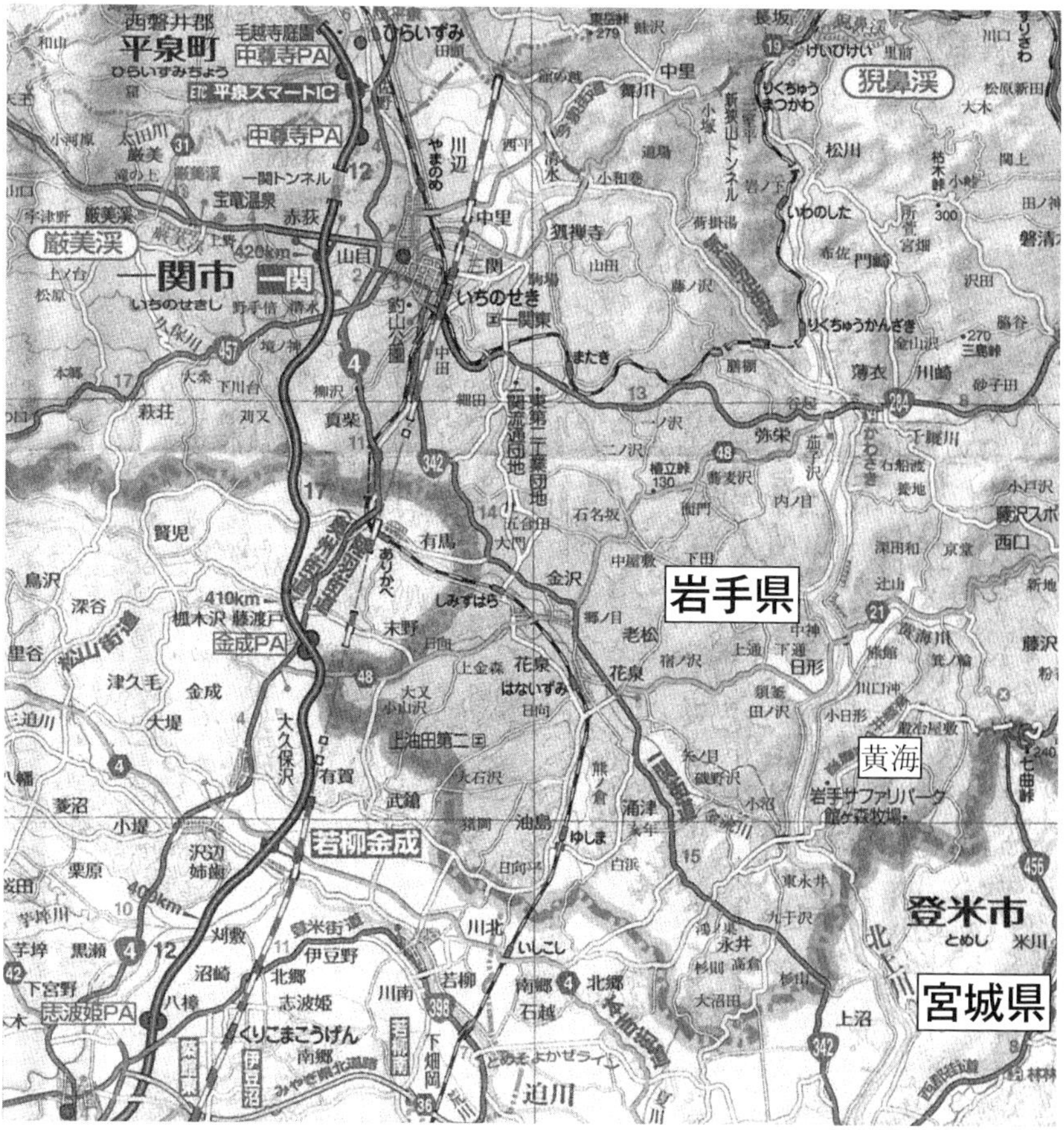

図１　黄海周辺地図（「分県地図岩手県」〈昭文社，2023 年〉を加工して作成）

「坂家略系」には、坂家当主の生年と没年がすべて書かれているわけではない。ただし、当主が仕えた藩主の名前は記されているので、当主が生存していた時代を知るために、藩主の生没年を記す。

初代坂平内重續は仙台藩初代伊達政宗（一五六七～一六三六）、二代忠宗《ただむね》（一五九九～一六五八）、三代綱宗《つなむね》（一六四〇～一七一一）、四代綱村《つなむら》（一六五九～一七一九）の四代の藩主に仕えた。

二代目の坂半兵衛重信は四代綱村、五代吉村《よしむら》（一六八〇～一七五一）に仕えた。嗣子の虎之助が死去し、他に男子がいなかったので、松尾庄右衛門の嫡子庄三郎を婿養子に迎え、重信の娘と結婚させた。元禄四年（一六九一）に志田《しだ》郡飯川村（宮城県大崎市）に知行地を与えられた。

三代目坂半兵衛信之（庄三郎）は五代吉村、六代宗村《むねむら》（一七一八～五六）に仕えた。坂家の「通字」を「信」と定め、隠居後は喜楽と称した。信之の娘与世《よせ》（信子《のぶこ》、性善院）が六代藩主宗村の側室になり、七代藩主重村《しげむら》（一七四二～九六）と幕府若年寄の堀田正敦《ほったまさあつ》の生母になった。後年、伊達家断絶の危機を堀田正敦と共に救った奉行（家老）中村景貞《なかむらかげさだ》は娘婿である。

宗村治世の延享四年（一七四七）に、坂家は次の五ヵ所を知行地に定められた。磐井郡黄海村、加美《かみ》郡四日市場村（宮城県加美郡加美町）、玉造《たまつくり》郡上野目《かみのめ》村（宮城県大崎市）、志田郡飯川村、牡鹿《おしか》郡真野村（宮城県石巻市）である。さらに黄海村には在郷屋敷を賜った。

四代目の坂五郎太夫信忠は、六代宗村、七代重村に仕えた。前述の通り、七代藩主重村の生母は、坂家三代目信之の娘信子である。重村治世の明和元年（一七六四）に、坂家の家格は「着座」から「一族」に列せられ、伊達家の支族として伊達家の紋「三引両」を拝領した。仙台藩の家臣団は門閥・平士・組士・卒の四つに大別され、門閥はさらに一門・一家・準一家・一族・宿老・着座・太刀上・召出に分かれ、「家」の格が決められていた。四代目信忠の娘さくは幼少より信子に養育され、「坂野」と称し伊達家の老女になり、長年にわたり伊達家に仕えた。

伊達家断絶の危機―性善院と堀田正敦・中村景貞―

仙台藩では八代斉村《なりむら》（一七七四〜九六）、九代周宗《ちかむね》（一七九六〜一八一二?）、一〇代斉宗《なりむね》（一七九六〜一八一九）、一一代斉義《なりよし》（一七九八〜一八二七）、一二代斉邦《なりくに》（一八一七〜四一）まで藩主が早世した。その時期、幕府の要職にあった堀田正敦が若い藩主の後見人となり、仙台藩は難局を乗り越えた。

「せんだい市史通信」（第三〇号、二〇一三年五月二一日）には、次のような興味深い史実が紹介されている。

寛政八年（一七九六）に八代藩主伊達斉村が急逝し、わずか生後六ヵ月の周宗（幼名政千代）が九代藩主になった。この事態に幕府老中は、仙台藩奉行（家老）の中村景貞らに対し、藩主幼少につき藩務に精励するように命じている。一方、仙台藩では周宗の祖母にあたる七代藩主重村の正室観心院《かんしんいん》が、重村の実弟である近江国堅田《かただ》藩主の堀田正敦に周宗の後見を依頼した。堀田正敦の父は六代藩主宗村、生母は坂信子である。正敦は堀田家に養子に入った後、老中松平定信《まつだいらさだのぶ》の引き立てで幕府若年寄になり、四〇年以上も在任した。

周宗は一四歳になった文化六年（一八〇九）一月に疱瘡《ほうそう》になり危篤に陥った。「武家諸法度」では跡目を継がせる養子をとるのは藩主生存中に限るとあり、また、一七歳以下の藩主が養子をとる際は吟味を要するとしている。周宗の危篤で、仙台藩は危機的な後継者問題に直面した。周宗が病臥する江戸の仙台藩邸に堀田正敦と仙台から中村景貞らが集まった。当時の仙台藩の記録をまとめた『六代治家記録』の文化六年二月七日条には、堀田正敦と中村景貞らが「密議」をしたと記されている。「密議」の内容は不詳である。この年の七月から、周宗の異母弟の斉宗（幼名徳三郎）が藩主代理を務めた。周宗が表に姿を見せずに三年が過ぎた文化九年、一八歳になった周宗は病身を理由に幕府に隠居を願い出て、弟の斉宗が一〇代藩主になった。

これには驚くような後日談がある。大正時代の伊達家の当主邦宗《くにむね》（一八七〇〜一九二三）が著した『伊達家史叢談』には、「実は周宗は一四歳で亡くなっており、それを三年間隠し通した末に斉宗に跡を継がせたとの口伝がある」、周宗が生きているように扱い、三度の食事も運ぶようにと、中村景貞が命じた、とある。「せんだい市史通信」は「堀田正敦と中村景貞は、正敦の同母姉が景貞に嫁いでいるので、義理の兄弟という間柄」「この二人の絶妙な連携によって、仙台藩が救われたのかもしれません」と記している。

信子（性善院）は側室ではあるが、六代藩主宗村（夫）、七代藩主重村（息子）と同じ墓所の大年寺宝華林廟《ほうかりんびょう》（仙台市太白区）に葬られている。信子は重村が藩主在任中の宝暦一三年（一七六三）に四五歳で死去した。よって息子正敦と娘婿景貞が仙台藩の危機を救ったことを知ることはなかった。

坂家の相続問題—五代から七代まで—

坂家五代目の坂喜太夫信要は幼少より病身で、中年になっても藩の役職に就くことはなかった。幼年の嫡子三郎を自分に代わって奉公させ主恩に報いたいと藩主重村に願い出た。三郎は、安永七年（一七七八）一二月から近習《きんじゅう》見習となり二〇〇石の役料を与えられた。しかし、天明二年（一七八二）四月に三郎、九月に信要が相次いで病死した。坂家は信要の次男信中（後に能登時保と改名）が継ぐことになった。

六代目の坂源四郎信中は、天明二年に一一歳の幼年で藩主重村の近習見習になり、一〇〇石が加増された。一六歳の時、藩の財政をつかさどる出入司《しゅつにゅうづかさ》の斎藤右膳の娘（一四歳）と縁談の話があった時に、斎藤家は坂家が貧困であるという理由から不同意であった。しかし、藩主から特別に坂家取り立ての思し召しがあることを知って、結婚が成立した。寛政二年（一七九〇）に藩主重村からの命で坂能登時保に改名した。

能登時保は武芸に優れ、砲術、鈴鹿流薙刀、影山流剣道は免許皆伝の実力者であった。享和三年（一八〇三）に大番頭に就いたが、文化九年（一八一二）に「不調法」との理由で役を取り上げられ、一年間閉門になった。「不調法」の内容は坂家の資料には記されていない。能登時保は、文政二年（一八一九）に旗奉行、同四年に大番頭に復帰し、同六年に病死した。

六代目以降の系図は複雑になるので、坂家略系図①（二二二頁）を参照しながら読んでいただきたい。

六代目の能登時保は子どもに恵まれず、仙台藩一門の涌谷《わくや》伊達家の伊達安芸村常《あきむらつね》の四男要人を養嗣子に迎えた。常直（要人）は増田家の娘みやこを妻とし、庄三郎と春子をもうけたが、常直（要人）は病身のため坂家を継がず、嗣子と定めた庄三郎も五歳で亡くなった。坂家存続のために、能登時保は改めて平賀《ひらが》雅幹《まさとし》（美濃）の次男泰蔵を養子とした。平賀家の家格は永代着座、磐井郡大原（岩手県一関市）に知行地を持っていた。泰蔵は、文政三年に一四歳で坂家の養子になり、四年後に家督を継ぎ、坂家の七代目となった。

二章　坂英力の家族と江戸在勤

坂英力、誕生

坂家七代目泰蔵は二二歳になると、六代目の坂能登時保が最初に養嗣子とした常直（要人）の娘春子（一五歳）と結婚し、長男庄三郎に次いで、天保四年（一八三三）九月一九日に次男英力が生まれた。坂家にとっては待望の男児の誕生が続いた。英力は、生後まもなく仙台城下に住む藩士遠藤某の妻を乳母として、同家で養育されることになった。ところが、二児の父になった泰蔵は、次男英力の誕生から一年も経たない天保五年七月に二八歳で病死した。父の死後も、英力は仙台の乳母の家に預けられた。

同年九月に、四歳で坂家八代目になった長男庄三郎と二一歳で夫を失った春子は、坂家の知行地の一つである磐井郡黄海村に転居した。坂家が城下を離れた理由を「坂英力伝」は二つ挙げ、当主が幼少ゆえ生活費を削減するため、また、当主が幼く藩主に奉公できないので、城下に住むことを遠慮した、とある。

母春子

黄海村に転居した翌年の天保六年（一八三五）正月に、長男庄三郎が病死した。そのため、英力は三歳で家督を継ぎ坂家九代目になった。坂家は幼少の当主が続き、家臣のなかには動揺と不穏な動きがあった。春子は長男の急逝について疑念を持ち、それゆえ、家督になった英力を自ら養育することを決め、新たな転居先を探した。坂家の知行地は藩内に点在し、家臣が常住していた。その中から、仙台城下に近く、健康にも良い海浜の宮城郡大代《おおしろ》村（宮城県多賀城市大代地区の大部分と笠神地区の一部、塩竈市の一部を含む。図2参照）。を選んだ。春子は英力を片時も自分の身から離

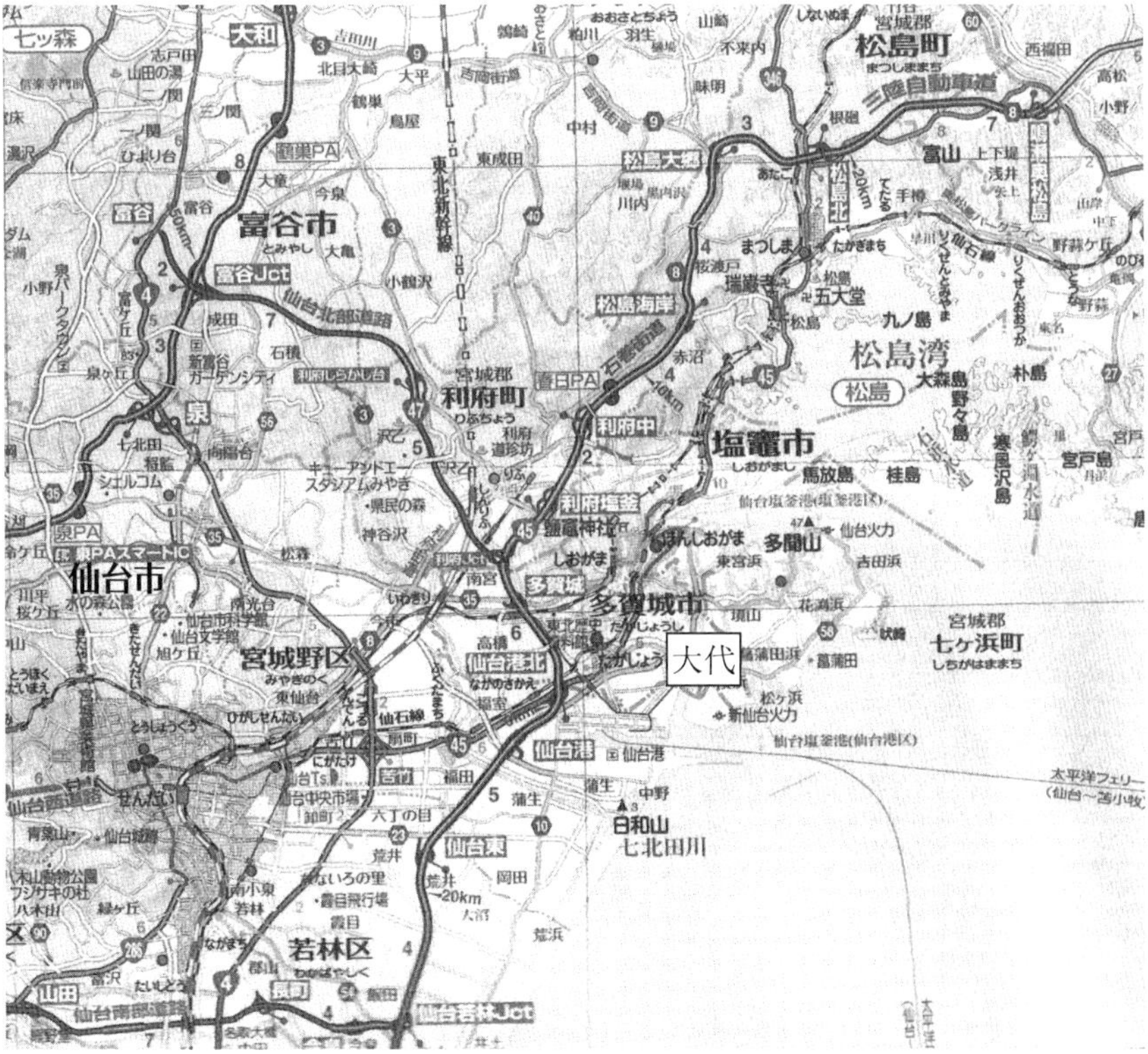

図２　大代周辺地図（「分県地図宮城県」〈昭文社，2021 年〉を加工して作成）

さず、英力もまた母や同居していた祖母の傍らで遊んだ。

「坂英力伝」によると、一五歳になった英力は一三代藩主伊達慶邦《だてよしくに》との御目見《おめみえ》式を恙《つつが》なく果たし、藩主から「末頼もしき者なり」との賞詞を与えられた。英力は疱瘡に罹るが、健康を回復した嘉永四年（一八五一）に一九歳で元服した。

春子は若い時から女丈夫であった。「坂英力伝」には、次のような逸話がある。

春子が寡婦になった翌年、二二歳の時に一人で就寝中に盗賊が忍び込んできた。盗賊が寝ている春子を跨ぎ、箪笥に手をかけ着物を出し終わり、まさに去ろうとした時、彼女は起き上がり盗賊の着物の裾をつかんだ。その力があまりにも強く、盗賊は振り払うことができず、着物を脱ぎ裸体となり、着衣を春子の手に残して逃げ去った。この話を聞いた家臣は「万一のことがあれば、ご自身の恥のみならず、御家の恥」と春子を諫めた。「坂琢治伝」にある琢治《たくじ》の妻の回想のなかに、春子の機転と沈着さを示す話がある。

大代村の自宅で、春子が英力を抱いて寝ていた時に、賊が障子の外から白刃を突き刺して脅迫した。あいにく、家臣は一人も家にいなかったが、あえて家臣の名前を呼び、次に男性の声を作って返事をした。賊はそのまま立ち去った、という。

藩内では、春子は賢母として知られていた。坂家の家格にふさわしい儀式や交際に細かく気を配り、家臣に任せず、万端を取り仕切っていた。家格にふさわしくない行為があれば「無念不調法」と叱責されたが、坂家ではそのようなことは一度もなかった。坂家は幼少の当主が続き、経済的には決して豊かではなく、対面を保つために家庭内はきわめて質素であった。春子の着物の袖口には、さまざまな色の布が縫い付けられていた。それを不思議に思った孫のコウが問うと「三席の貧乏隠し」と答えた。三席とは仙台藩家臣団の上位三つの家格で、一門、一家、一族の総称である。

最初の妻小梁川幾久

嘉永五年（一八五二）、二〇歳になった英力は藩主慶邦の近習になり、仙台城下に住むことになった。この年に、小梁川中務盛之《こやながわなかつかさもりゆき》の娘幾久《いく》と最初の結婚をした（二二三頁の坂家略系図②参照）。小梁川家は江刺《えさし》郡野手先村（岩手県奥州市江刺）の邑主《ゆうしゅ》であった。仙台藩では広い知行地と時には要害も拝領した有力家臣を邑主という。小梁川家の家格は坂家より上の「一家」であった。翌嘉永六年に長男要之進《ようのしん》が生まれた。この年六月にペリーが浦賀に来航した。小梁川家との縁組により、坂家は次の当主になる男児を得た。しかし、小梁川家の方から、特に幾久の母から、英力の母が厳格すぎると苦情があり、両家の折り合いが悪くなり離縁に至った。要之進は嗣子として大切に育てられ、無事に三歳を迎えた。その年、安政二年（一八五五）一〇月二日、江戸で大地震（安政大地震）が起きた。在府中であった藩主慶邦を、英力は国元にいた家臣の総代として江戸に上り見舞った。

英力、影山流剣道師範に

安政五年（一八五八）、英力が二六歳の時、藩主慶邦の内命により影山流の剣道師範を始めた。英力の曽祖父である坂能登時保は、影山流の免許皆伝の相伝者であった。能登時保はこの流派を継承するべき養嗣子が幼かったので、奥義を弟子の山田儀右衛門に伝授した。その後、儀右衛門は息子民之助に伝えた。能登時保と儀右衛門の死後、藩主の命令で、坂家が影山流の継承者に復することになり、山田民之助が秘伝を英力に伝えた。

『徳川制度史料』などの著者小野清は、少年時代に山田民之助の剣術道場に通っていた。小野の記憶によると、「英力様は藩士を教えるよりも、主として藩主に影山流の剣道と居合を教えていた。しかし、坂邸に行き稽古をお願いすると、実に懇切に指導してくれた。母堂は稽古に疲れて休息中の少年たちに、餅を焼いてくれることもあった。また、英力様が不在の時には、母堂が自ら木刀を取って少年たちを指導されることもあった」と回想している（「坂英力伝」）。

二人目の妻鹿又油井子

英力は鹿又《かのまた》龍之進の娘油井子《ゆいこ》と再婚した。「坂英力伝」によると、鹿又家は新影流剣道師範の家である。坂家と鹿又家は、流派は違うが、剣道を通じて親交があったのかもしれない。しかし、二度目の結婚は姑と嫁の性格が合わなかった。気丈な姑春子にとって、温和で内気な嫁油井子がすることは、意にそわないことが多かった。春子が子どもの便器を片づけるように油井子に命じたところ、油井子は女中に片づけさせ、それを知った春子は激怒した。

「坂英力伝」には「英力、孝心深きを以て、母の意見を少しも逆はざりき、英力が内心油井子を嫌ひあらざりしは、後年、油井子の談にても明らかなり」とある。「油井子の談」として、次のような話が記されている。

自分は、深夜長き廊下を通り便所に行くを、内心怖ろしく思い居りしを、英力様は察し、母上に秘し、密かに英力様自ら手燭を持ち、送られしこともありき。

油井子との間には　万延元年（一八六〇）に次男琢治が生まれていたが、英力は親への孝行を優先し、再び離縁した。しかし、坂家には油井子との離縁は坂家の意向ではなく、藩主の内命であるという話が伝わっている。藩主は英力を藩政で重用するにあたり、妻の家柄もそれにふさわしい家格を求めたといわれている。坂家に伝わる話は、いくつかの点で信憑性がある。琢治の妻は、生母の油井子が選び、油井子の遠縁にあたる女性である。琢治が結婚した時には、英力の母春子は健在であったので、かつての姑嫁である春子と油井子との関係が険悪ならば成立しない縁組である。

油井子は離縁後、すぐに伊達家に仕えている。「坂英力伝」には、琢治の妻が油井子から聞いた興味深い話が載っている。

自分坂家を去り、伊達家大奥に仕ふるや　楽山公（慶邦公の号なり）も、この事情を察せられしか、英力様用務にて、大奥に来らるることあるや、自分に酌を命ぜられ、英力様に酒肴を賜りしこと屢々《しばしば》なりき。

文中の「この事情」については「坂英力伝」には説明はない。油井子は英力の死後、藩主の命令で大町家に嫁いでいる。なお、「大奥」とあるのは、正しくは「中奥《なかおく》」である（柳谷慶子『江戸のキャリアウーマン』）。

三度目の結婚、奉行就任

文久二年（一八六二）に、英力は三人目の妻布施仲を迎えた。布施家の家格は坂家より二つ下の着座で、本吉《もとよし》郡柳《やない》津《づ》（宮城県登米市）の邑主である。今泉《いまいずみ》篁洲《こうしゅう》著『篁洲雑纂』所収の「孀人布施氏之行状」によれば、仲は布施備前定安の娘で、英力と結婚する前にすでに結婚し二女の母であった。しかし、「故アリテ家ニ帰ル」とある。英力との結婚の経緯は伝わっていない。

仲の坂家での生活は、姑春子、長男要之進（一〇歳）、次男琢治（三歳）との同居から始まった。英力は仲と結婚した翌年、文久三年に若年寄に就任した。しかし、その年のうちに病気と称し辞任を願い出て、幼少期を過ごした大代村に隠棲した。この時期から、号に「黄海漁夫」を使うようになった。英力が三一歳の若さで若年寄に抜擢されたため、若年寄から英力を引き下ろそうとする動きがあり、それが隠棲の理由と「坂英力伝」にはある。大代村では穏やかな日々を過ごし、村の子どもに習字の手本として「千字文」を書写して与えることもあった。

元治元年（一八六四）七月一九日に、京都では禁門の変が起きた。京都御所の付近で、長州藩士が会津・薩摩両藩兵と戦った。この事態に驚いた仙台藩主伊達慶邦は英力を城に呼び出し、京都の情勢を探るように命じた。英力は大代での隠棲生活を終え、同年暮れまで、京都に特使として派遣された。

藩主から信任の厚い英力は、慶応二年（一八六六）に三四歳で奉行に就任した（図3・4）。英力は但木土佐と共に藩政の中心人物になった。但木土佐は、文政元年（一八一八）に但木山城直行《やましろなおゆき》の三男として生まれた。但木家は黒川郡吉岡（宮城県黒川郡大和町）に領地を拝領し、代々奉行になり得る宿老の家柄であった。

江戸時代に仙台藩領であった磐井郡藤沢本郷（岩手県一関市）の商家、丸吉皆川《まるきちみなかわ》家の当主が書いた「丸吉皆川家日誌」の慶応二年の記録には、「九月坂英力様御奉行ニ被出候也、大井ニ御立身也」とある。英力の奉行就任は「おおいに、御立身」と世間で話題になるほどの大抜擢であった。

図３　坂英力肖像（仙台市博物館所蔵）

慶応三年の八通の手紙

英力は慶応二年（一八六六）五月に、藩主伊達慶邦の世子伊達茂村《もちむら》に随って江戸に行き、定府を命じられた。茂村は一関藩田村家の田村邦行《くにゆき》の子で、文久三年（一八六三）に跡継ぎに恵まれない伊達慶邦の養子になった。

「坂英力伝」には、英力が江戸詰であった時に、母に送った手紙の写

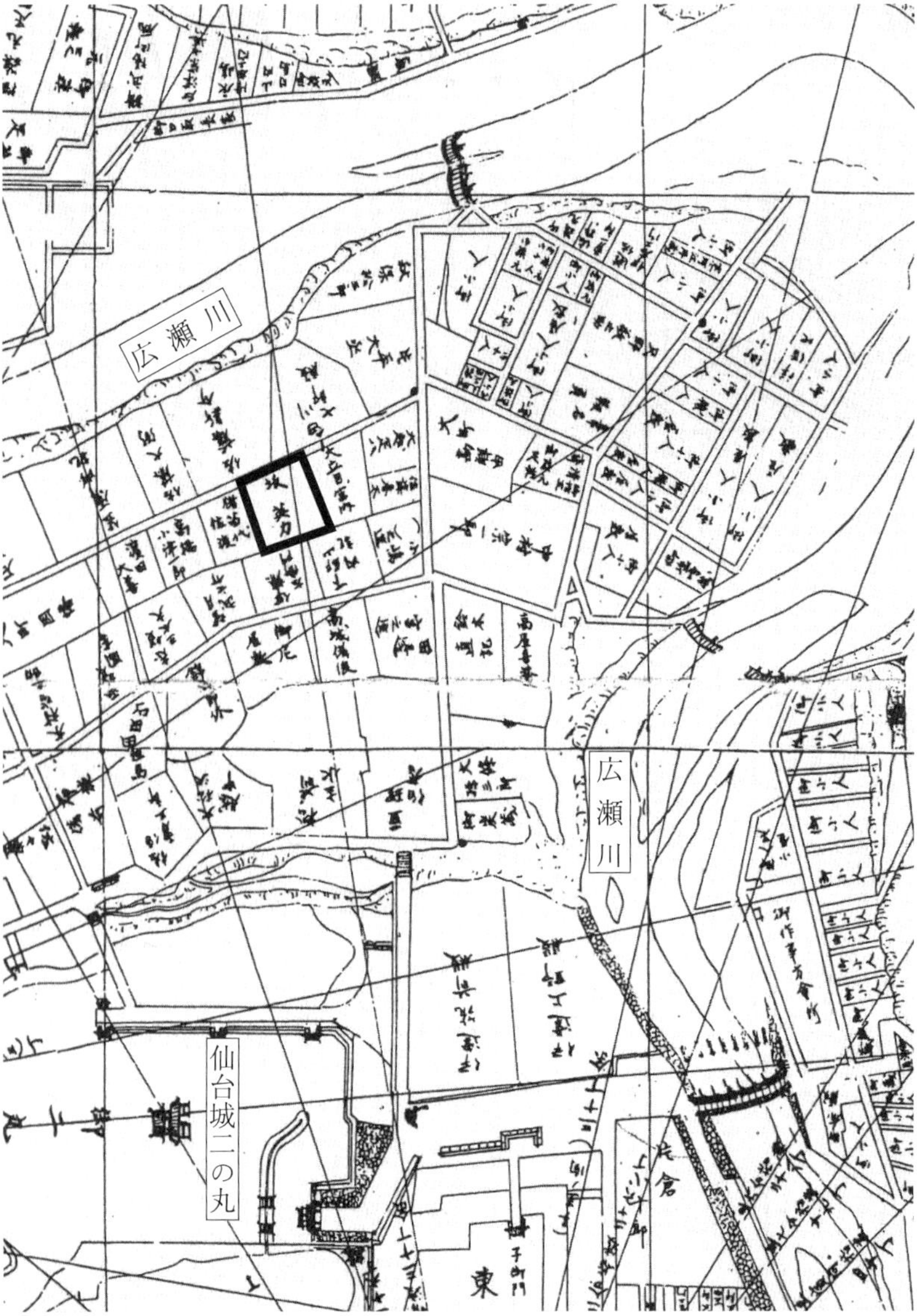

図４　坂英力邸周辺地図（「安政補正改革仙府絵図」〈阿刀田令造『仙台城下絵図の研究』斎藤報恩会，1936年〉を加工して作成）

しが八通ある。手紙はいずれも「江戸より母へ」で始まり、名前の表記は「さか英力」とある。

最初の七月四日付の手紙に「御曹司様」つまり伊達茂村の逝去が書かれているので、慶応三年であることがわかる。他の手紙も内容が続いているので、最後の手紙は同年一二月七日と推定できる。八通の手紙が書かれた年は、一〇月一四日に大政奉還があり、一二月九日に王政復古の大号令が出され、江戸幕府が終わり天皇を中心とする新政府が成立する歴史の大きな転換期であった。しかし、手紙には日常の諸事に関わる連絡や、母と息子の細やかな気持ちのやりとりが綴られている。

七月四日の手紙

七月四日の手紙には、「御曹司様　御事実は去月十六日昼頃御卒去遊され誠に恐入り候」「御曹司様御尊骸は来る十三日夜江戸表御立にて同二十五日御国許へ御着の御都合に御座候」とある。

一八歳で亡くなった茂村が、生前身に着つけていた汗じみのある帷子《かたびら》を拝領したことを、英力は母に伝えている。「御曹司様」の「御卒去」後、英力はじめ家臣は障りなく暮しているので案じることのないようにと書いている。しかし、江戸藩邸での茂村の死去は、江戸での藩政にも影響を与えた。生糸の藩専売について横浜の有力商人との交渉は、一時中断された（『仙台市史』通史編5）。

英力は飛脚便を利用して筆まめに母へ手紙を送っている。手紙を書くことで、江戸詰の職務からの緊張をとき、ひと時の安らぎを得ていたのかもしれない。この時期、仙台藩は外国船の購入を進め、八月八日に英力ら五名が、台場に係留されている船を検分した。次は、その前日に記した手紙である。

八月七日の手紙

武家の娘である母春子は、商人大竹徳治からの「拝借金」を気にかけて、その旨を、英力に書き送ったようである。その返信と思われる文面が八月七日の手紙である。「大竹方の事」は心配に及ばないと安心させ、「にわかの御しんしゃうもち御くろうをかけ」とねぎらっている。留守宅を預かり、英力に代わって慣れない諸事を処理することになった母を「にわかの御身上持ち」と、おかしみを込めた言葉で表現し、母の気持ちを和らげている。

江戸で羽織地一反、一重の結城紬《ゆうきつむぎ》を一反、二子縞（双子縞）袴地一反、黒八丈袴地の裏一反を購入し、値は高いが国元よりは品質が良いと記している。長男要之進の羽織と袴を揃えるために、英力は布地、染、紋入れ、仕立てについて母春子に相談している。それに関する英力の妻の関わりは、八通の手紙には全く記されていない。

八月一〇日の手紙

「坂英力伝」は、母宛の手紙について「英力の孝心並びに人間味　文面に充溢せる」と評している。引用が長くなるが、八月一〇日の手紙もその例であろう。

おなか方よりの文にて伺えば　去月十七日より御暑気当たり　誠に御持病段々の御つかれもあらせられ余程に御なんぎ遊ばし候御よし　しかしおひおひかく別御よろしく　もはやご本ぷく位と伺上候　定て此節ごろは御機嫌よく入せられべくと悦上候へ共　猶又御よきにつけても御大切遊ばし候様ひとへにねんじ上奉り候

文頭の「おなか方」とは英力の三人目の妻仲で、臨月の自分のことは二の次に、姑の健康状態を知らせている。仲は姑春子が見込んだ嫁であったと「坂英力伝」にある。

九月一一日の手紙

九月一一日の手紙からは、父親として長男の教育に気を配る英力の姿がみてとれる。「一さでん《（左伝）》と中書物此度《このたび》かひ下し候　何分出精致すやう要之進へ仰聞せられ戴度候」とある。「さでん」とは「春秋左氏伝」のことで、孔子の編纂と伝えられている歴史書「春秋」の代表的な注釈書の一つである。通称「左伝」といわれた。

九月一六日の手紙

安否伺い、時候の挨拶に続いて、仙台から送られた「焼きカジカ」の御礼を書いている。次に、母春子が手紙に記していた「きんたんえんと申す薬」は「きんたいゑんの御覚ちがいかと存上候」とある。間違いとは書かずに、「覚えちがい」であると、やんわり訂正し、この薬を送ることを伝えている。「きんたいゑん」とは毒消しや気付け薬の「錦袋円」のことで、江戸土産として人気があったので、春子は噂に聞いていたのであろう。

「度々産婦のこと仰戴き」「定て今日頃はいかがでか安産いたし候はんと存じ居り候」とある。英力の願い通り、六日に女児が誕生した。

九月一六日の手紙には、「御曹司様御ゆいもつとして御反物をも拝領仕候よし　ありがたき事に存じ奉り候」とある。伊達茂村の遺物《ゆいもつ》の反物は、自分の着物は間に合っているので、母が着物に仕立て召されたらどうだろうかと勧めて、江戸から裏地も送るとある。春子は孫の着物についてはさまざま気を配っているが、自分の着物に関してはきわめて質素であった。それに気付いていた英力の孝心であろう。

九月二〇日の手紙

四日後の九月二〇日の手紙では、「火事はっぴ」は江戸表では不要であるので、国元で仕舞って保管しておくように、また、黒ぬり傘は少し傷んでおり「手入れ」の必要があるので、江戸の方へ送ってほしいなど、日常の細々としたやりとりが、母と英力の間でなされている。

手紙には長男要之進の着物について、「要之進羽おり出来候間うら共に此度《このたび》相下し申候　くろかいきは御座無くよりて　こんかいき相ととのへ申候」とある。「かいき」とは「甲斐絹」のことで、羽織の裏地に用いる高級絹地である。春子からは黒甲斐絹の要望があったのであろうか、ないので、紺甲斐絹にしたと伝えている。

この時期、江戸での英力は、外国船の見聞、洋式の鉄砲、生糸の藩専売に関わる交渉など多忙を極めていた。しかし、仙台行きの飛脚便があるたびに、事細やかに長男要之進の衣服について母に書き送っている。

九月二三日の手紙

その三日後の九月二三日の手紙には、「お仲事過る六日産致し母子丈夫にてひだち候由」「里子は何方なり御たづねよろしき様御願申上奉候　名は何となり思召もあらせられ候はば御つけなし戴度候」と記されている。

九月六日に仲が出産した子どもは次女で、いくと名づけられた。英力は次女の名前も里子先もすべて母に一任している。長男要之進に対しては、書物や着物に至るまで、父親として配慮している。それとは対照的に、他の子どもについては、手紙のなかでは全く触れていない。

一二月七日の手紙

「坂英力伝」にある最後の手紙が、一二月七日付のものである。江戸では何の障りもなく相勤めているのでご安心いただきたいとある。要之進が藩主から「書物拝領ならびに塩釜へ召連られ候事ども誠に有がたく」とあり、長男への期待から、書物手習いに励むように導いていただきたいと母に頼んでいる。

江戸より寒い仙台にいる母の健康を案じて「げん寒の折にも罷成候まま何分御保養遊ばし、御丈夫にいらせられ候様ひとへに念願申上奉候」と孝心溢れる言葉が記されている。

また、来春、国元に帰るまでに、幕一張を作るので、古い幕を参考に寸法を知らせてほしい、と母に頼んでいる。幕に入れる紋は片喰《かたばみ》紋である。坂家のもう一つの紋は「違《ちが》い鋏《ばさみ》紋」で、英力の代までは外側に円がなく、息子の琢治の代に「丸に違い鋏紋」になった（一二九頁の図17参照）。

慶応三年秋、戊辰戦争の前夜

慶応三年（一八六七）の秋から翌年一月に戊辰戦争が始まるまでの仙台藩の動きを、英力を中心にみてみよう。

江戸詰の仙台藩士は、蒸気船購入のために忙しい日々を過ごし、一〇月九日に英力ら三名は品川沖に停泊する蒸気船二艘の下見に出かけている。一一月一八日に但木土佐は幕府軍艦奉行の勝海舟《かつかいしゅう》（安房守義邦《あわのかみよしくに》）を訪ね、同月二九日に英力は、「勝の世話でオランダ商人が売るアメリカ製蒸気船を紹介されたので買い上げの可否を検討するように指示し」（『仙台市史』通史編5）、江戸藩邸詰の出入司の入生田《いりゅうだ》三右衛門《さんえもん》康欣《やすよし》と物書頭立《ものかきかしらだち》の男沢《おとこざわ》精一郎《せいいちろう》が中心になって評議した。その結果、この船は翌慶応四年一月五日に一二万ドル（約九万五〇〇〇両）で買い上げられた。同月三日の鳥羽・伏見での戦いを、仙台藩士が知るのは八日のことであった。一二日に、英力らは宮城丸と命名された蒸気船を検分している（同前）。

三章　戊辰戦争の責を負う——坂英力の捕縛・斬首——

但木土佐と坂英力

戊辰戦争がすでに始まっていた慶応四年（一八六八）四月下旬の時点で、仙台藩には大内筑後基恭（一族、一二九七石）、片平大丞教敬（一族、一九九一石）、坂英力時秀（一族、四八四石）、但木土佐成行（宿老、一八〇〇石）、石田正親廉直（着座、一七〇〇石）、松本要人成章（着座、一四〇〇石）の六人の奉行（家老）がいた（栗原伸一郎『幕末戊辰仙台藩の群像』）。そのなかで、戊辰戦争に深く関わった奉行が但木土佐と坂英力である。坂家は幼少の当主が続き、石高は低かった。「坂英力伝」によると、但木土佐が内政外交と軍の兵站事務を、坂英力は軍政ならびに軍の統帥と作戦を担当していた。土佐は英力より一五歳年長で、土佐がつくった戯歌に「御奉行は坂で車をおす如く、英力なけりゃ　あとへもどるぞ」とあり、両者が表立って対立することはなかった。両者について、土佐は剛腹で裏もあれば表もある人物で、誤解も受けやすく暗殺を企てられたこともあり、一方、英力は謹厳寡黙で表裏なく、その政見に関する批判はあっても、人格への批判はどの資料にもなく、暗殺を策する人は一人もいなかったと評している。

奥羽鎮撫軍、仙台に駐屯

仙台藩は表高六二万石余り、実高は一〇〇万石といわれた。外様の大藩で、代々朝廷の臣の立場にあり、朝廷の藩《はん》屏《ぺい》という意識を持っていた。戊辰戦争では朝廷を尊重し、かつ奥羽の大藩としてふさわしい行動をとろうとした。なお、戊辰戦争での仙台藩の詳細な動静は本書の主題ではないので、以下大筋を確認するにとどめ、坂英力の活動を中心に記す。

慶応三年（一八六七）秋から歴史の大きな転換が続いた。一〇月一四日に大政奉還、一二月九日には王政復古の大号令があった。慶応四年一月三日、京都近郊の鳥羽・伏見で徳川旧幕府勢力や会津・桑名両藩を主力とする隊と、薩摩・長州両藩を主力とする隊との間で軍事衝突が起き、慶応四年の干支にちなんで戊辰戦争と呼ばれる内乱が始まったのである。

薩長勢力を背景に、朝廷は徳川旧幕府や会津・桑名藩などを朝敵とみなし追討令を発した。仙台藩には一月一一日に会津藩征討が命じられた。会津藩は汚名をそそぐため、朝廷への働きかけを仙台藩に依頼した。藩主伊達慶邦は外圧があるなかでの内乱は避けるべきで、すべては「公論」で解決すべきであると訴え（同前）、二月一一日付で建白書を作成した。これを奏上するために大條孫三郎《おおえだまごさぶろう》を京都に派遣した。しかし、京都に到着した時には、すでに征討軍が東下した後で、宇和島藩などの意見を聞いたうえで奏上を断念した。

新政府は有栖川宮熾仁親王《ありすがわのみやたるひとしんのう》を東征大総督に任命し、奥羽には奥羽鎮撫使を派遣した。三月一八日に奥羽鎮撫軍が松島（宮城県松島町）に到着した。一行は鎮撫総督九条道孝《くじょうみちたか》、副総裁沢為量《さわためかず》、参謀醍醐《だいご》忠敬《ただゆき》の公家に、下参謀の長州藩士世良修蔵《せらしゅうぞう》と薩摩藩士大山格之《おおやまかくの》助《すけ》、薩摩・長州・福岡藩の藩兵らであった（『仙台市史』通史編6）。同二二日に英力は藩主慶邦に従って松島に至り総督に謁見した。

『仙台戊辰史』は、「（総督府の）実権は全く下参謀の大山と世良の両人にあり」、総督の九条道孝は二九歳の名門の貴公子でもとより軍人ではなく、副総裁の沢為量は五〇歳で国政上の議論を聞いても事にあたり活動する人ではない。醍醐忠敬参謀は一九歳の青年と記している。鎮撫軍は仙台城下に入り、藩校養賢堂《ようけんどう》に駐屯した。世良修蔵らは、仙台藩に出兵するように督励し、会津藩が松平容保《まつだいらかたもり》の首を斬って開城しなければ謝罪とはみなさないと主張した。

仙台藩は城内に軍務局を設け、但木土佐と坂英力は出兵準備に多忙をきわめた。三月二二日に奥羽鎮撫総督府から正式に出兵命令を受けた。その前日、軍務局は達を出し、その一部が「坂英力伝」に抄録されている。下級藩士のなかには、武器を質入れしている者もあり、商人には質物を返却し、藩士の借金を一ヵ年返済延期するように命じた。さらに、出兵後の家族扶助に関する達を出し、微禄困窮者の家族は疾病や家族が幼少で世話が必要な時には、目付などに「事実見聞」を申し立てるように伝えている。

奥羽越列藩同盟の会津藩赦免運動

四月一一日に江戸城が開城された。仙台藩は鎮撫総督の命に応じて、白石《しろいし》（宮城県白石市）に本陣を置いて出兵することになった。仙台藩は会津征討を目前に控えても、なおも会津が謝罪降伏するように調停した。閏四月一日には仙台藩と米沢藩を結ぶ七ケ宿《しちかしゅく》街道の関宿に、仙台・米沢・会津各藩の代表者が会合した。仙台藩の但木土佐・坂英力・真田喜平太《さなだきへいた》は米沢藩と協議し、会津藩の謝罪条件として松平容保の城外謹慎、領地削減、責任者の首を求めることを確認した。その後の会津藩との交渉で、家老梶原平馬《かじわらへいま》が責任者を斬ることに難色を示すと、但木が責任者の首と会津一国とどちらが大事か、と迫る一場面もあった。梶原は藩内説得のために、会津に引き返した。

さらに、仙台藩と米沢藩は会津藩救済と停戦を奥羽諸藩に呼びかけた。それに応じた一四藩の代表が、閏四月一一日に白石に集まり、追って一一藩が加わり二五藩の奥羽同盟が成立した。五月上旬までに、北越六藩が参加して三一藩が結集する奥羽越列藩同盟になった。

閏四月一二日、仙台藩主伊達慶邦と米沢藩主上杉斉憲《うえすぎなりのり》は、両藩主の上申書を添えた会津藩の謝罪嘆願書と列藩重臣連署の副申書を、奥羽鎮撫総督の九条道孝に呈上した。鎮撫総督は容認の態度を一時は示したが、最終的には却下し、会津藩征討を厳命した。世良修蔵は仙台藩に対して、会津征討の遅れを非難した（『仙台市史』通史編6）。

その七日後、「坂英力伝」に抜粋されている英力日記には「（閏四月）十九日晴　諸藩応接、夜世良修蔵福島にて討死」とある。閏四月二〇日早暁、長州藩士世良修蔵は仙台藩士と福島藩士に襲撃され暗殺された。

鎮撫総督、仙台を去る

仙台藩士らによる世良修蔵の暗殺は、公家の鎮撫総督九条道孝に大きな動揺を与えたにちがいない。四月一四日から副総督の沢為量と下参謀の大山格之助は庄内藩征討のために兵を率いて仙台を離れていた。身辺が手薄になっていた総督は仙台藩に留まることに不安を感じたであろう。世良の暗殺から一〇日後、閏四月二九日に、庄内藩追討の援軍参謀である佐賀藩士の前山清一郎が、佐賀藩と小倉藩の兵六〇〇人余を率いて松島湾から上陸した。前山の使命は、総督を仙台から奪い秋田に脱走させることであった（『仙台戊辰史』）。

五月一三日、九条道孝と援軍参謀の前山清一郎は、但木土佐・坂英力と密談した。総督の公家特有の言葉づかいと婉曲な表現から、仙台藩側は、総督が仙台から転陣して奥羽諸藩を巡見し、戦乱を鎮めた後に、奥羽諸藩の真情を朝廷へ伝えることを約束したと理解し、但木は転陣を認めた。

五月一八日に鎮撫総督らは佐賀・小倉両藩兵に守られて仙台を発った。その前日の英力日記に「（五月）十七日養賢堂へ但木同道にて行、前山と出会」とある。ところが、但木の判断によって、総督が仙台藩から離れた結果、その後、仙台藩士が秋田藩で暗殺されるという思わぬ事態を招き、但木失脚へとつながる。

列藩同盟は鎮撫総督にかわる新しい権威として、輪王寺宮公現法親王《りんのうじのみやこうげんほっしんのう》を迎えた。七月二日に輪王寺宮は仙台城下の仙岳院《せんがくいん》（仙台市青葉区東照宮）に入り、一二日に白石に移った。白石城内には奥羽諸藩の代表が集まり合議する公議府が設けられた。

一方、七月一日に鎮撫総督の九条道孝は秋田に到着し、副総督らと合流した。総督は但木の期待を裏切り、戦争の継続を明らかにした。仙台藩では、秋田藩が領内に薩長の兵を留めて「鎮撫使を奉戴せしめ置くは奇怪千万なり」（同前）、その理由を詰問すべし、との議が起こった。志茂《しも》又左衛門《またざえもん》実明《さねあきら》を正使とする使節が秋田藩に派遣されたが、同四日に志茂ら仙台藩士が秋田藩内で殺害されるという惨事が起きた。秋田藩に次いで、新庄藩も同盟を離脱した。七月二五日、責任を問われた但木土佐は罷免された。

京都への弁明叶わず

英力日記によると、鎮撫総督が仙台を離れた四日後の五月二二日に、英力は京都派遣の命を受けている。五月二八日に仙台藩の坂英力らと米沢藩の使節は、蒸気船大江丸に乗って寒風沢《さぶさわ》（宮城県塩竈市）を出発した。使節の目的は「坂英力伝」によると、奥羽諸藩の真意を朝廷に伝える建白書を提出することであった。英力日記から旅程をたどれば、五月二八日朝五時に出船、二九日は水戸領中ノ湊（茨城県ひたちなか市）あたりで夜が明け、三〇日昼八時まで房総半島の館山に停泊し出帆、六月一日朝に品川沖に碇泊した。この日、初めて幕臣の榎本武揚《えのもとたけあき》に会った。江戸市中は、半月前の上野戦争で混乱していた、という。

六月六日の英力日記によると、榎本武揚は英力に開陽丸で何度も会い、英力が京都に行くことを強く諫止した。しかし、英力は建白書を京都の太政官に届け、明治天皇の聖断を仰ぎたいという強い意思があった。この時の彼の覚悟を、後日、旧臣岩淵千代治が語っている。要約すると「英力様は、京都までの道中、武士の姿では危険なので、ご自身が町人姿に変装して京都に潜行しようとした。まず髪を直し、町人風に角帯を締めようとした。しかし、町人結び（貝の口）を誰も知らず、急いで某町人を呼び、結び方を習った。ようやく変装が出来あがり、英力様は「如何、是にて町人に見ゆるや」と言われた。皆はしばらく考え、一同は口を揃えて「見えず」と答えた。英力様は笑って「寧《むし》ろ、武士の姿で行くに如《し》かず」と言われて、変装は中止になった」という（「坂英力伝」）。

熟慮のうえ、英力は同行の藩士に京都へ行く手はずを整えて向かわせた。しかし、建白書を提出することはできなかった。英力は平潟《ひらかた》（茨城県北茨城市）まで海路で、そこからは須賀川（福島県須賀川市）を経由して、六月一七日に仙台に戻った。

新政府軍との戦闘始まる

慶応四年（一八六八）七月一日、仙台藩は「各方面よりの情報何《いず》れも不利なるを以て」（『仙台戊辰史』）という状況のなか、藩主慶邦は仙台城に家臣を召出し、坂英力を藩主の名代に命じ、総大将とした。藩主は英力に伊達家の重宝「月影」の刀を手ずから渡した。次に真田喜平太を召し、康光《やすみつ》の脇差《わきざし》を与えた。仙台藩では藩主の意向に沿って西洋銃法に力を注ぎ、講武所の訓練では、喜平太は西洋銃法の教授に登用されていた(『仙台市史』通史編5)。

ちなみに、喜平太は仙台真田氏九代目当主の真田幸歓《ゆきよし》である。仙台真田氏の初代守信《もりのぶ》は、大坂の陣で豊臣方になった武将真田信繁《のぶしげ》の息子である。信繁は幸村の名で広く知られている。守信の姉阿梅《おうめ》は伊達政宗の家臣片倉重長(白石城主)の継室になり、守信は伊達家の家臣になった。片倉重長が阿梅を仙台藩に連れ帰った経緯については諸説あり、戦場で乱取りしたとも、あるいは落城に際して父信繁が敵方の武将の片倉を見込んで子どもたちを託したとの伝承もある。

七月三日、坂英力と真田喜平太は出陣のため藩主に謁見し、ただちに出発した。藩主は五軒茶屋(仙台市若林区河原町)まで見送った。すでに政府軍は六月中旬に平潟から上陸し進軍を続けていた。七月二九日には二本松が落城し、同日に日本海側では、北越の同盟の中心である長岡(新潟県長岡市)も落城した。

仙台藩士の細谷《ほそや》十太夫《じゅうだゆう》は七月二九日の日記に、「二本松城の焔炎盛んなるを望見す」「二本松より逃げくる男女老若のさまは、実に見るに忍びず、聞くに耐へず」「昨夜分娩せりといふ若き女が人の肩にかかり、殆ど生色なくしてとぼとぼと歩み来れる、げに悲惨の極みなり」(『仙台戊辰史』)と記している。

仙台藩兵は須賀川から郡山《こおりやま》(福島県郡山市)へ、さらに八月八日には桑折《こおり》(福島県伊達郡桑折町)へと退いていった。藩内には「坂・真田等が寸効なくして引揚げた」(同前)ことを非難し、主将の交代を主張する者もあった。しかし、藩主からは坂英力と真田喜平太に対して、尽力するようにとの命があった。その後も戦況は好転することなく、政府軍は仙台藩国境まで迫り、仙台藩は同月一一日の駒ケ嶺《こまがみね》(福島県相馬郡新地町)の攻防戦に敗れ、旗巻峠(宮城県伊具郡丸森町)の戦いでは多数の戦死者を出した。

仙台藩の降伏

八月二二日の英力日記には「御国元御用を蒙り候に付福島出立、桑折に一泊」とある。「御用」の内容は不詳である。しかし、「坂英力伝」は「御用」について、輪王寺宮が八月一九日付で藩主慶邦に、主将（名代）を片倉小十郎（景範《かげのり》）に変更するように書簡を送っているので、主将を変更する意思のない慶邦が、英力に必勝の信念や作戦を表明させ、輪王寺宮を安心させるために国元に呼んだのであろう、と推察している。八月二三日には、新政府軍は若松城下に侵攻した。

戊辰戦争時には、坂家の家族は城下に留まっていた。仙台藩が八月一一日の駒ケ嶺の戦いに敗れたという報が城下に達すると、町の中が慌ただしくなった。領地を拝領している上級藩士の家族は、それぞれの領地に避難し、万一に備えた。坂家も家臣の勧めで、領地の黄海村に移った。家臣からその報告を聞いた英力は、藩主の家族が仙台に留まっているのに、老母ならいざしらず、長男要之進まで仙台を去るべきではないと家臣を戒めた。要之進は八月二六日に仙台に戻ることになった。

八月二七日、仙台城に主だった藩士が召し出され、慶邦は明日中に降伏か、それとも戦いの継続かの意見を申し述べることを命じた。英力は藩主名代の立場であるので何も主張しなかった（『仙台戊辰史』）。その翌日、米沢藩が降伏を申し入れた。英力は二九日から病気静養と称し、自宅に留まった。

九月一五日、ついに仙台藩も降伏した。これにより、同盟の中核が崩れ、九月二二日に会津藩は降伏した（『仙台市史』通史編6）。

藩主名代として出陣した英力が、戦いに敗れても狼狽することなく静かに退却したので、その理由について英力の家臣が尋ねた時、英力は「仙台城巍然《ぎぜん》としてあり、而《しか》して封内未だ兵塵を蒙ふらず、是れ我兵の真面目に戦うの意気」（『仙台戊辰史』）と答えた。

母、英力に自刃を勧める

英力に藩から正式に謹慎の命があったのは、仙台藩降伏から四日後の九月一九日の朝であった。その翌日、九月二〇日に、家臣に託して領地の黄海村にいた母に宛てた英力の手紙の写しがある。手紙には「このような状況になるとは夢にも思わなかったことで、御国のためになしたことであり、自分の身はどのようになっても悔いはないが、このたびの御決定には、不同意の者も大勢いると聞いているので、不測の事態の怖れもあり、母が仙台に戻るのは、もう少し見合わせてほしい」という趣旨を認め、母を気遣っている。この時、妻は懐妊中であり、出産後は里子に出すなり、すべては母の考えに任せたいと、後事を託している。また、先日拝領した「月影」の刀は、あまりにも身に過ぎた品であるので持っているのも不安であり返上したい、とある。

坂家に「二七日に捕縛される」との内報があり、急ぎ駆け付けた母は英力に自刃を勧めた。しかし、英力は母の勧めを断った。英力の孫英毅《えいき》は、「春子は武家の娘であったので、英力が武士として「縄目の恥」を受けるは忍びがたく、自刃を勧めたのであろう。一方、英力が自刃しなかったのは、自らすすんで捕縛されて、新政府から罪を問い質されることによって、戊辰戦争の真実を述べることを望んだからである」と述べている（「坂英力伝」）。

英力、捕縛される

捕縛当日の様子を、「坂英力伝」は次のように伝えている。

捕吏が来ると、しばし待たせ、英力は入浴と結髪の後、浄衣に着替え、母や家臣に一生の別れを告げ、捕吏の用意した籠に乗ると、家臣一同は地に伏して涙した。さらにその夜、英力の長男要之進も捕縛され、「坂家邸内は暗黒のようになった」とある。英力はこの夜から黒澤壱岐の屋敷に、要之進は石母田《いしもだ》備後の屋敷に預けられた。

坂家は英力が捕縛されると、家財を吟味する暇もなく、道具屋を呼んで売り払った。今まで住んでいた仙台城近くの重臣屋敷が並ぶ坂邸（仙台市青葉区川内元支倉）から、長刀丁《なぎなたちょう》（仙台市青葉区錦町）の小さな家に引き移り、英力の処分決定を謹慎して待った。

苗字の漢字は「坂」から「阪」に改めた。その理由について「坂英力伝」には説明がない。推察するに、坂家の系譜を記した「坂家略系」には「政宗公は寛永元年、再び平内を召し出す、この際、姓を坂と改む」とあり、おそらく政宗の指示で「佐賀」を「坂」に改めたのであろう（二二二頁の坂家略系図①参照）。「罪人」家族となった坂家は、政宗の家臣であった先祖が使い始めて以来、先祖の姓である「坂」を使うことを憚《はばか》り、「阪」に改めたと考えられる。

英力ら東京へ護送される

慶応四年（一八六八）七月一七日に江戸は東京に改称され、九月八日には明治と改元された。

明治元年（一八六八）一〇月六日に仙台追討総督四条隆謌《しじょうたかうた》らが仙台城に入った。同月一二日に軍監林友幸《はやしともゆき》（半七）から仙台藩に、但木土佐と坂英力を東京で吟味のため大洲藩に預ける、との連絡があった。一六日に仙台の片平丁にあった黒澤家の屋敷から、罪人が乗る籠に網が掛けられ東京へ護送された。東京に着くと、仙台を出発した時の予定とは異なり、伝馬町の牢獄に入れられた。

一二月七日に伊達慶邦・宗敦《むねあつ》父子は東京での謹慎を命じられ、同日に伊達家の家名存続と二八万石の下賜が決定した。伊達宗敦は宇和島藩伊達宗城《むねなり》の五男で、慶応三年六月に逝去した世子茂村に代わって、慶応四年三月に世子に迎えられ一年も経っていなかった。宇和島藩と仙台伊達家とは、伊達政宗の長庶子秀宗《ひでむね》が宇和島藩祖であるという縁があった。国元仙台では、一二月一二日に慶邦の実子で三歳の亀三郎《かめさぶろう》（後の宗基《むねもと》）が伊達家を継ぎ、新封の仙台藩が成立した。

獄中の英力

「坂英力伝」によると、獄舎は寒く、身分に関係なく、病人も健康な人も、雑然と二〇人程が一室に入れられた。詩歌などを紙片に書いて獄中生活の苦痛を慰めた。獄中の国事犯の遺墨のなかには「烈々の熱誠」「憂国の至情」等の言葉が多いなか、英力は野菊一輪を描き、獄舎の一隅で「義之論」「武士ノ心得」等を執筆した。坂家に所蔵されていたその断簡は、戦災で焼失した。

獄中で、英力は「囚中述懐三首」として次の歌を詠んだ。

うき雲をはらひかねたる秋風の　今は我身にしみそ残れる

国のためすつる命のかひあらば　身はよこしまの罪に朽とも

危きを見すてぬ道の今ここに　ありてふみゆく身こそやすけれ

明治二年（一八六九）の冬の寒さで、但木土佐と坂英力は健康を損ね、二月には伝馬町の獄舎から淀橋の稲葉侯の屋敷に移された。そして四月、但木土佐と坂英力は訊問《じんもん》を受けることになった。英力らは、この取り調べが最初にして最後であると判断し、答弁が正確に伝わるように書面で答弁することにした。英力が筆を執り作成し、但木土佐と坂英力は「伊達亀三郎家来」と書き連署した。その答弁書の副本を、英力は家臣の岩淵千代治に渡した。

英毅は父琢治から次のような話を聞いている。明治一七年、軍医になった琢治が初めて坂家の旧領地黄海村に行った時、岩淵千代治は「今まで先君に代り之を保存せり　戊辰役の真相熟と御覧ありたし」と、涙を流して答弁書を琢治に渡した。「坂英力伝」には、この答弁書の価値についての記述があるので大意を示すと、「奥羽越列藩同盟のなかには、戦死者を首謀者としている藩や、首謀者が自藩に戻されて処刑されている藩がある。そのような藩があるなかで、仙台藩のみが、「薩長に阿附」しなかったので、首謀者は国元ではなく、江戸の藩邸で処刑された。奥羽越列藩同盟の真意を明確に新政府に陳述できるのは仙台藩の但木土佐と坂英力のみである」というものであった。

但木土佐・坂英力、斬首される

明治二年（一八六九）五月一三日に処刑の命が下された。この日、新政府の軍務官から在京の仙台藩重臣に「明日出頭」の命があり、翌日、石母田但馬と氏家惣内が出頭した。書記が次の書面を読み上げた（「坂英力伝」）。

伊達亀三郎

旧臘依《きゅうろうより》御沙汰取調差出候　叛逆《はんぎゃく》首謀但木土佐坂英力刎首《ふんしゅ》被仰付候條　於其藩処置致可及言上事

処刑の期日は定められていなかった。伊達慶邦は「其の藩にて処置すべし」という点に望みをかけ、助かる工夫を命じた。また、石母田但馬は両名を東京でただちに処刑するのではなく、仙台に移送することを主張した。これに真っ向から反対したのは、遠藤文七郎らの反但木派であった。仙台で処刑を行えば、但木や坂に同調する者が騒擾を起こすであろう、と主張した。

結局、遠藤らの主張が通り、稲葉家に田中七左衛門と氏家惣内が遣わされ、但木土佐と坂英力は駕籠に乗り、前後を警護されて麻布の仙台藩邸に護送された。藩邸内には、葭簀張《よしずばり》の控所と、それに続いて幔幕《まんまく》を廻らした葭簀張の刑場が造られていた。但木と坂は控所で無紋の上下に着替え、酒肴が出された。刑場には検使の鈴木源兵衛と東儀兵衛などが控えていた。但木土佐の家臣山野川広人は、商人に偽装して東京日本橋の馬喰町《ばくろちょう》に住み、食物など必要な品を獄中に届けていた。山野川広人と坂英力の家臣岩淵千代治は、手を尽くして処刑執行の時と場所を探り、その日は物陰から訣別を許された。英力は子どものために、次の書を岩淵に託した。

桃花乍散春風憾　亦發明年雨露恩
世上栄枯何可意　冀安分際順乾坤
春日有感賦　黄海

但木土佐は辞世として「雲水の行衛はいつこむさし野を　たゝ吹風にまかせたらなん」と遺した。

但木土佐の甥但木良次が、英力に遺言があればと言うと「今に於て何の言ふ所があるべき、只母に先たつを憾みとするのみ」と応えた。但木土佐に続いて坂英力が刑場に入ったのは夕刻であった。

明治二年五月一九日、麻布仙台藩邸において刎首、但木土佐享年五二、坂英力享年三七。

英力が自刃しなかった理由

「坂英力伝」を校閲した歴史家の藤原相之《ふじわらあいの》助《すけ》は、前述の通り「仙台藩国老坂英力君碑」を坂家の菩提寺に建立した。その碑文には「君は天性この上なく孝行　常に母上を奉り」「(母上が) 武人は戦いに臨み　敗れしとき即　死するもの　汝なんぞ自決せざるや」と言った時、「(英力は) 責は固く　婦人の知るところに非ずやと　母上の言に従わずは生涯この一事のみ」とある。

『黄海村史』には「但木と坂とが自尽せず召捕えられた理由は、政府軍に反抗した責任を一身に負い、禍の藩主に波及するのを恐れたためと考えられる。平素母親にもっとも孝行であった英力が、母の自殺の諷示をしりぞけ「男子ノ死期ハ婦人ノ知ラルル所ニアラズ」と生涯一度の言い返しをしたと伝えられるのはこの意味である」とある。

「坂英力伝」によると、母春子が自刃を勧めると、英力がすぐに「男子の死に場所は女子《おなご》様の御存知ないものに御座る」と答えたと、その場に居た家臣は、後年、英力の次男琢治に伝えている。思いもよらない母に逆らう英力の言葉に、はっと我に返った春子は、すぐに英力の深慮に気づいたにちがいない。春子は、英力が自刃ではなく斬首されなければならないことの真意を解し、英力の死を得心して受け入れた。それを確認できる記述が「坂英力伝」にはある。家臣の岩淵千代治が、英力の最期を報告するために坂家を訪ね、遺髪を呈した時、「(母堂は) 嗚呼目出度い　目出度いと　口に言いつつ　高声に泣き伏し給へり」とある。英力が武士の最高の本分である忠義に殉じたゆえに、「目出度い」という言葉を、春子は発したのである。家族が春子に芝居見物を勧めても「我が家に芝居ありたり、見るを要せず」と語ったという。

英力の死を悼む人々

英力斬首の報は、家族はもちろん多くの人々に深い悲しみを与えた。

仙台城に英力死去の報が届くと、城に仕える女性たちは英力を供養することを望み、「英力の書きもの」を差し出すよう近侍に内命した。生前の英力が、大代村で書写した千字文が探し出され、城へ運ばれた。これを英力の霊として二一日間焼香供養した後に、千字文は英力の遺族に届けられた。仙台城にいた英力の二人目の妻油井子が、深い哀惜の念から「英力の書きもの」を求め、供養したのであろう。

三人目の妻仲と英力の結婚生活は七、八年で、最後の数ヵ月は、英力は獄中であった。英力との間には、長女コウ、次女いく、三女ゆうの娘と息子定義《さだよし》が生まれた。三女に会うことなく英力は亡くなった。英力の死後、仲の心身の苦労は察するに余りある。しかし、夫への追慕の思いを、息子琢治に恥らうことなく、次のように語っている。

以前は暗夜等　戸外に出づるを怖ろしく感ぜしが　主人処刑後は　わざとも暗黒の所に行き　幽霊にても可なり主人に会い度く思うに至り

英力は、家政に関しては母の意のままに任せ、三人の妻を迎えたが、側室をもたず子どもはすべて正妻の子である。そのようなことが、妻たちから死後も愛される所以なのであろう。

東京で謹慎中の伊達慶邦は、「密かに金を与え坂、但木両人を厚く埋葬せしめ」「数日食進まず、夜は安眠せず落涙黙禱せられ　次に坂、但木の位牌を作らしめ、居室に仏壇を設け四十九か日の忌日間は勿論、毎月の忌日毎には必ず之を祀るを怠らず」と「坂英力伝」にある。慶邦は明治七年（一八七四）七月一二日に五〇歳で死去した。

但木土佐と坂英力の埋葬直後の墓には、姓名を書くことを憚り、坂英力の墓には「黄海漁夫之墓」、但木土佐の墓には領地にある山名の七つ森に因み「七峯樵夫之墓」と刻み、東京高輪の東禅寺に葬られた。有志が墓碑を建てたが、藩の命令で撤去された。後に、大槻磐渓《おおつきばんけい》らが主になり墓が新たに作られ、磐渓の書で「坂時秀之墓」「但木成行之墓」と刻まれた。その後、英力の墓は改葬されて、現在は仙台市青葉区の日浄寺《にちじょうじ》にある。

遺された家族

英力が斬首された後、遺された子どものうち、長男要之進（一七歳）は石母田家から要之進の生母の実家小梁川家に預けられ、三男定義（四歳）は里子先の畑氏の養子になり、次女いくは親戚の鹿又氏へ、三女ゆうは家臣岩淵氏へ養子に出された。この差配は母春子の決断によってなされた。幼い二人の女児を手放す仲の心情はいかばかりであったであろうか。坂家は英力の母春子、妻仲、次男琢治（一〇歳）、長女コウ（六歳）の四人になった。男児は一五歳になれば父の罪が及び捕縛されるという風聞があった。そのような時には、長女コウに婿を迎え、坂家を存続させたいと考え、長女を手元に残したのであろう。

坂家の四人は城下を離れ、かつての知行地であった大代村に旧家臣を頼り、移り住んだ。大代村では農家の納屋に住み、便所は蓆囲の粗末な暮らしであった。大代村の舟場で、春子と仲が簡単な食事と酒を提供する煮売茶屋を始めた。仲が客の接待をなし、春子は会計を担当したが、金銭を汚いものとみなし、扇で金を受け取り、勘定などしなかったので、利益は見込めなかった（坂琢治「民力涵養の基礎（後編）武士道の将来」）。

遺された家族を案じて、仲の兄布施備前が大代村の寓居に訪ねて来た。備前は英力の罪が、今後、親族に及ぶこともあると考え、「こうなっては致し方ない。御身などは刑を免じ難しと覚悟すべし」と妹仲に語った。その日、仲は動じることもなく、夕食の支度をして膳についた時、琢治とコウの顔をじっと見て、「もし、御身らの力で討てる仇なら討たせるが、討てる仇でないのが困る」と嘆いた（同前）。

大代村での生活によって、次男琢治は逆境をはね返す気性の強い青年に育ち、長女コウは自立心のある女性に成長していった。

Ⅱ　教師になった長男坂要之進と長女坂コウ

一章　長男坂要之進

幼少年期

坂英力《さかえいりき》の長男要之進《ようのしん》は、嘉永六年（一八五三）に仙台城下の坂邸で生まれた。母は英力の最初の妻小梁川幾久《こやながわいく》である。両親の離縁によって、乳児の時に生母と別れ、その後は、祖母と二人の継母によって育てられた。坂家の嫡男として、先に紹介した父英力の書簡からも明らかなように、弟や妹とは別格の待遇と配慮を受けて養育された。しかし、父が処罰されると、要之進にもその罪が及んだ。英力の斬首後は、要之進の生母の実家小梁川家へ預けられた。戊辰戦争による人生の暗転を、要之進は多感な思春期に経験した。

明治四年（一八七一）に赦免された時、要之進は一九歳になっていた。

要之進、教師になる

生母の実家小梁川家がある江刺《えさし》郡は、幕末には仙台藩領で、明治になると一関県から水沢県を経て、明治九年（一八七六）に岩手県の管轄になった。

明治五年に学制が公布されると、水沢県は小学校教員の養成を急ぎ、短期の講習会を開き教員を速成した。漸く明治八年一月に教員養成の伝習所を一関に設けた。要之進は水沢県の伝習所で学び、同年五月から一一年六月まで、江刺郡の隣郡である気仙《けせん》郡の赤崎小学校（現在の岩手県大船渡市立赤崎小学校）に在職した（図5）。

「坂琢治伝」には「（要之進は）家督を琢治に譲り気仙地方を放浪しあり、失意の人にて将来の奮起を望むべからず」とある。しかし、彼にも「奮起」した時期があった。

図５　赤崎町・三陸町綾里周辺地図（「分県地図岩手県」〈昭文社，2023 年〉を加工して作成）

明治一三年一二月一一日に、要之進は教員をしながら勉強に励み、「師範学科卒業証書請求者試験」に合格した。この試験に合格すると師範学校を卒業しなくとも、五年間有効の卒業証書を請求できた。「独学で師範学校卒業の資格を得るものであるから、受験勉強も容易でなく合格も困難」(『岩手近代教育史』第一巻)といわれる試験であった。岩手県では、明治一三年にこの試験に合格したのは要之進を含め三名のみである。

要之進に宛てた明治一三年七月一八日付の弟琢治《たくじ》の手紙が残されている(詳細は後述五九頁)。この手紙で、琢治は卒業試験を受けるために必要な医学書の購入のために、要之進に借金を申し込んでいる。しかし、琢治の人生の一大事の時に、要之進が援助しなかったことが、後々までも二人の間に影を落とすことになった。

祖母・母と窮乏生活を送る

継母である仲は娘コウが結婚すると、仙台から転居して、気仙郡で春子と要之進の三人で暮らしていた。要之進と琢治はそれぞれの試験に合格し、経済的に自立した。しかし、祖母と母への経済的援助は十分ではなかった。その後も二人の窮乏生活は続いていたことが、明治一八年(一八八五)一月五日付の琢治宛の要之進の手紙からわかる。

要之進は明治一五年三月に教員を辞め、岩手県気仙郡綾里《りょうり》村(岩手県大船渡市三陸町綾里、図5参照)の戸長(明治四年から二二年まで町村に置かれた地方行政の末端の担当者。戸長の多くは民選であったが、明治一七年から官選になった)になり、公務の合間には法律を学んでいる、とある。明治一六年七月に坂家の罪が許されると、その年の九月に仙台へ行き、妹コウや弟定義《さだよし》にも会い、久しぶりの再会を喜んだ。しかし、綾里村に戻ると、「一姦人の口舌」によって盗みの疑いをかけられ告訴され、事件解決のために持ち金の半分に相当する二〇〇円を散財した。

祖母春子は、近所の女子に裁縫を教え、着物の仕立代で家計を助けていた。心労もあり春子は病気がちになり、その容貌は「鬼籍の客」のようで、孫たちに経済力のないことを憂い、そのため郷里の墓所にも行けず、「気仙の一塊骨」になるのであろうかと、「日夜天を呼び、地に涙し」これを慰めるのは母のみである、と伝えている。手紙の表現に多少の誇張はあるかもしれないが、期待通りに出世した息子英力に比べると、孫たちが不甲斐なく思われ、愚痴をこぼす春子とそれを黙って聞くほかない嫁仲の二人の不憫な日常が見えてくる。

仲が実子の定義やコウと遠く離れ、仙台から鄙《ひな》びた気仙郡に来て、しかも、要之進には妻がいないので、仲が日々の家事を一手に負担していることを、要之進は大きな親不孝と感じていた。以上の事柄が手紙には綿綿と綴られている。

要之進の手紙には、この五年間、琢治が要之進との一切の音信を絶っているとある。要之進は郵便も「伝架機」も音信方法は日々発達しているのに、一度も便りがないのはどうしたことか、「阿弟の吾輩を視る将《まさ》に蛇蝎《だかつ》の如くなるべしと信ず」と書いている。この間、琢治は上京して横浜で開業医の助手になり、その後、結婚して東京で生活し、明治一七年には軍医として初任地小倉《こくら》に赴任した。このような自身の急激な環境の変化の他に、前述のような、要之進への消え難いわだかまりが琢治にはあったのであろう。

弟の援助を期待する

要之進は明治二六年（一八九三）に戸主を琢治に譲るが、その八年前に書かれたこの手紙からは、その意志は全く感じられない。それどころか、手紙には坂家興廃を左右する責任を要之進と琢治が共に担っているので、要之進は弟に協力してほしいと書いて、琢治が協力すべき点を三つ挙げている。一つは祖母の老身を慰めること、二つは母の薪水の労役だけでも除くこと、しかし、三つ目は「吾生をして、幸福を与ふの作を得せしめよ」とあり、一読のみでは不可解な文章である。

この文章の前に、自分が今注目する学問は法理学であり、気仙郡では学ぶことができないので、今年の五月には、一家で仙台に転居の見込みである。その前に、生活費と学費の出所の確定が問題である、と書いている。祖母と母の生活費に関しては、琢治が一部を負担するようにと明記している。しかし、要之進自身の学費については、「学資の為に身心を労役するの患いを防ぎ、尚一身の身体を託するに足る人により」とある。この手紙には「一身の身体を託するに足る人」については具体的に書いていない。暗に、琢治に学費の援助も期待する文言とも読める。兄としての矜持と屈折した心情が、このような不可解な文章になったのであろう。

この手紙が書かれた明治一八年に要之進三三歳、琢治二六歳、定義二〇歳で、すべて母が違う三兄弟であった。

要之進の晩年

要之進の手紙では教員を退いたとあるが、教員の異動を記した公文書によると、明治一八年（一八八五）三月一七日付で岩手県気仙郡の蛸浦《たこのうら》小学校（二〇一七年三月に閉校した岩手県大船渡市立蛸ノ浦小学校）へ異動の辞令が出ている。その後の要之進の経歴は、公的資料からたどることはできない。法律に関心を持ち、教職から離れるが、法律を学ぶ機会もないままに、挫折したのであろう。

明治二六年二月六日に、長男要之進の廃戸主許可がおりて、次男琢治が坂家を継ぐことになった。この年、琢治は千葉県佐倉の連隊の軍医であり、三男定義は帝大医学部の助手に就き、共に医師として将来への展望があった。戸主を次男琢治に譲ることについて、家族や兄弟の間で、どのような話し合いがあったのか、それに関する資料は全く残されていない。琢治から「失意の人」とみなされ、不遇のままに戸主を弟に譲り、他の家族とは疎遠になった。

要之進は北海道に渡り、結婚して娘を得た、と坂家には消息が伝わっている。明治四一年に五六歳で亡くなった。

二章　長女坂コウ

仙台女紅場で学ぶ

坂コウは、元治元年（一八六四）に父英力と三番目の妻仲の長女として、大代村《おおしろ》（一五頁の図2参照）で生まれた。自筆の履歴書から学歴をたどることにする。

明治九年（一八七六）、塩釜町小学校（現在の宮城県塩竈市立第一小学校）に一三歳で入学した。明治一三年に仙台女紅《じょこう》場《ば》の裁縫科に入学し、二年後に卒業した。母仲と娘コウは大代村から仙台に引っ越し、コウは女紅場に通った。仲にとっては、坂家に嫁いでから初めて姑春子と離れ、コウが結婚するまで母娘だけの貧しいながら穏やかな日々を過ごしたことであろう。

坂コウの履歴書には「仙台女紅場（奥山テル子女塾）」とある。明治一〇年代頃まで、女紅場という設置主体も形態も多様な女性の学びの場があった。そのなかには娼妓対象のものや、勧業目的のものなどさまざまな施設が女紅場と呼ばれていた。

奥山照子は夫梅津《うめつ》教知《のりとも》と共に、仙台女紅場を開設する前に仙台中教院の教導職に就いていた。梅津教知は宮城県の太平洋の孤島にある金華山黄金山《こがねやま》神社の社司でもあった。明治新政府は、神道中心の国民教化政策を推進するために、中央に大教院、府県に中教院を設置した。明治六年に仙台中教院が開設されると教導職に一三名が任命され、奥山照子は唯一の女性の教導職であった。中教院は男子の教育施設で、女子のために女教院が開設され、梅津と奥山が運営にあたった。「歌を能くし説教に巧みな才媛の一教師」から「紫の袴をつけた女教院の生徒たち」が学ぶ様子は注目をあつめた。明治八年に、政府の大教宣布事業の挫折のなかで、大教院は解散になった（『宮城県教育百年史』第一巻）。明治一二年に設置届が出された私立仙台女紅場は、裁縫や機織の仕事場兼教場で、最初は仙台区柳町通の勧業場内の官舎にあり、その後、同区東二番丁の梅津教知の邸内に設置された。女教院と仙台女紅場の教師奥山照子については「伊達郡桑折《こおり》の検断の家に生まれ」「夫婦相携えて地方を巡り神道の講演を行い、また照子は仙台の神道本部で古今和歌集の講義を行うなど当時のインテリ婦人として名高く」（中山栄子『続・宮城の女性』）と紹介されている。

コウの夫葦名小太郎

明治一五年（一八八二）に仙台女紅場を卒業したコウは、葦名《あしな》小太郎と結婚した。葦名家は、戦国大名蘆名氏一門の針生《はりゅう》氏が、主家滅亡で伊達家に仕え、四代藩主伊達《だて》綱村《つなむら》の命令で葦名氏を名乗った一族である。

明治一六年八月に、葦名蘆洲（靱負《ゆきえ》）が宮城県に提出した戸籍写によると、長男小太郎は文久二年（一八六二）に生まれ、妻は坂コウとある（『戸籍綴』明治一七―二―四八、宮城県公文書館）。明治一六年に坂家は家名再興になり、コウは二〇歳になっていた。小太郎は仙台の電信局に勤務していた。

コウの義父になった葦名靱負盛景《もりかげ》は戊辰戦争の時に、仙台藩の洋式部隊である額兵隊を統括した。仙台藩が降伏すると額兵隊の責任者として謹慎を命じられ、明治二年に家禄没収、終身刑の永揚屋《えいあがりや》入りの処分を受けた。明治五年に特赦になった。明治一〇年に西南戦争が始まると「警部・巡査を募って編成された新撰旅団には宮城県から二八二二人が応募し、七〇〇人が編成された」（『仙台市史』通史編6）といわれている。葦名靱負は少警部として出征した。晩年は、東京で伊達家の家扶になり、明治二九年に五八歳で死去した。

小太郎とコウは長男道達の誕生後に離縁した。小太郎は上京し逓信省に勤めた。宮城県登米市にある昌学寺は葦名家の菩提寺である。小太郎の墓石には「大正十二年九月一日　於横浜郵便局殉難」とあり、関東大震災で亡くなった。

松操学校で裁縫を学ぶ

コウの履歴書によると「明治一二年松操《しょうそう》学校尋常科へ入学」とある。松操学校の前身である松操私塾は、明治一二年（一八七九）に朴澤三代治《ほうざわみよじ》（一八二三〜九五）が仙台区良覚院丁一番地（仙台市青葉区一番町二丁目）に開設した裁縫塾である。朴澤は、裁縫を一斉授業で教えるために掛図を使い、また短時間で技術を習得させるために、雛形といわれる実際の寸法よりも小さなサイズで縫製させるなど教授法を工夫した。

朴澤は、明治一四年に和洋裁縫伝習所（現在の東京家政大学）を開設した渡邉辰五郎《わたなべたつごろう》（一八四四〜一九〇七）と並び、近代裁縫教育に大きな業績を残した教育者である。朴澤は卒業者を地元の新聞に広告するのが常で、コウが松操学校の「尋常全科」を卒業した時にも、『奥羽日日新聞』（一八八九年七月一二日）にコウを含め二一人の名前、住所、年齢が掲載された。松操学校は学齢外の女子を受け入れていたので、新聞に記載されている卒業年齢は一四歳二ヵ月から二六歳六ヵ月までさまざまである。コウの欄には、気仙郡赤崎村、二五歳二ヵ月とある。

岩手県で教員になる

松操学校尋常科を卒業してから二年後、明治二四年（一八九一）七月四日に岩手県知事服部一三が発行した「地方免許状」を得た。これは、発行から五年間有効な小学校裁縫科教員免許状である。コウが岩手県の教員免許状を取得したのは、前述の通り、長兄要之進が岩手県気仙郡の小学校教員になり、坂家の家族も一時期、同地に住んでいたからである。

コウは免許状を取得した翌年、明治二五年三月二三日付で岩手県気仙郡盛町（岩手県大船渡市）にある気仙高等小学校の訓導（教諭の旧称）として着任した（図6）。離婚後、二九歳で初めて手にした経済的な自立の第一歩であった。しかし、半年後の九月に同校を依願退職している。短期間で退職した理由は何であろうか。「坂琢治伝」から、祖母春子が明治二七年に亡くなり、一方、母仲はその数年前から体が不自由になっていることがわかる。コウが退職した明治二五年九月の時点で、長兄要之進とは疎遠であり、次兄琢治は軍医として東京で任務に就き、弟定義は東京で医学

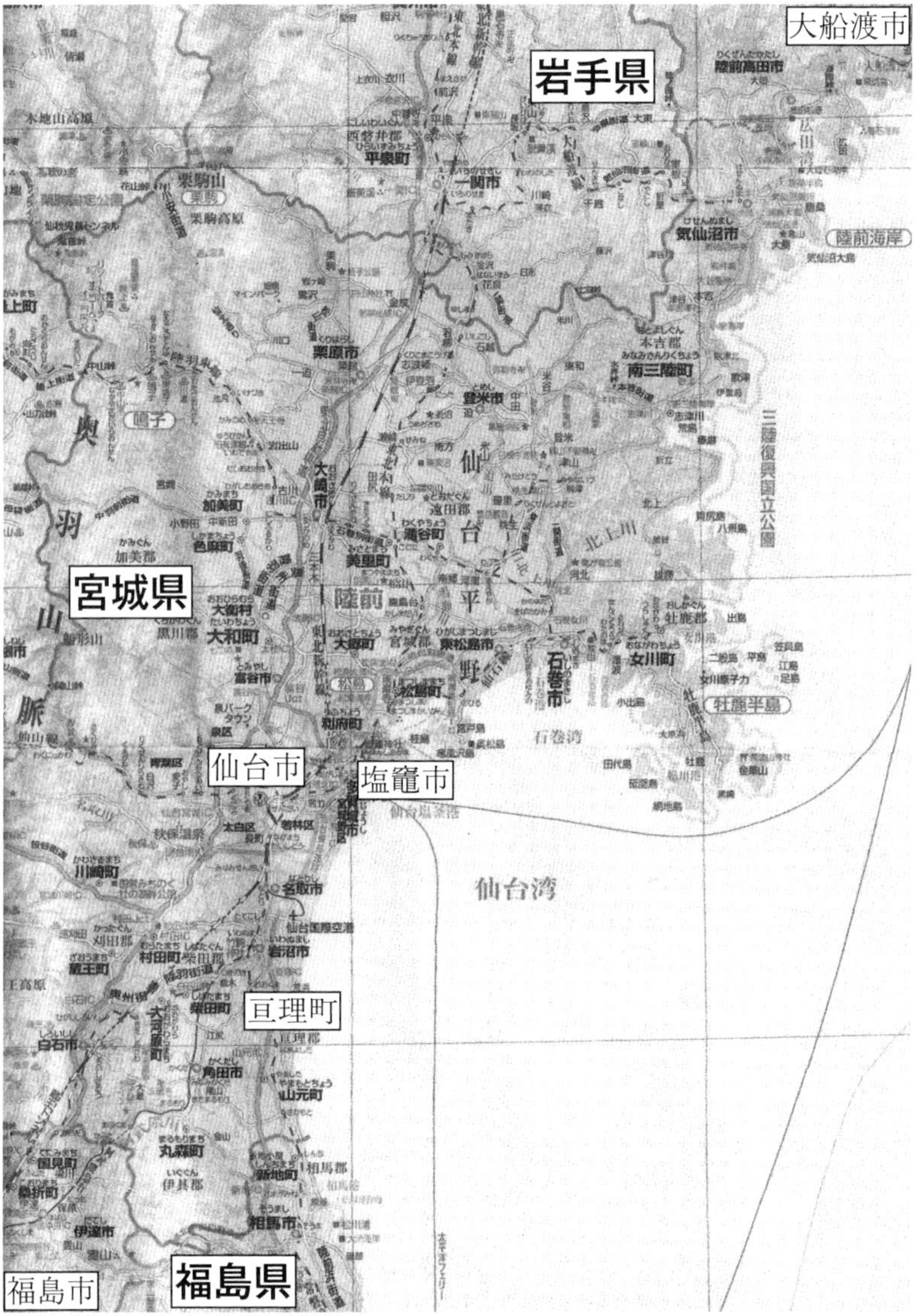

図６　坂コウの勤務地（「東北全図」〈昭文社，2021 年〉を加工して作成）

を学んだ後、裁判所医務掛となり東京日本橋で開業もしていた。頼りになる兄弟は実家を遠く離れていた。高齢な春子と病気の仲の二人だけの生活が、いよいよ難しくなり、万策尽きて、コウが退職して二人の世話をすることになったと思われる。

介護離職後、再び松操学校に入る

コウの履歴書から興味深い事実が読み取れる。コウは気仙高等小学校を明治二五年（一八九二）九月二一日に退職し、三人は仙台に転居した。ところが、彼女は翌月には松操学校に再入学し、翌年四月末まで高等科で学んでいる。「坂琢治伝」に、琢治は軍医の俸給二五円から、祖母と母の生活費に五円、妹コウに学費として三円を送金していた、と記述があるのは、この時期のことであろう。

余儀なく離職をしたコウは、家族の介護をしながら、かつ、母校へ再入学して上級の資格を取得するという現代の言葉でいえば「リカレント」（学び直し）を行い、家族と自分の難局を切り抜けた。

本来ならば、実質的には家督の立場にある琢治が担うべき親の世話を、妹が離職して担う対価としての学費の援助、これをめぐって兄妹の間で、どのようなやりとりがあったのか、それを示す手紙などは残されていない。コウは、琢治から経済的支援を受けて、祖母と母の介護と学業の両立を乗り越え、明治二六年四月に三〇歳で、松操学校高等科を卒業した（図7）。

履歴書には「明治二十六年十月十九日仙台市立幼稚園保母ニ任用」とある。しかし、コウは「保母」の資格を得ていないので、「保母」を補助する仕事を生活のために始めたのであろう。同幼稚園には、明治三〇年九月まで四年間勤務した。その間に、母を世話しながら明治二七年に祖母春子を看取った。明治三〇年に琢治が仙台に転任になり、母仲は琢治の家族と一緒に暮らすことになった。仲の介護は娘コウから、琢治の妻しまへ交代された。仲はその四年後、明治三四年に亡くなった。

図７　松操学校卒業記念，初代朴澤三代治と坂コウ（明治26年撮影，学校法人朴沢学園所蔵）

再び裁縫教師として就職

明治三一年（一八九八）六月、コウは母校の松操学校に採用され、裁縫教師として再び教壇に立つことができた。松操学校では、コウが二度にわたり薫陶を受けた初代朴澤三代治は、すでに明治二八年に死去し、養嗣子朴澤良助が三代治を襲名し、二代目校長に就任していた。コウは勤務に励みながら、教師として研鑽を積み、明治三五年に小学校専科裁縫科正教員の免許を取得した。

コウは松操学校で充実した教員生活を過ごしていたと思われる。しかし、明治四五年四月に、一三年間勤めた松操学校を退職した。退職直後の四月一五日から、宮城県の塩釜町立塩釜女子実業補習学校に月俸三〇円で勤務した。コウは四九歳になっていた。一人暮らしのコウは、住む場所は比較的自由に選べるが、なぜ仙台市を離れ、勤務地に塩竈町を選んだのであろうか。

開業した弟を助け、塩竈へ

弟定義は、コウが塩竈町で勤務を始めた一ヵ月後、明治四五年（一九一二）五月一七日に私立塩釜病院を開院した。四七歳の定義は、通常の診療と新しい病院の建設で多忙な日々を過ごしていた。当時、定義の妻志げは仙台市にある宮城県師範学校女子部に勤務していた。祖母と母を見送ったコウは、忙しい弟の身を案じて、日常生活を手助けしたいと思ったのかもしれない。定義が、妻と同じ教職にある姉コウに、自分のために塩竈町へ来るように頼んだとは考えられない。コウ自身が、塩竈町での勤務を選んだのであろう。

塩釜町立塩釜女子実業補習学校には二年間勤め、大正三年（一九一四）四月二八日に退職した。退職した理由は明らかではない。その年六月に病院の建物が完成し、弟が無事に忙しい時期を乗り越えたのを見届けて塩竈を去った。

福島県に転勤する

コウの次の勤務地は福島県であった。開校二年目の私立福島成蹊女学校（現在の福島成蹊高等学校）に、大正三年七月一二日から月俸三七円で勤務することになった。同校は、大正二年に、福島県三春町出身の熊田子之四郎《くまだねのしろう》によって創立された。コウは大正七年四月五日まで約四年間勤務した。同校を退職する理由について、公文書には「阪コウ長男葦名道達　山林事業ニ従事ノ為転任ノ処　家事手伝ノ必要上不得已辞職セリ」とある。息子道達は、両親の離婚後は父親の姓葦名を名乗っていた。しかし、コウにとっては唯一の子である道達から必要とされると、離職しても息子と一緒に暮らす方を選んだ。

晩年のコウ

五六歳になったコウは、前職場の退職から一年五ヵ月後、大正八年（一九一九）九月一五日に、宮城県の亘理《わたり》町立亘理実業補習学校に嘱託教員として、月俸二五円で任用された。翌年四月には、同校の訓導になった。大正一一年度には、裁縫教員として月俸三五円、週に二四時間を担当している。ちなみに、文部科学省が公表した平成一六年度「一週間当たりの教科等担任授業時間数」によると、中学校一四・九時間、高等学校一三・六時間である。当時のコウの担当時間数が過密であることがわかる。

大正一三年四月に、亘理実科高等女学校が開校すると、コウは裁縫教員として任用された。その二年後、六三歳になったコウは、大正一五年三月三一日に「月手当」八〇円を受け取り、同年四月一六日に同校を「解嘱」になった。この記載を最後に、坂コウの名前を公的な教員人事記録から見つけることはできない。

コウの自筆は履歴書のみで、日記も一通の手紙も残されていない。幕末、明治、大正、昭和戦前、戦時期を生き抜き、昭和二二年（一九四七）三月三日に八四歳で死去した。コウの墓は葦名家の墓所にあり、戒名は「清操院寿安妙幸大姉」である。教職を辞した後の消息は詳らかではないが、晩年は道達の実母「葦名コウ」として穏やかに暮らしたと思われる。

コウの働き方

コウは家族の介護や家事手伝いで三度の離職を経験しつつも、明治二五年（一八九二）から大正一五年（一九二六）まで、年齢でみれば二九歳から六三歳までの三四年間、短期間の休職はあったが教職を貫いた半生であった。

コウの働き方のなかには、離婚後の経済的自立、介護離職、仕事と介護の両立、社会人の学び直し（リカレント）、中高年女性の再就職というきわめて現代的な課題が含まれている。これらの課題に対して、情報や社会的な支援が少なかった時代に、コウはいかに対処し、切り抜けたのであろうか。再就職に注目すると、コウは生涯で六つの職場で働き、つまり五回転職している。具体的な資料はないが、コウの母校松操学校の卒業生の多くが裁縫教員であるので、同校には裁縫教員に関する人事情報が集まりやすく、卒業生へ就職斡旋の窓口になっていたと推察できる。

コウの息子葦名道達

昭和一二年（一九三七）に、コウの弟定義の葬儀では、甥にあたる道達が親戚総代の一人になっている。坂家と葦名家の関係は、離縁後も続いていたことがわかる。コウの元夫である葦名小太郎は再婚したが、葦名家は小太郎の長男道達（盛達《もりさと》）が継いだ。

坂家の記録では、コウの息子は成人後も「道達」で記されている。葦名家の記録では、「道達」を幼名として、家督相続後は葦名家二八代「盛達」とある。盛達は薩摩琵琶が得意であり、祖先の墓所の整備に尽くしたといわれている。昭和三四年四月二日に死去した。戒名は「松巌院達道盛徳居士」（『葦名会報』創刊号）である。

Ⅲ 次男坂琢治の生涯

一章　琢治、医師になる

仙台藩士安達七兵衛のもとで育つ

坂琢治《さかたくじ》は万延元年（一八六〇）に父英力《えいりき》の次男として、父の二人目の妻油井子《ゆいこ》を母に、仙台城下の坂邸で生まれた。坂家では、英力の先妻との長男要之進《ようのしん》が八歳に成長し、二人目の男児の誕生であった。この年三月、江戸の桜田門外で大老井伊直弼《いいなおすけ》が暗殺された。戊辰戦争の終焉の地となる箱館五稜郭《ごりようかく》が完成したのもこの年である。

琢治は生後まもなく旗本組頭の安達七兵衛の家へ里子に出された。安達七兵衛は仙台藩では有名な鉄砲の名人で、琢治を実の子以上に可愛がった。しかし、家族に対しては乱暴で、酒を飲むと妻いそに暴力をふるい、そのたびに、いそは近所の家に逃げ込んだ。七兵衛が落ち着くと、乳母のいそを迎えに行くのは、幼い琢治の役目であった。いそは、次第に精神を病み、晩年の彼女を経済的に支えたのは琢治であった。

少年時代

祖母春子は、琢治が乳児の時から、肉親の情に触れないことを不憫に思い、琢治が五歳になると坂家に戻した。しかし、生母の油井子は、琢治が一歳の頃には離縁になり、家には新しい母仲がいた。琢治が戻ってから二年の間に、妹コウ、弟定義《さだよし》が生まれた。祖母は環境が変わった琢治を案じ、「安達の家に帰りたいか」と問うた。琢治にとって祖母は、雷より怖ろしい存在であった。それゆえ琢治は「われは坂英力の子なり、旗本になるにあらず、ここは我が家なり」と健気に言った。晩年、琢治は長男英毅《えいき》に「安達の家と異なり、屋敷広く、独りで寝る時は、おおいに寂しかった。然れども、武士の子なりと我慢したり。故に、祖母にほめられた」と語っている（「坂琢治伝」）。

琢治は子どもの頃から、何事も自分で調べなければ、納得しない性格であった。次のような話がある。「夜に戸外で狐の声を聞いた琢治は「狐はどこにいるのか」と家臣に尋ねた。家臣は「稲荷社に行けば見ることができる」と言った。琢治は狐を確認するために、約七、八町（一町は約一〇九メートル）も離れた稲荷社に一人で出かけた」という（同前）。

英力が処刑された後、琢治は祖母春子、母仲、妹コウと共に、宮城郡大代《おおしろ》村で暮らすことになった。「坂英力伝」には、大代村の古老が語る少年琢治の姿がある。「琢治は村童の大将で、負けることを嫌った。しかし、優しいところもあり、祖母と母を慰め、頼まれると、遠近を問わず用達を喜んでした。衣服には甚だ無関心で、妹コウの着物を着せられても、少しも不平は言わず、女児の着物を着ても、村童の戦ごっこでは大将であった」とある。

医師亀井氏の学僕になる

父が捕縛された時、琢治は一五歳以下であったので処罰を免れた。しかし、成長すれば、長男要之進のように捕縛されるとの風評があった。ところが、ある時、琢治が医師か僧侶になれば、罪は免れるという藩の内意を知ることになった。「坂琢治伝」には「藩の内意の由を聞き」とのみ記され、情報源は不明である。

明治五年（一八七二）、一三歳の琢治は医師になる志を立て、塩竈で開業していた医師亀井《かめい》益朋《ますとも》（宋倫《そうりん》）の学僕になった。その際、春子は五〇両を宋倫に渡した。当時の坂家にとっては大金であり、琢治を宋倫に託す春子の期待は大きかった。しかし、高齢で一人身の宋倫は、琢治に炊事から掃除まで任せ、洋学は教えず、儒学を教えた。不幸なことに、宋倫は一年も経たずに亡くなった。

春子は家に戻った琢治をみて、高齢者に孫を預けた後悔と悔しさで、自責の念にかられたであろう。気丈な春子は、すぐに次の手を打った。まず、琢治に学問を中断させないために、仙台の岡千仞《おかせんじん》の私塾麟経堂《りんけいどう》で学ぶ手はずを整えた。次に、宋倫の息子で軍医の亀井益雄《ますお》のもとを訪ね、琢治が宋倫の学僕になる際に、坂家との間で金銭の授受があったことを述べ、一年足らずで学僕を終了することは、琢治本人はもとより坂家にとって甚だ不本意であることを理路整然と、時には情に訴え、語ったのではなかろうか。

春子の交渉が功を奏し、益雄は引き続き琢治を学僕として預かることにした。しかし、最初は赤ん坊を背負い雑巾をかける日々であった。益雄の息子文吾は琢治と同じ年齢で、その家で、学僕として働くことは、琢治の自尊心を傷つけたことであろう。学僕の仕事はさまざまで、患者の家に薬を届けたり、亀井が軍医として勤務する歩兵第四連隊に弁当を届け、空の弁当箱を受け取るのも琢治の務めであった。

共立社病院付属学舎で学ぶ

「坂琢治伝」によると、明治九年（一八七六）三月から同一一年二月まで、「宮城県立病院付属医学校」で学んだとあるが、実際には共立社病院にある学舎である。明治初期の宮城県の医師養成機関についてみてみよう。

共立社病院は明治五年五月に、東京で西洋医学を学んだ中目斉《なかのめひとし》と石田真《いしだまこと》によって仙台の南町に開設された。宮城県が設けた医学校が、同年八月に廃止されると、中目らは、同年九月に共立社病院内に学舎を開設した。この学舎は、貧しく東京に遊学できない者にとって、県唯一の医師養成機関であった。明治一二年に共立社病院は県に移管されて、宮城病院と改称され、学舎は宮城病院付属医学校になった。琢治が卒業したのは明治一一年だから、琢治が実際に教育を受けたのは共立社病院の学舎である。

明治一〇年八月一三日の『仙臺新聞』には、共立社病院において「大試験」を受けた生徒三五名中の及第者一五名の名前が掲載されている。その中に「坂時中（ママ）」、つまり坂琢治の名前がある。「大試験」の科目は、薬剤学・病理学・生理学・解剖学・化学・理学があり、琢治は解剖学に及第している。

琢治の医術開業試験

明治一三年（一八八〇）三月に琢治は満二〇歳になった。医術開業試験は満二〇歳以上に受験資格があり、ようやく受験可能な年齢になった。しかし、徴兵検査の年齢でもあり、この年に医術開業試験に合格しなければ、次に受験する前に兵役に服する可能性もあった。琢治はできるだけ早く一人前の医師になり、祖母や母を貧困から救いたいと切に思っていた。

前述したように、明治一三年七月一八日付の要之進宛の琢治の手紙がある。その手紙には、卒業試験のために是非とも必要な本の代金四円五〇銭を借用したい、すでに母には「原病学通論」の購入時に五円八五銭を工面してもらい、これ以上は母の窮乏を思うと頼めないとある。琢治は達筆ではなく、どちらかと言えば悪筆である。しかし、この手紙は一字たりとも気を抜かず、筆をとる琢治の緊張と切迫した気持ちが伝わってくるきわめて丁寧な筆跡である。琢治は「低頭平身　坂時仲」と自分の名を記し、要之進宛には「慈愛大兄様」とある。しかし、要之進は金を融通しなかった。そのため、琢治は母仲に無理を承知で頼んだところ、仲は手元に残る唯一の銀簪を本代として差し出した。簪を受け取った時の思いを、琢治は晩年になって「この時の母の慈愛を終生忘れなかった」(「坂琢治伝」)と述懐している。

医術開業試験に合格

明治一一年(一八七八)二月に学舎を卒業し、翌月から亀井益雄のもとで臨床医学を学び、同一三年八月に内務省医術開業試験に満二〇歳で合格した。坂家の慶事は続き、明治一六年七月二三日に宮城県令松平正直《まつだいらまさなお》から家名再興を許す太政官の命が伝えられた。坂家は平民から士族になった。

明治一七年に医師法が改正になった時の免許の写しが「坂琢治伝」に残っている。

医術開業免状

宮城県士族
坂　琢治
万延元年三月生

明治十三年八月宮城県ニ於テ挙行セシ所ノ医術開業試験ノ成績ニ拠リ此免状ヲ授与ス

明治十七年五月一日

内務卿正四位勲一等山縣有朋　印

此免状ヲ勘査シ第五六四七号ヲ以テ医籍ニ登録ス

衛生局長

内務省三等出仕正五位勲四等長与専斎　印

祖母とともに暮らす

明治一三年（一八八〇）は、坂家にとって吉報が続いた年であった。家督の要之進は前述の「師範学科卒業証書請求者試験」に受かり、教師への道が確かになった。さらに、次男琢治は内務省医術開業試験に合格し、学費の苦労がなくなった。養子先の畑姓を名乗る三男定義は一五歳になった。子どもたちの健やかな成長は、英力死後の忍苦と屈辱に耐えた祖母春子と母仲にとって大きな慰めであったと思われる。

琢治が要之進に宛てた明治一三年九月二七日付の手紙がある。この時期、琢治は祖母春子、母仲、妹コウと一緒に宮城県の大代村に住んでいた。

琢治は手紙で、祖母春子が要之進の住む岩手県の赤崎村に「下向」することが決まり、一〇月中旬には出発の予定であると連絡している。春子にとって要之進は、誕生の時から跡継として大切に育てた孫である。仙台城近くの坂邸で共に暮らし、坂家の全盛期の思い出を一緒に語ることができる存在である。要之進が教員として生活の見通しが立つようになった時、祖母春子にとって、家督の孫と暮らすことは当然であり、その日を待ち望んでいたことであろう。

手紙によると、春子が「下向」する時には、お供に善左衛門を連れて行き、路銀は馬一匹と礼品で一二円が必要である。妹の「おこう様」の縁談を知人に頼んでいるので、母仲が一緒に行くことは決してない。母と妹は三男定義の養家である畑氏の空き家を借りて、大代村から仙台に移ることになっているが、家賃は未定である、と家族の近況を知らせている。

　琢治は母の心の内を推察し、母は人の口がうるさい大代村を離れ、コウの結婚を名分にして、畑氏を頼り、仙台に転居したいと思っている。大代村より仙台のほうが、知人も少ないので経費が少なくてすむであろう、と書いている。前述の通り、コウの結婚後、仲は赤崎村で春子・要之進と暮らした。

上京して石川桜所を訪ねる

　琢治は医術開業試験に合格という「小成」に安んじてはいけないと考えた。祖母と義母の許しを得て、医術修業のために上京を決意した。明治一四年（一八八一）一月、仙台を発ち、徒歩で東京をめざした。途中、白河の関では戊辰戦争で戦死した「賊軍の紀念碑」を見た、と「坂琢治伝」にある。

　上京の際、琢治は亀井益雄から二通の紹介状を書いてもらった。一通は石川桜所《いしかわおうしょ》宛であった。石川桜所は文政八年（一八二五）に陸奥国登米郡桜場村（宮城県登米市）に生まれた。仙台藩医から幕府の奥医師になった。安政五年（一八五八）に大槻俊斎《おおつきしゆんさい》・伊《い》東玄朴《とうげんぼく》らと、お玉ケ池種痘所を設立した。徳川慶喜《とくがわよしのぶ》に従い水戸に下ったことから、一年間投獄された。しかし、明治になると新政府に技量を認められ、陸軍軍医監に就いた。

　石川桜所を訪問すると、石川は開口一番に「東京に出て容易に成功すると思うのは大いなる誤りである」と諭した。これには、理由があった。数日前に、石川を頼って一人の青年が来た。その後まもなく、彼は某家の靴を盗んだと警察に自首した。ところが取り調べを行うと、それは彼自身の持ち物で、所持金を使い果たし、餓死寸前になり、罪人として警察へ行けば食にありつける、と思っての嘘であった。「昨今は、書生になって、苦学を成功させようとする者が多い、汝も帰郷の旅費があるうちに、仙台に帰るがよかろう」と石川は語った。維新後の混乱の中で、将来を誤る青年は少なくなかったので、石川の勧めに一理はあった。しかし、幕府の奥医師から陸軍軍医に転じた石川の言葉の奥に、琢治は保身を感じたのであろうか。琢治は石川の忠告を大いなる侮辱と感じた。

開業医上野秋海の助手になる

もう一通の紹介状は陸軍会計官の井上自衛宛であった。井上は横浜の開業医上野秋海を紹介した。上野は喜んで琢治を迎え、助手として採用した。琢治は患者の信望も厚く、いつしか「若先生」と呼ばれるようになった。上野のもとには、諸方から書生の依頼があった。しかし、琢治と同年齢で、医術開業免状を持つ者がいないことを知り、琢治は自信を得た。上野と妻は、琢治が娘の婿養子になり、病院を継いでほしいと考えた。

しかし、琢治の人生の志は、坂家の再興と父英力の雪冤であり、上野家の要望を受け入れることは到底できなかった。琢治を慕う上野家の妻と娘は、琢治の医術開業免状を蔵して返さず、琢治は断固として住まいを移した。それでも、母娘は種々の贈り物や食事を届けたが、琢治は食事さえ固辞した。上野は琢治の決意が固いことを知り、詫びて免状を返した。琢治は恩義に感謝して上野家を去った。

上野家で過ごした半年間は、青年時代の一つの彩りとして懐かしい思い出になるはずであった。しかし、上野家の娘は、琢治を「心の夫」と称して思慕し、結婚することもなく若くして亡くなった。それを知った琢治は、彼女の写真を居室に掲げて冥福を祈った、と「坂琢治伝」にある。

二章　軍医としての前半生

陸軍軍医になる

琢治が東京で再び生活を始めた明治一五年（一八八二）は多事多難な年であった。国内では自由民権運動が激しくなり、四月六日に板垣退助《いたがきたいすけ》が岐阜で刺客に襲われ負傷し、一一月には自由党員と農民数千人が警官隊と衝突する福島事件が起きた。対外的には、七月二三日に朝鮮の首都漢城（現在のソウル）の日本公使館が襲撃された壬午《じんご》軍乱が起きた。外交関係が緊迫し、陸軍は出兵することになった。軍医が不足していた陸軍は、志願者の臨時募集を行い、それに応じた琢治は「陸軍軍医本部傭医」として任務に就いた。

傭医の任を解かれた後に、軍から正式に軍医になる意思を問われた。薩長閥が幅を利かす官に入ることは本意ではなかったが、祖母と母の窮状を思うと、琢治は自分の好き嫌いを論ずる前に、収入の安定が最優先と考え、陸軍に入ることを決めた。

明治一五年一二月、「補陸軍省十六等出仕東京陸軍病院付」の辞令を受け取った。翌明治一六年九月から三ヵ月間は陸軍軍医講習生となり、一二月には「教導団副医官及陸軍病院課僚に補せられ」、正式に軍医に任官した。当時の俸給は月額一一円で、大部分は故郷へ送金した。

軍医になった琢治は、東京に来て初めて父英力の墓参をした。東京高輪の東禅寺の墓前には、酒一合とメザシを供えた。

上野しまと結婚

経済的に自立した琢治は、東京府麴町区（東京都千代田区）の借家に妻を迎えた。琢治の妻になった上野しまは、琢治の生母油井子の実家鹿又《かのまた》家の親族の女性で、幼い時に両親と死別し、二人の兄と暮らしていた。明治一〇年（一八七七）八月に仙台師範学校女子師範学科に第一期生として入学した。しまは教職には就かず、琢治と結婚することになった。二人の結婚年の記録はないが、明治一六年頃である。

東京上野と宮城県塩竈の間に鉄道が開通して、仙台駅が開業したのは、明治二〇年である。しまが初めて上京した時には、まだ鉄道はなく、仙台から人力車の旅であった。しまが東京の借家に着くと、そこには、琢治と同郷の青年たちが三、四人いた。琢治は食事に窮し、水だけを飲んでも、彼らと国政を論じ、医術を共に研究することを楽しんでいた。しまはこの様子に驚いたが、琢治の意を酌んで青年たちの世話をした。この新婚時代の苦労は「言語に絶したり」と述懐している（「坂琢治伝」）。

小倉に赴任

明治一七年（一八八四）六月、琢治は歩兵第十四連隊第二大隊副医官、陸軍三等軍医として、九州小倉《こくら》に赴任することになった。妻しまは、もうこれで食客の世話から免れると、安堵したことであろう。しかし、小倉に着任する前に、予期せぬことが起きた。

琢治は東京を去る前に、青年たちが各自の望むところへ行くための旅費を与えた。書生の一人小野寺某は、琢治が出発する前夜に急死した。琢治は出発を延期し、立派な葬儀を行った。そのため官給の旅費は葬儀費に消えた。琢治としまは、横浜から汽船の最下等の乗船客となり小倉に向かった。

琢治が小倉に赴任した時は、西南戦争が終わってから六年が過ぎていた。しかし、九州では「今だ、軍人を嫌う風」があり、数人の青年が、軍服姿の琢治の通行を妨げようとしたこともあった。

小倉在任から二年目、明治一九年五月、対馬分遣歩兵隊付となり、家族を小倉に残して任務に就くことになった。在勤半年で部隊とともに、一二月に原隊に戻った。小倉での三等軍医としての俸給は二五円で、琢治の実家にその半分程を送金していたので、妻の経済的な苦労は続いた。

愛児の夭折

小倉では子ども三人が誕生した。明治一八年（一八八五）四月一日に男児を授かった。父英力の一字を貫い英毅と名づけた。しかし、半年後、九月五日に夭折した。翌年九月一三日に女児が誕生し璋子と名づけた。璋子は一歳の誕生日を迎えた直後の明治二〇年九月一八日に亡くなった。男児と女児は共に、九月に死亡している。

愛児二人の冥福を祈り、悲しみを癒すために、しまは教会に通い始めた。しまの次兄上野大橘《だいきち》はハリストス正教に関心を持ち、聖書を妹しまに読んで聞かせた。その影響で、しまは小さい時から聖書に親しみ、小倉の日本基督教会で受洗した。

明治二一年七月一六日に女児あいが、小倉市船頭町（福岡県北九州市小倉北区船頭町）で誕生した。幸いにも、あいは健やかに成長した。

衛戍監獄所医官の経験

明治二〇年（一八八七）四月、二八歳の琢治は歩兵第十四連隊付を免じられ、小倉営所病院医官兼小倉衛戍《えいじゅ》監獄所医官に任じられた。同時に、二等軍医に昇進した。この時期に、犯罪兵の心理や監獄衛生について研究を始めた。当時、監獄内には暗室があり、重罪者は懲戒のために入れられた。某兵士は何度も暗室に監禁されても屈することなく、かえって狂暴になり、監督者を困らせていた。それを聞いた琢治は、自ら教化に当たることを申し出て、一日を暗室で重罪者と共に過ごした。その兵は狂暴性が収まり、暗室を出た後で、「誰か入ってきたら、打ち殺すつもりであった。意外にも、坂軍医は無手で、小さな入り口より、頭からではなく脚から入ってきた。その用意周到さに常人とは異なるをみた」と語った。琢治は暗室の撤廃を上司に具申した。琢治は退役後に仙台で授産場を開設した。授産人のなかには精神病患者や犯罪者もいたが、大過なく運営できたのは、衛戍監獄所での経験が生かされたのであろう。

同年八月に「軍医学会学生として入学　十二月に卒業せり（東京に於て）」と「坂琢治伝」にある。研修の内容は不詳である。もしかしたら、琢治は臆することなく上官に意見を具申するので、研修の名目で、本来の任務から遠ざけられたのかもしれない。明治二一年三月から鹿児島県と福岡県で徴兵検査を命じられた。その際には、戊辰戦争との比較研究のために、西南戦争の資料を収集した。小倉時代には、携帯糧食、脚気《かつけ》の病理、ハブの毒素など、多方面にわたる研究と執筆を精力的に行った。

東京転任、石黒忠悳と出会う

明治二一年（一八八八）一一月、近衛歩兵第三連隊付になり、東京に転任した。東京では高名な二名の軍医、石黒《いしぐろ》忠悳《ただのり》と森林太郎に出会った。森林太郎とは文学者森鷗外のことである。森も小倉に在任したが、明治三二年六月から三五年三月のことで、琢治とは重ならない。明治二一年七月、石黒忠悳がベルリンから帰国の途に就いた時、森林太郎は随員の一人であった。石黒を介して、琢治は森との知遇を得たのであろうか。森と琢治が出会った経緯は不詳である。

石黒忠悳は、父平野順作良忠が幕府代官の手代として、伊達郡梁川《やながわ》（福島県伊達郡梁川町）の陣屋に在任中の弘化二年（一八四五）二月一一日に生まれた（『石黒忠悳懐旧九十年』）。両親の死後、姉の嫁ぎ先の石黒家の養子になった。琢治が仙台藩重臣の遺児であり、同じ東北の出身ということが、軍の階級を超えて二人を結びつけたのかもしれない。研究熱心な琢治は、吐血器、担架の改良、傷者運搬法、携帯糧食等の研究成果を石黒に報告し、意見を求めた。石黒は琢治の熱誠を愛したが、議論が白熱し、論争が高ずると「謀反人の子」「腹を切れ」と怒りの言葉を発した、と「坂琢治伝」にある。しかし、琢治は石黒から罵倒されても、慈父のように慕っていた。琢治は小倉に五年間在任した後は、常に東京付近の任地に配された。坂は研究熱心だから田舎に出すな、という石黒の配慮であったと、琢治は感謝した。

石黒は琢治が病に伏すと丁重な見舞状を送った。琢治の葬儀には弔文を送り、その写しが「坂琢治伝」にある。

大正十三年六月二十五日午後六時辱知*坂琢治君は盍焉**(溘カ)として逝去せられたるの悲報に接す　嗚呼《ああ》哀哉　君は多年陸軍衛生部に職を奉せられ　在任中は鋭意銃創のこと止血のこと又糧食のことに心を尽され　軍職外には救《きゅう》恤《じゅつ》及社会事業に尽されたることは人皆識る所にして　尚《なお》君か齢老朽に在らさるに今日此報を聞くは中心(忠カまたは衷カ)より国家のため惜まさるを得す　聊《いささ》か蕪辞《ぶじ》を陳して弔意を表す

大正十三年六月二十七日　陸軍軍医総監　子爵石黒忠悳

＊辱知《じょくち》…知人であることの謙譲語、＊＊溘焉《こうえん》…たちまちに、人の死の形容に用いる

女子教育への理解

琢治には、あい、ゆう、たまきの三人の娘があり、三人を次々と仙台から東京女子高等師範学校に入学させた。琢治の妻しまは仙台師範学校女子師範学科に入学し、女性が教育を受けることに理解があった。しかし、東京に娘たちを遊学させるためには、父親である琢治の理解と経済力がなければ不可能である。

琢治は石黒忠悳から女子教育に関して影響を受けたと思われる。日本初の公認女性医師になった荻野《おぎの》吟子《ぎんこ》に医師の道を開いたのは石黒忠悳である。吟子は医師になる志を立てたが、当時、女性が医学校へ入学することは難しかった。石黒は吟子のために尽力し、知人の宮内省侍医高階経徳《たかしなつねのり》が経営している医学校の好寿院を紹介した。好寿院を卒業後、吟子は東京府に医術開業試験の願書を提出したが、女性の受験者は前例がないとの理由で却下された。石黒は、当時の内務省衛生局長の長与専斎《ながよせんさい》に掛け合い、その結果、明治一七年（一八八四）に女性も受験が可能になり、吟子は同年九月の前期試験に合格した。翌年の後期試験にも合格し、荻野吟子は医師になった。坂家の三姉妹が入学した東京

女子高等師範学校は、吟子も学んだ学校である。

大正二年(一九一三)、東北帝国大学に日本で最初の女性の大学生になった丹下《たんげ》ウメ、黒田チカ、牧田らくの三人が入学した。黒田と牧田は東京女子高等師範学校の卒業生で、坂家の三姉妹と同窓の縁で、坂家に下宿している。当時の坂家は下宿屋ではなく、授産場や幼稚園を経営し、同じ敷地内に広い屋敷があった。女性の大学生を下宿人としておくことは、琢治の理解があればこそ可能なことであった。

乃木希典へ解剖を進言

明治二三年(一八九〇)一一月、三一歳の琢治は陸軍一等軍医に任ぜられた。近衛歩兵第三連隊には四年間在任し、明治二五年四月からは東京麻布歩兵第三連隊に転任になった。東京在任時代に、当時陸軍中将の乃木希典《のぎまれすけ》と出会った。乃木の自邸に呼ばれて、碁の相手をつとめることもあった。そのような折に、琢治は忌憚なく自説を伝えた。琢治は「医学の発展のためには解剖学の進歩が必要であるが、わが国では死体の解剖を迷信的に嫌い研究材料に不足しているので、上流階級の方から率先して学術の進歩のために貢献してほしい」と述べた(『坂琢治伝』)。この琢治の意見は、乃木の心に届いていた。

よく知られているように、乃木希典は明治天皇の大葬の日、大正元年(一九一二)九月一三日に妻静子と共に「殉死」した。乃木が石黒に宛てた遺書が、『石黒忠悳懐旧九十年』に掲載されている。

拝啓、益々御健勝、欣賀々々。小生、此度の儀は定めて御叱り無限の事と存候。曽《かつ》て御話申上候如く、生存中碌々御益にも不相立候骸骨故に、医学上何かの御用に相成候得ば、骨にしてなり木乃伊にしてなり、或は粉にして御捨て被成候而も、更に遺憾無之、愚妻も納得致し居候間、可然御任せ申上候。右御願迄。御暇乞、旁如此候。
頓首

この遺書を読んだ石黒は「医学上何かの御用に相成候得ば」という乃木の意を汲んで「帝国大学の法医学主任の三

田博士を招いて、一応検査して貰ひ」（『石黒忠悳懐旧九十年』）、益があるならば解剖をお願いしたいと相談した。三田は「此死因では解剖致すも詮ない事である」（同前）との見解であったので、遺体は解剖されず土葬になった。文中の「三田博士」とは三田定則《みたさだのり》のことである。琢治の弟定義も東京帝国大学の法医学教室で、明治二〇年代に二年間、三田の恩師である片山国嘉《かたやまくによし》の助手を務めていた。

『東京帝国大学法医学教室五十三年史』によると、三田定則は明治四二年三月三一日からフランスに留学し、同四五年六月一〇日に帰国した。その三ヵ月後に、乃木希典の検視に立ち会ったことになるが、『五十三年史』には、三田が乃木希典の検視を行ったことは掲載されていない。三田定則は盛岡出身で、戦前は台北帝国大学総長、戦後は岩手医科大学初代学長に就任した。

『坂琢治伝』にも乃木希典の最期について記述がある。大正元年九月一三日に挙行された明治天皇の大葬に、琢治は帝国在郷軍人会の仙台分会代表として上京し参列していた。乃木希典の自刃の報を聞き、「直ちに乃木邸に至り、遺骸の処理等に任じ、往年の恩義を謝したり」とある。

佐倉に転任

麻布の歩兵第三連隊に在任すること八ヵ月で、千葉県佐倉にある歩兵第二連隊に、琢治の言葉によると「追いやられた」。琢治は、自分は「実践的軍医」であり、一般の軍医は「技術家的軍医」であるという自負があった。上官に忖度しない直言直行は、周囲に波瀾を起こすこともあった。「坂琢治伝」によると、琢治が佐倉に転任する際に、石黒忠悳は琢治を呼び「お前は佐官になるまで喧ぐな。佐倉に行ってそれが出来なければ休職にする」と戒めた。後年、琢治は長男英毅《えいき》に「当時、予は血気にして高位先輩に対して礼を失ふ一代の失策なり、汝よく之を諫めよ」と諭した。

ところが明治二五年（一八九二）一二月に歩兵第二連隊の佐倉に着任してみると、隊長浅田信興《あさだのぶおき》の人柄もあり、将校団の雰囲気が前連隊とは全く異なっていた。浅田信興とは終生にわたり交誼が続いた。

日清戦争前の佐倉連隊での軍医の仕事は、新兵の身体検査、種痘、担架術、土質・水質の検査、換気の検査、演習や行軍の随従、傷病兵の診断と治療、兵の毎週の身体検査などで多忙を極めた。

参謀演習旅行専習員

日清戦争が始まる一年余り前、明治二六年（一八九三）六月に、琢治は突如、参謀演習旅行の専習員に選抜された。この二年前の明治二四年一〇月六日に「将校演習旅行条例」（勅令第百九十七号）が公布された。この条例は、将校演習旅行を参謀演習旅行と幹部演習旅行の二種に分け（第一条）、参謀演習旅行の目的を「戦時高等指揮官並に参謀将校の要務を習得せしむる（後略）」（第三条）と定めた。参謀演習旅行は年一回、日数は往復を入れて三週間（第七条）とした。

琢治の参加した参謀演習旅行は、来る日清戦争に備えて、普仏戦争に勝利したドイツを範に、ドイツ人将校「ホン・シュライベル」を指導者に迎えて芸備地方で実施された。

全国から二名の軍医が選抜された。欧州留学から帰国した二等軍医正の松島玄景と、もう一人は東京帝国大学医学部出身の某軍医であった。ところが、帝大出の軍医は演習直前に病気と称して辞退した。石黒軍医総監は直前の人選に苦労し、琢治に「直ちに中国尾道に至りこの演習に参加すべく命ず」と電報を打った。電報を受け取った琢治は、急ぎ佐倉を立ち、陸軍省医務局に立ち寄り、そこで石黒宛に命令の返事として「暗の夜　破れ提灯　ひかり時」の一句を書いて投函し、尾道をめざした。

ドイツ語をまったく知らず、外国人に接した経験もなく、いつもは強気の琢治も内心は多少の不安があった、と認めている。この演習で教育を受ける専習員の「顔ぶれが余りにも偉大」と琢治が評したなかには、上原勇作《うえはらゆうさく》、明石《あかし》元《もと》二郎《じろう》、野津《のづ》道貫《みちつら》、山根《やまね》武亮《たけすけ》らの参加があった。専習員は、将来は大将や元帥となる「才気胆略兼備」の逸材であった。活気潑剌と金色の参謀肩章を翻す姿をみると、非戦闘員の衛生部員である琢治は周囲から軽視されていると感じることもあった。

専習員の山根武亮について、琢治が深く感じ入った逸話が「坂琢治伝」にある。

ドイツ人教師が山根に広島湾の調査を命じた。山根は短時間で戻り、詳細な調査結果を報告した。敏速な調査に感嘆したことを、琢治は山根に言った。すると山根は、広島湾は重要な軍事拠点であるので、外国人に「何ぞ真実を告ぐるを得ん　皆予が作りしもの故　敏速なり」と答えた。数字は、山根がでっち上げたものであった。

山根武亮は森林太郎と同じ時期にドイツに留学していた。森林太郎が小倉に着任した二日後、明治三二年六月二一日に山根が森を訪問し、森の日記には「大雨。山根武亮来り訪ふ。麦酒を酌みて時事を談ず」(『鷗外全集』第三五巻)とある。

軍医駒井潔の思い出

琢治の任務には若い軍医の指導もあった。駒井潔は佐倉で琢治から指導を受け、日清戦争にも一緒に従軍した。出征前の馬の調教について、駒井は次のように語っている。

明治二七年(一八九四)八月一日、日清戦争が始まった。佐倉の連隊に、日清戦争の動員の命が下ったのは同月三〇日であった。数日後、徴発した馬七〇頭が連隊に運ばれてきた。上級医官から順次に白馬を選んでいった。駿馬や駑馬《どば》が入り混じる中で、なかでも衆目を引いたのは、千葉県三里塚産の五歳馬で、競馬で一等賞を得た逸物であった。その姿勢、骨格、毛色(鹿毛)等、申し分のないアラビア種の雑種である。しかし、人を寄せ付けず、噛み、蹴るの悪癖があった。この馬を医官たちが避けるなかで、琢治がこれを選んだ。琢治と駒井は馬を並べて隊尾につくことになっていた。琢治は駒井に「心配ない」と言って、朝夕の隊務の合間に、琢治が先頭になり二人で、箱馬場、練兵場、時には郊外に遠乗りをした。九月下旬に屯営を出発する時には、さすがの癖馬も訓練に慣れ、乗馬が未熟な駒井でも試乗できるほどになり、大隊長の懸念も杞憂となった。

日清戦争に従軍

琢治は明治二七年（一八九四）九月二七日に佐倉の歩兵第二連隊第二大隊を出発した。「坂琢治伝」によると、日清戦争での従軍行程は次の通りである。

明治二七年一〇月二四日　清国盛京省花園河口に上陸
　同年一一月　六日　本隊に属し金州の戦闘に従事
　同年一一月二〇日・二一日　本隊に属し旅順の戦闘に従事
明治二八年　二月二四日　本隊に属し南太平山の戦闘に従事
　同年　三月　九日　本隊に属し田庄台の戦闘に従事
　同年　三月二五日　一等給を賜る
　同年　五月三〇日　金州七里庄出発
　同年　六月　六日　帰営

琢治は「日清戦争ノ思出」と題して従軍中の行動を詳細に記した。軍人である英毅は、指揮官や兵卒の戦場心理を研究するうえで、実戦を知らない青年将校のために大いに参考になる、と評している。残念ながら、この原稿は失われている。「坂琢治伝」には、琢治が敵の弾雨のなかで馬を飛ばし傷兵を治療したこと、また、敵に包帯所を包囲された時には、部下の軍医に治療を任せ、自ら指揮官となり軽症者や輸卒等を指揮して戦った「武勇伝」が記されている。

祖母春子の死

琢治が日清戦争に出征のため、佐倉を出発して広島へ移動中に、佐倉の留守宅に仙台から「祖母危篤」の電報が届いた。琢治に知らせることはできたが、任務を離れることはできず、しまが仙台に行くことになった。しかし、しまが語るには、仙台までの旅費がなく躊躇していると、再度の電報には「至急仙台ニ来ラレタシ」とある。ようやく旅費を工面し、急ぎ停車場へ向かう矢先に「祖母死ス」の三度目の電報がきた。明治二七年（一八九四）一〇月三日死去、享年八一。

父亡き後、苦楽を共にした祖母の臨終に立ち会えず、自分の手で葬儀ができなかったことは、琢治にとって痛恨であった。深夜の露営で「祖母ヲ懐フノ記」を記し、後年には「祖母亭」と名前をつけた御堂を屋敷につくった。

日清戦争従軍の経験

無事に戦地から戻った琢治には、明治二八年（一八九五）一〇月に日清戦争の功により、勲六等単光旭日章および年金七〇円が授与された。連隊内では「坂軍医は金鵄勲章」との前評判はあったが、実際には授与されることはなかった。

日清戦争での体験から戦時衛生の改善を痛感し、明治二八年末に、偕行社から『戦時衛生鄙見』を出版し、軍部に意見を具申した（現在は彰古館所蔵）。この書は陸軍の戦時衛生の不備を批判し献策する内容であったため、石黒忠悳から「停職にする、とまで叱られた。夫《そ》れ故、この方面の研究は深くすることを中止せしめた」と琢治は述べている（「坂琢治伝」）。

明治二九年六月、琢治は要塞歩兵射撃学校に志願する生徒の身体検査医官になった。同年一一月、琢治は歩兵第二連隊付を免じられ、野戦砲兵第八連隊付を命じられた。

しまは、東京に転居した時に基督教矯風会に入会し、佐倉在住の時は子どもを連れて日清戦争の捕虜を慰問した、と三女たまきは回想している。

仙台へ転任

明治三〇年（一八九七）、琢治は仙台に転任することになった。陸軍は日露戦争を見据えて、軍の拡充計画を進め、弘前に新設予定の第八連隊の編成が仙台で行われていた。

二二歳で単身上京してから一六年後、琢治は軍医となり家族を連れて故郷に戻った。その間に、祖母は死去し、義母は体が不自由になり、兄要之進は音信不通に、弟定義は軍医になり、妹コウは教師に、幼くして別れた次女いくは嫁ぎ、三女ゆうは養子先で亡くなっていた。

琢治は家族と共に、潮湯治《しおとうじ》で知られる菖蒲田《しょうぶた》海浜（宮城県七ヶ浜町）に転地して、痔病の療養に専念した。明治二〇年に塩竈まで鉄道が開通すると、翌年には菖蒲田海浜の近くに療養施設「大東館」が開館し、後藤新平《ごとうしんぺい》、島崎藤村《しまざきとうそん》、宮沢賢治《みやざわけんじ》等にも利用された。菖蒲田海浜は海の保養地として、特に外国人宣教師には避暑地として人気があった。

三章　仙台で活動した後半生

英力の雪冤を決意、陸軍を休職

故郷で過ごす日々のなかで、琢治は父英力の死について深く考えるようになり、軍隊を休職する決意を固めた。休職の理由について、琢治自身の言葉は「坂琢治伝」に残されていない。しかし、当時の琢治の心境について、妻が長男英毅に語った言葉が「坂琢治伝」に記されている。

仙台は父英力が国老として仙台藩の最高統帥に任じたる所　吾《わ》れ一大尉級の身にて仙台に到りしこと　却《かえっ》て先祖を汚すものならずや　其成ると成らざるとは不明なるも　寧《むし》ろ野に下りて千里の駒となり　父英力が朝敵にあらず　反逆にあらざる雪冤の目的に邁進せん　これ武士の子としての進退なりと琢治は感じたり

仙台で開業医に

転地療養を終えて、明治三一年（一八九八）三月に仙台で開業することになった。開業直後、琢治は森林太郎を訪ねている。同年三月二九日の森の日記に「阪琢治軍医学校来り話す」（『鷗外全集』第三五巻）とある。

最初に開業した病院は仙台市北二番丁にあった。菖蒲田浜で療養中に、琢治が医師と知ると、療養者の中には琢治に診察を請い、開業と同時に入院した患者もあり、仙台市北二番丁の病院はすぐに手狭になった。そのため、同市東一番丁四八番地（仙台市青葉区一番町）にあった山田某が閉院した病院をそのまま借り受けて移転した。この場所は、藩政時代から現在に至るまで仙台の繁華な場所の一つである。琢治は外科が得意であり、さらに内科・婦人科・小児科・精神科まで診療した。他の医師が見放した患者も引き受けたので「難病医」といわれた（図8）。開業数年で、多

図８　開業医の頃の坂琢治（坂家所蔵）

数の「看護婦」や書生を置くまでになった。書生のなかには、夏期休暇を利用して実技の習得をめざす（旧制）第二高等学校医学部の学生もいた。琢治は紹介状もなく直接面接を申し込んだ学生でも快く受け入れた。後年、琢治に倣い陸軍衛生部に職を得た軍医宮部宥吉もその一人である。

明治一九年に「中学校令」が公布され、翌年に第二高等中学校（一八九四年、第二高等学校に改称）が仙台に設けられた。同校は本部（修業年限三年の予科と二年の本科）と医学部（修業年限四年）からなっていた。明治三四年に医学部は分離独立して仙台医学専門学校になった。

琢治は開業によって得た財をもとに、仙台市東二番丁に広い土地を購入した。その場所に、宮城授産場と幼稚園を開設した。

琢治が仙台に戻り医院を開業し、生活が安定したことを、誰よりも喜んだのは義母仲であろう。仲は実子の定義とは、彼が経済的に自立した後も同居せず、家督になった琢治の家族と暮らした。長年の苦労は仲の体を蝕み、四〇代後半から「中風症」のために身体が不自由になり、五〇代には寝たきりになった。琢治は寝台のまま車に乗せ、仙台の桜の名所である榴ヶ岡《つつじがおか》に連れて行き、好物の酒を勧めた。医院の広い庭を利用して園遊会を行い、音楽隊や芸人の余興で病床の仲を慰めた。新年には家族一同の慰安日を設けて、女中や書生、車夫も集まり、仲の前で隠し芸を披露した。

琢治の家族に見守られ、明治三四年に仲は六二歳で亡くなった。当時、五歳の琢治の長男英毅は、母を失った父琢治の悲嘆があまりにも大きく、人前でも涙を激しく流す父の姿を記憶している。

仲の葬儀は、仙台藩奉行坂英力の妻にふさわしい格式で挙行され、仙台では稀に見る盛大な葬儀であった。棺の後ろに長刀を立て、旧家臣たちが随行した葬列を英毅は覚えている。前掲の「孀人布施氏之行状」には、琢治と定義が柩を護り、会葬者数百人がその死を悼んだ、とある。

宮城授産場・幼稚園開設と日露戦争出征

明治三三年（一九〇〇）五月に宮城授産場を開設、二年後に付属の幼稚園を設け、琢治は診療も続けていた。授産場と幼稚園についてはⅣで詳述する。授産場開設から三年余りが過ぎた明治三七年二月に日露戦争が勃発すると、琢治は充員召集に応じて、第二師団第四野戦病院に編入された。授産場と幼稚園の運営は、代理の医師と妻に委ねた。出征前に、六年間診療してきた東一番丁の病院を閉鎖した。琢治はすでに四五歳になり、彼自身は生還を期待していなかった。妻には、分際に応じて生活し、子どもたちを教育するように言い残した。当時、小学生であった英毅は、早朝、旗を持って仙台駅の隣の長町駅から出征する父を見送った。

次は、「坂琢治伝」にある日露戦争の従軍記録である。

明治三七年
- 三月二二日　宇品港出発
- 同　三月二七日　韓国鎮南浦《ちんなんぽ》に上陸
- 同　七月三一日　摩天嶺《まてんれい》の戦闘、野戦病院事務に服す
- 同　九月　三日　遼陽戦闘の時、野戦病院事務に服す
- 同　一〇月一二日　沙河《さが》戦闘の時　野戦病院事務に服す
- 同　一〇月二八日　脚気《かっけ》症に罹り帰還
- 同　一一月一二日　仙台予備病院に入院
- 同　一二月　五日　全治退院
- 同　一二月　六日　後備第一師団第三野戦病院長被仰付

図９　軍服姿の坂琢治（坂家所蔵）

明治三八年　一月三一日　宇品港出発
同　二月　六日　清国柳樹《りゅうじゅ》屯上陸
同　三月　四日　任陸軍三等軍医正
同　三月一三日　奉天戦争に参与し、野戦病院開設
同　一一月三〇日　叙勲五等瑞宝章
明治三九年　一月　一日　凱旋のため柳樹屯に於て乗船
同　一月　六日　和田岬に上陸
同　一月一三日から二月二六日まで、仙台川内《かわうち》分院に於て内地戦役勤務に従事
同　二月二六日　召集解除

日露戦争での軍功により勲四等旭日小綬章および金一〇〇〇円を授与された（図９）。日露戦争中の見聞、体験、部下の功績などをまとめ、「満州野路之友垣」を執筆した。琢治が配属になった後備師団の野戦病院は、ほとんど未教育の補充兵から編成されており、教育しつつ戦闘する状態であった。琢治は部下一同の帽子の裏に「巧遅は拙速にしかず」と書かせた。戦場では臨機応変な敏速な行動が重要であることを説いたのであろう。

医学会で発表

日露戦争から戻ると、授産場の敷地に医院を建てることになった。しまは息子を連れて、当時は仙台市郊外の作並《さくなみ》（仙台市青葉区作並）の温泉場に行き、廃業している宿屋を一軒買った。建物を解体して運び、明治三九年（一九〇六）四月から医院の形に整えていった。琢治は借金が嫌いであったので、すべて自己資金で徐々に進めていった。この二度目の開業時は看板を掲げなかった。看板に関係なく、良医に患者は集まるという琢治の自信の表れであった。

帰還後の琢治は、昼夜を厭わない診療や授産場の運営で繁忙をきわめていた。しかし、医師としての研鑽を怠らず、医学会での研究発表も積極的に行っている。

琢治は、明治四一年一月二五日の仙台医学会例会で「気管切開術について。ジフテリア患者の咽頭切開二例」、同四三年一月二五日の同例会では「大火傷の処置について」の表題で発表した。仙台医学会は仙台市医会や陸軍軍医会などの有志による団体であった。

新医師会法により、明治四〇年一〇月二五日に仙台市医師会が発足した。明治四四年一一月二五日に仙台市医師会学術部例会が五城館で開催され、講演者は五人で、琢治は「母斑の療法」について発表した。

忙しい日々のなかでも、琢治は執筆活動に余念がなかった。英毅が記憶する父琢治は、昼夜の別なく診療し、寸暇を惜しんで執筆し、枕元には筆と紙を置き、診察中の処方箋にも所感を書き、食事中でも思い出すことがあれば、紙片に記していた。

仙台市会議員選挙に落選

大正元年（一九一二）に、琢治は仙台に軍高官が多いことを鑑み、在郷将校の団体である成章会を結成した。会員は予備役、後備役、退役の将校とした。月一度の会合を持ち、名士の講演会を企画した。会員は百数十名に達し、会報を発行し、活発な活動を展開した。成章会の勧めで、大正二年二月に琢治は仙台市会議員に立候補した。普通選挙法が成立するのは大正一四年で、選挙のたびに有権者の買収があり、醜状が絶えない時代であった。琢治の立候補は、そのような選挙に一石を投じようとするもので、運動員を置かず、政見を印刷して発表するのみであった。「坂琢治伝」にある政見の抄録は次の通りである。

一、国家問題に対する抱負

1食政問題の解決　細民及び人口繁殖に関する対策を説く
2貧民救助政策　授産場の必要を説く
3医政　医弊矯正を説く
4教育　文部省の教科書改正の頻繁を慨《なげ》き、貧家の幼児教育の必要を説く
5国防　軍事研究は戦闘法よりも養兵に主をおく
代議士に国防の本義を知らしむ

二、東北振興策
1交通網及び商工業の振興　在郷軍人を主体として活動せしむ
2寒地に適する副業　氷餋《ひょうし》製造の他、種々の副業
三、市政に対する抱負
1市是を定む、国家も都市も責任者の代わる毎に方針が変更するは不可、大方針は不変
2教育地仙台の実を挙ぐ、男女風紀を正す
3伝染病の予防、公衆衛生、結核予防等を説く
4共進会事業、上下水道、市営電燈の実施
5理想選挙の実施、現在の選挙の弊害を諭す

選挙の結果、投票はわずかに一票であり、これには琢治は大笑いであった、と「坂琢治伝」にある。

士風会の結成

大正四年（一九一五）一〇月二一日に、成章会の例会を開くと、解散を唱える者があり、「坂琢治伝」によると、群集心理は意外の所に走り解散に至った、とある。

大正三年に第一次世界大戦が勃発すると、日本は日英同盟を口実にドイツに宣戦した。このことが、一部の会員の心理に影響を与えたと気づき、琢治は次のように推察した。成章会の一派が、出兵する兵士に敬意を表する在郷軍人会に同調し、成章会のエリート主義的雰囲気に異を唱えたのかもしれない、また、自分は成章会の勧めで市会議員に立候補したが、立候補に賛同しない会員もあり、わだかまりが残ったのであろう、と考えた。

そこで、琢治は成章会を解散し、すぐに士風会を立ち上げた。日本武士道の精神により世界平和をめざすことを目的に、その趣旨に賛同する会員を日本全国から募り、士族、男子、将校に限定せず、外国人にも入会を認め、会費も徴収しなかった。士風会の事業として、近所の子どものために漢籍朝読《あさよみ》会を始め、琢治が師となり、早朝から四書の素読を行った。琢治は仙台藩が藩校養賢堂《ようけんどう》で使っていた四書を手に入れ、それを私費で増刷し、士風会の会員に配布した。琢治の孫岡田寛子（一九三六年生まれ）は、戦前の坂家には、子どもに漢籍を素読させるしきたりがあり、小学生の時に、祖母から字突き棒を使って教えられた、と語っている。

士風会の活動のなかで、琢治が力を注いだのは武芸の奨励であった。寒稽古を邸内の道場で催し、児童らを鼓舞し、英力が免許皆伝になった影山流の剣道の存続に努めた。

「歓仰録」に署名した人々―斎藤実と森林太郎―

また、琢治は上京のたびに著名な人々を訪ね、士風会への理解と賛同を請い、「歓仰録」に氏名と座右の銘を記してもらった。「歓仰録」は現存せず、「坂琢治伝」には抜粋の写しがある。そこには四九人の名前が掲載されている。経歴がわかる人物を挙げると、衆議院議員の藤沢幾之輔《ふじさわいくのすけ》、沢来太郎《さわらいたろう》、宮城県知事森正隆、宮城県議会議長小野平一郎、第四代仙台市長早川智寛《はやかわともひろ》、第五代仙台市長和達孚嘉《わだちたかよし》、仙台市会議員島野翠、青森県知事佐和正《さわただし》、東北帝大総長北条《ほうじょう》時敬《ときゆき》、第二高等学校の校長武藤虎太、同玉虫一郎、東京女子高等師範学校教授下田次郎、宮城女学校幹事早坂哲郎、自由民権家の大立目《おおだつめ》謙吾《けんご》、画家の伊藤文吾（松洞亀城）、輪王寺（仙台市青葉区）住職福定無外《ふくさだむがい》などである。さらに、軍人では浅田信興、丸本彰造、湯目隆績、摺澤静夫《すりざわしずお》、永沼秀文、外国人では神父クロード・ジャッケ、宣教師デイヴィド・B・シュネーダーなどがいる。

なかでも著名な人物として、斎藤実《さいとうまこと》がいる。斎藤は「歓仰録」に「義在正我　大正戊午五月」と記した。斎藤実は仙台藩の水沢伊達家に仕える藩士斎藤高庸の長男として、安政五年（一八五八）に生まれた。斎藤が書いた「大正戊午」は大正七年（一九一八）である。この時、斎藤は大正三年のシーメンス事件で海軍大臣を引責辞任し、同八年八月に第三代朝鮮総督に就くまで、政治家としては不遇の時代を過ごしていた。そのような時期に、藩の責を負うて斬首された坂英力の遺児の求めに応じて、斎藤は「義在正我」の言葉を選んだ。斎藤は昭和七年（一九三二）五月二六日に第三〇代内閣総理大臣に就任し、同一一年に二・二六事件で暗殺された。琢治の著作『世界平和ノ基礎』は、国立国会図書館の斎藤実関係文書の中にある。

森林太郎の名前もある。琢治は、大正六年一一月に士風会の件で森を訪ねた。その時の様子を「坂琢治伝」からみてみよう。森は「坂、今は陸軍衛生部位の話ではないぞ、世界の問題を研究すべきである」と言うと、琢治は早速、士風会について語り、「歓仰録」を出した。森はただちに「得之者生　失之者死　丁巳年十一月初八　源高湛　印」と書いて与えた。出典は『礼記』で、「得之」「失之」の「之」は「礼」である。捺印までされた理由を問うと、森が「これは他に用いない印形だ」と言い、琢治が改めて見れば、「臣林太郎之印」とあり、「先日天皇陛下から詩の思召があり、特に彫刻せしめた印である」と説明した。「詩の思召」については、大正四年五月三日の日記に「宮内省侍醫寮に往く。主上岡大臣をして勅命を伝へしめ給ふ。詩を献ぜよとなり」（『鷗外全集』第三五巻）とある。

琢治が森を訪問した大正六年一一月は第一次世界大戦中であり、その年にロシア革命が起きた。翌年にはロシア革命を干渉するシベリア出兵、続いて起きた米騒動が全国に波及した。森の訪問後に起きた国内外の不穏な情勢を見て、琢治は「閣下は予等より情勢をみる尚早かったのを知った」と語っている。

図10　坂家を訪問したアメリカ人武器研究者（1917年年5月5日，坂家所蔵）
後列左端たまき，3人目よりしま，琢治，ゆう

コロンビア大学の研究者が坂家を訪問

士風会に参加した外国人宣教師を介して、坂家に外国人の来訪者があった（図10）。大正六年（一九一七）五月五日に、デイヴィド・B・シュネーダーの紹介で「コロンビア大学のディン博士」が坂家を来訪した。アメリカ人宣教師シュネーダーはドイツ改革派教会の宣教師として来日し、明治三四年（一九〇一）五月、東北学院の初代院長押川方義《おしかわまさよし》の後を継ぎ、第二代院長に就任した。「ディン博士」について詳細は不明である。しかし、坂家には坂琢治・しま、通訳と思われる洋装の日本人、二名の外国人らが一緒に並ぶ写真があり、裏書には「米国武器研究学者来訪際武道を実視せしめし時の記念」とある。「ディン博士」の同伴者の氏名は不明である。アメリカ人の武器研究者の来訪はロシアで二月革命が起きて、二ヵ月も経たない時期であった。

坂家では次女ゆう、三女たまきが薙刀を披露して賞賛を受けた。さらに影山流の居合抜きの名人、当時七六歳の天野古弘の実技があった。これに感嘆した「ディン博士」は、後日、日光から友人を坂家に出張させて、「有色の活動写真」を撮影させた。

セオドア・ルーズベルト大統領に「時局出兵論」を呈す

「ディン博士」が来訪した際に、琢治は論文「時局出兵論」を日露戦争の講和を仲介したアメリカ合衆国第二六代大統領セオドア・ルーズベルトに渡していただきたいと頼んだ。当時は第一次世界大戦中であり、「坂琢治伝」によると、「時局出兵論」の主意は、日本から三五万の義勇軍を連合国の寄付で出兵することを提案、とある。琢治の出兵論は、両軍の戦力が拮抗している時には、一方の軍にわずかでも兵が加勢されれば、他軍の士気に影響を与え、平和解決へ導かれるという精神的、戦略的出兵である、と説明している。

「坂琢治伝」によると、琢治が出兵論を考えたのは、フランス政府が義勇軍の出兵に「一億の金」を出すという「仏国政府の内意」を、「当地在住の仏人ジャッケ」から聞いた後である、とある。「仏人ジャッケ」とは、仙台市内のカトリック教会の神父クロード・ジャッケである。彼は明治一五年(一八八二)にフランスから来日した。明治二五年から昭和二年(一九二七)に亡くなるまでの三五年間、仙台元寺小路《もとてらこうじ》教会の神父であった。この間、明治三八年の東北大凶作では全国のカトリック教会に呼びかけ救援活動に取り組んだ。この時の救援活動を通じて、授産場を運営する琢治との交流が生まれたのかもしれない。

しかし、この話は不明な点が多い。誰が神父ジャッケに「仏国政府の内意」を伝えたのか。神父ジャッケが「仏国政府の内意」を、一民間人である坂琢治に口外した意図は何か。謎めいた話である。

大正七年(一九一八)九月二〇日の地元紙『河北新報』には、「仏語大モテ　欧州学会に接触する為　ジャッケさん大多忙」の見出しがある。(旧制)第二高等学校ではドイツ語偏重でフランス語の授業がなく、東北帝国大学でのジャッケ神父の講義は満席で、立って聴く者がいるほどの盛況である、と伝えている。

大正七年一一月に第一次世界大戦が終結した。その半年前の四月にルーズベルトから琢治宛に「貴方の時事論文に対し予が批判を試みる自由を有せざるを遺憾とす」（訳文のみが「坂琢治伝」に掲載）というきわめて簡単な返書があった。「坂琢治伝」によると、この手紙は検閲され、封が切られて郵送された。「ルーズベルト氏と信書の交換をして政府の注意をうけた」とある（坂琢治「民力涵養の基礎（後編）武士道の将来」）。

宣教師デフォレストの訪問を受ける

大正八年（一九一九）一月六日にセオドア・ルーズベルトが死去した。同年一月一一日の『河北新報』に「ル氏の日本武士道は仙台から会得した　日本親善の源泉は是れ　逝けるデ博士はル氏の懐剣で　坂黄海氏の割腹した刀を見てル氏を説いた」の見出しで記事が掲載された。坂黄海は琢治の父英力である。記事にある「割腹」は間違いで、英力の死は斬首である。しかし、地元民のなかには、英力の最期が「斬首」であることに合点できず、英力への敬意から「切腹」と書いている資料もある。ルーズベルトの「懐剣」つまり大切な部下である「デ博士」とは、アメリカ人宣教師J・H・デフォレストである。武士道に関心のあるデフォレストは休暇で帰国する二日前に、「日本に於ける武士道の家庭を実見して帰りたい」と坂家を訪ねてきた。二階の和室で英力の辞世の漢詩と遺品の短刀を見た。当時のアメリカでは日本人排斥運動が盛んになっていた。デフォレストはルーズベルトを説いて、アメリカ国民の誤解を解くために「日本人の切腹を知らざる者は日本を是非する資格を有せず」の演題を掲げた、と記事にあるので講演をしたのであろう。デフォレストは明治四四年（一九一一）に仙台市で没している。

なお、後述するが、琢治はデフォレストに、琢治の製造した氷餐（軍隊用の携帯食糧）についてアメリカ政府に対して具申してほしい、と依頼したことがあった。その仲介役の「ウッド大佐」には、日本刀一振を贈呈していたことが、デフォレストから琢治宛の書簡より知られる。

戦前の神父や宣教師が正式な外交ルートとは異なる方法で、自国の政治の中枢と深く関わっていることを「坂琢治伝」からも知ることができる。

旧仙台藩士と金蘭会に集う

琢治と共に暮らした長男英毅は、琢治は父英力の獄中の苦悩や斬首の極刑を想起して、一生を緊張して過ごし、寝る時以外は袴を着けていた、と述べている（「坂琢治伝」）。家を建てると、英力の霊を祀る祠を邸内に建てた。当時、青葉神社の宮司であった一条十郎によって祭具が整えられ、祭典が行われた。英力が死去した五月一九日と生まれた九月一九日を二大祭典に決め、毎月一九日を例祭とした。例祭日には旧仙台藩の古老を招き、酒食を共にして英力の霊を慰めた。例祭日の集まりは老人会でもあり、この会に琢治は金蘭会という名前をつけ、日露戦争後に始まり、琢治の死まで十数年続いた。金蘭会は、老人たちにとっては書画を楽しみ、談論ができる慰安の場であり、琢治にとっては古老から戊辰戦争の体験談を聞き、その資料を得る貴重な機会であった。

明治四四年（一九一一）に、金蘭会の会員は二六名であった。その中には北辰一刀流の武道家桜田桜麿《さくらださくらまろ》、青葉神社宮司の一条十郎、影山流の武道家天野古弘、旧坂元（宮城県亘理郡）城主伊達宗亮《むねすけ》、画家の伊藤亀城・千葉《ちば》鉄斎《てっさい》、実業家の錦戸景訓《にしきどかげくに》、自由民権家の大立目謙吾等がいた。会員の一人永沼秀実（織之允）は仙台藩校の養賢堂で学び、戊辰戦争に参戦後は自宅で謹慎していた。維新後に上京し、神奈川県西多摩郡五日市町（東京都あきる野市）の勧能学校の初代校長を務めていた時に、旧仙台藩士千葉卓三郎を助教に迎えた。千葉が二代目校長になり、住民有志との学びの中から私擬憲法草案を作成した。この草案を発見した色川大吉《いろかわだいきち》らによって「五日市憲法草案」と名づけられたことは周知の通りである（『仙台市史』通史編6）。

金蘭会が開かれる以前にも、旧仙台藩士が琢治を訪ね、旧事を語ることがあった。英毅の記憶では、戊辰戦争で烏組を結成した細谷十太夫《ほそやじゅうだゆう》（直英《なおひで》）が日清戦争の幻灯を見せてくれたり、横尾東作《よこおとうさく》は南洋土産のほら貝を持ってきた。幕末に横尾東作はアメリカ人宣教師サミュエル・R・ブラウンや医師で宣教師のジェームズ・C・ヘボンらから英語を習い、戊辰戦争の時には、横浜で外国商人から武器を購入する実務を担当していた（同前）。

四章　琢治の携帯糧食研究

琢治の携帯糧食「氷餈」の研究

かつて東北地方では保存食として、冬場に餅を凍らせ乾燥させた氷餅《こおりもち》が作られた。明治時代の仙台では、氷餅は「幼児ノ心友ナリ」と琢治がいうほど、一般的な子どものおやつであった。琢治は氷餅に改良を加えたものを氷餈《ひょうし》と名づけ、製造に工夫を重ね、軍の糧食として採用されるように陸軍上層部に働きかけた。除隊後は氷餈の販路を海外にまで求めた。軍隊の携帯糧食の研究は、琢治のライフワークであった。

琢治の佐倉時代の氷餈研究について、同僚の軍医駒井潔は、次のように伝えている。

琢治は氷餈が携帯糧食として実用化できるように、衛生学的なデータを集めた。そのため、公休を利用して軍医学校に行き、篤志家と共に天幕内に起居し、数週間連続して実験材料の氷餈以外は一切食べず、体力の影響を調べた。氷餈の生産力が問題視された時には、某菓子店の主人に頼み、同店の氷室と乾燥室で餅を氷結し乾燥する実験をした、とある（「坂琢治伝」）。

森林太郎、琢治の氷餈への関心

森林太郎も携帯糧食に関心を持ち、海外で一八〇〇年代に出版された軍隊の携帯糧食に関する書物を読み、明治二三年（一八九〇）一二月に小論「携帯糧食略考」をまとめ、次のように記している。

携帯糧食とは弁当のことではなく、戦場で兵士が携帯する少量の食糧のことである。ドイツでは「アイゼルネル、ベスタンド」と名づけ、つまり鉄のごとく守るべき品、訳すと鉄糧といわれるほど重要なものである。携帯糧食の目的は兵士の身体と気力を養うことで、その性質は容量小、重量小、かつ保存に耐え、料理が容易であることを挙げている。森は携帯糧食として日本の保存食である「道明寺」や「氷餅」に注目した。（『鷗外全集』第三〇巻）

森林太郎は琢治の氷餈に注目した。「氷餈ノ利用試験（坂琢治氏業績）」と題して、『東京醫學會雑誌』（第八巻第一一号、一八九四年六月五日発行）に「医学博士森林太郎述」という形で、次のように紹介しているので要約する。

坂琢治は氷餅に黄大豆と塩を加えてタンパク質を補い、兵士用の携帯糧食に改良した。夏場にも製造が可能であることを、氷製造所で実験して証明した。体内利用試験は西洋では多くは二日間で、持続が難しい試験である。しかし、彼は明治二七年四月一三日から一七日の五日間、平常の勤務を行い、馬に乗るなど激しい労働もしながら、氷餈を醤油につけて焼き、葛湯のように溶かし、また濡らして焼き、氷餈のみを食し自分の体で人体実験をした。「日本家常飯」「伊太利飯（リゾット）」等と比較すると、「坂氏氷餈」は消化が良く、腹持ちも良いと評価している。

森林太郎は琢治の著書『携帯糧食論』に序文も寄せている。このように森が琢治の氷餈に関心を持った背景には、明治時代に結核と並ぶ国民病といわれた脚気の原因究明にあった。周知の通り、イギリス留学で疫学を学んだ海軍の軍医高木《たかき》兼寛《かねひろ》は、脚気の原因が栄養素の偏りにあることを突き止め、海軍に麦飯を導入した。一方、陸軍の軍医森林太郎は脚気細菌説を主張し、陸軍では兵食に白米を用いた。その結果、日清・日露戦争での兵士の脚気の発症率は、陸軍に比べて海軍が格段に低かった。陸軍でも麦飯導入の進言は一部にあったが、森林太郎らはその意見を黙殺した。琢治の氷餈は大豆粉を混ぜているので栄養的に優れているが、原材料は麦ではなく米であるので、その点において森は琢治の氷餈に期待したのであろう。

『携帯糧食論』を出版

休職して仙台に戻った琢治は、明治三一年（一八九八）一一月に、軍医時代の携帯糧食の研究をまとめ『携帯糧食論』を出版した。奥付には著者「宮城県仙台市東一番町四十八番地阪（ママ）琢治」、発行者「東京麹町区飯田町二丁目五十二番地斎藤戒三」とある。著書のなかに、仙台では豆入氷餅を六月朔日に歯固めの餅と称して、家々で氷餅を蓄え食す、とある。現代では消えた食に関わる慣習である。氷餐の長所は原料である米と大豆が自国で生産できること、製品の容積は小さく軽量であり、消化が良く、軍人のみならず、旅行者や児童の昼食にも良い、と紹介している。森林太郎の序文には「其大体ノ旨趣ト資料実蹟トハ即チ妥当ニシテ明確ナリ」とある。

石黒忠悳が陸軍を休職した琢治を惜しみ、しばしば復職を勧めた時に、琢治は復職の条件に、氷餐を携帯糧食として軍が採用することを挙げたが、実現することはなかった。不採用になった理由について「坂琢治伝」には「森林太郎談」として、「陸軍省医務局にては糧食のことは掌《つかさど》らず　経理局及び糧秣省即ち主計の方に多く関係あり　且つ内情は御用商人等との関係もあり容易に採用せられず　予等紹介状等を経理局長に出せしか　遂に果さざりき」とある。石黒忠悳は琢治の作った氷餐について「美味に過ぐるも悪し」と評したと、「坂琢治伝」にある。携帯糧食が美味であれば、兵士が無駄に食べて、必要な時になくなることを石黒は心配した。

除隊後に氷餐の普及活動を行う

除隊後も琢治は氷餐の研究を続け、専売特許を取得し、氷餐を普及させる機会を国内外に積極的に求めた。

国内では、明治四〇年（一九〇七）に東京勧業博覧会に出品し褒状を授与され、同年の三重県津市の関西勧業共進会では発明品八十余品のなかで三位であった。明治四一年の仙台市物産陳列場では、当時の皇太子（後の大正天皇）から「御買上の光栄」を賜った。翌年には仙台市勧業共進会で第三等銅牌を得た。

また、東北学院初代院長の押川方義に紹介されて、大隈重信《おおくましげのぶ》に面談したことがあった。当時、軍人後援会長であった大隈は、糧食問題は国家の大事である、近日、師団長会議があるので話しておこう、と応じたと「坂琢治伝」にある。

氷餐をアメリカ・フランスへ

東北地方では、氷餅は冬期に農村の副業として作られる保存食である。しかし、有事の際には、短期間で大量に作る必要があったので、真夏でも製造を可能にするために、琢治は液体空気に注目した。「坂琢治伝」には、琢治が東北帝大の本多光太郎博士に液体空気の実験と研究の指導を受けたとある。アメリカのストーン・フィッシャー商会の横浜代理店に液体空気を利用した氷結機械を問い合わせた。明治三六年（一九〇三）八月三一日付で横浜支店の代理人倉林賢造から、機械が高価で運転費用も必要である旨の返信と、液体空気に関する報告書が掲載されている雑誌の抜粋が送付された。

また、前述したように、琢治はアメリカ人宣教師J・H・デフォレストに、自身の製造した氷餐を実験するようにアメリカ政府に対して具申してほしい、と依頼している。

「坂琢治伝」によると、大正六年（一九一七）に琢治はフランス大使館宛に次のような内容の手紙を書いている。先年（年は不明）、フランスが携帯糧食について、世界に向けて二万フランの懸賞問題を出した時、琢治がこれに応じて「宜しいという通知」を受け取った。また、大正五年に、琢治が議会に携帯糧食について請願して以来、氷餐に関心が向けられ、製造を命じられた。役人が派遣され実況を視察し、大正六年一月一二日に陸軍糧秣本廠長が、氷餐は重焼「パン」に比べて容積が小さい点と患者の食に適する点を評価した。

以上のことをフランス大使館に伝えたうえで、さらに、琢治は次のことも連絡している。懸賞問題の賞金二万フランを頂戴するか、もしくは、日仏の一般人へ氷餐の販売を広げ、軍隊用食糧の基礎を作るための資本金五万フランか一〇万フランを頂戴したい、詳細は拝謁の際に申し上げたく、訪問日をご指定くださ い、という文面である。

この琢治の手紙に対して、フランス大使館付武官の返信の訳文がある。

ドクトル様

七月四日付のお手紙及び氷餈の見本二個確かに頂戴いたしました。お知らせ致します。御望の通り、此の食物の一部分を印度支那（仏領）の我軍隊の総督に遣ります。総督は我々の用うる此の国の兵士の為に研究する事が出来るでありましょう。又一部分は仏国の陸軍大臣に之を研究する為に遣ります。願くは研究の結果が御望の通りに成る様に望みます。願くは「ドクトル」坂様　私の尊敬の心をお受けください。

陸軍中佐　男爵コロヴイサアル

琢治はフランス大使館に行き説明し、大使館からは試験用の氷餈を製造して提出するように依頼された。その次の大使館からの手紙には、フランス拓殖省がインドシナ植民軍の現地の兵士の食糧として関心を示し、実地の食糧としての試験を行うので、少なくとも二五キロの氷餈の見本を送るように依頼があったこと、今後は、氷餈に関しては大使館の手を経ずに、陸軍主計課と直接話を進めていただきたいと、ある。

氷餈をめぐるフランスとの交渉の顛末について、英毅

図 11　「氷もち」の看板がある坂琢治邸（坂家所蔵）

は「仏国政府は、欧州大戦の多忙と戦後講和会議等の繁忙のため、成績良好なる返事を琢治に寄せたるのみにて、資本を出すまでに至らざるなか、大正十一年琢治病に臥し、遂に其まゝとなりしは遺憾なり」と記している（『坂琢治伝』）。

琢治が創意工夫した氷餅は国内外の軍隊では採用されなかった。しかし、退役後に、琢治が運営する宮城授産場で「氷もち」の名前で販売し、その収益は授産場の重要な運営資金になった。授産場の塀の前には「氷もち」の看板を掲げた小さな店がつくられた（図11）。

五章　琢治の執筆活動と家族

戊辰戦争史の執筆とその武士道論

明治期に仙台で出版された戊辰戦争に関する代表的な書籍に、下飯坂秀治《しもいいざかしゅうじ》編『仙台藩戊辰史』（一九〇二年）、藤原《ふじわら》相之助《あいのすけ》著『仙台戊辰史』（一九一一年）がある。琢治は両書を「正史として見るべき戊辰史」と評価したが、精神的な研究は明確でないと感じた、と「坂琢治伝」にある。

ちなみに、琢治は下飯坂の主治医であり、数年間、琢治の子どもたちに家庭教師として経書の講義を依頼している。藤原相之助は、琢治が戊辰史を執筆し、それを英毅がまとめた時には、校閲に協力している。

大正六年（一九一七）一〇月に仙台において戊辰戦役五十年祭が行われた。琢治は五八歳になっており、この年の末から戊辰史の執筆を始めた。翌大正七年五月一九日の但木土佐《ただきとさ》・坂英力の命日には、当時の伊達家当主である伊達邦宗によって東京高輪の東禅寺で五十年祭が挙行された。琢治は招待を受けて上京した。その際、伊達邦宗は琢治の戊辰史の執筆を励ました。大正八年に琢治が執筆した「戊辰戦役東軍ノ価値ヲ論ジテ武士道ノ盛衰ニ及ブ」が完成したことを聞き及ぶと、邦宗は浄書も完全でない原稿の一部を送らせた。

琢治がこの論考を構想し執筆していた明治末から大正初めを概観すると、明治四三年（一九一〇）に大逆《たいぎゃく》事件があり、大正三年に第一次世界大戦が始まると、「船成金」が現れるような大戦景気となり、他方、新聞には職工や女工のストライキに関する記事が頻繁に掲載されるようになった。大正七年八月に富山県に端を発した米騒動は全国に広がり、仙台でも騒動が起きた。琢治は次男素行《そこう》が騒動に参加しているのを知ると激怒し、三男猶興《なおおき》に刀を渡し「兄を成敗せよ」と命じたという逸話が残っている。琢治は貧しい人々を助けることは厭わないが、彼らが暴徒化することは許さなかった。

たまたま、宮城県教育会による論文公募があり、琢治は「戊辰戦役東軍ノ価値ヲ論ジテ武士道ノ盛衰ニ及ブ」を応募した。宮城県教育会からは「論証該博立論堂々たる所大いに見るべし」との評価を得た。「坂琢治伝」によると、琢治の論考の結論は二つある。一つは、東軍は武士道を確守し、勝敗を度外視して戦った。もし東軍が戦わなかったならば、薩長土は大暴政を働き、明治天皇の「御鴻業」(大事業)も阻まれたかもしれない。もう一つは、明治維新から五十余年間、西洋にかぶれた結果として新しい思想に悩まされている。これを救うものが武士道に他ならない。新しい思想として無政府主義、社会主義、共産主義の他に無差別平等主義、社会民本主義、資本主義を挙げている。大正五年に『中央公論』誌上で民本主義を発表した吉野作造について、琢治は同じ宮城県出身の新進気鋭の学者として関心はあったかもしれないが、琢治の論考のなかに吉野の名前はなく、「社会民本主義」が何を指しているのか、についても言及はない。

では、論文の表題にもある「武士道」について、琢治はどのように捉えていたのであろうか。琢治はこの論文の後編として「民力涵養の基礎(後編)日本武士道の将来」を書いた。そのなかで、「武士道には何等成文がない」と記し、琢治もまた武士道を定義していない。しかし、「武士道は義に就くを本とする」「武士道は至誠一貫」「武士道の罰は他から受けるものではない、武士自ら心を責める事、自ら当たるのだ」と書いている。父英力の死が「非業の死」であることを、あからさまに主張することはできないので、「武士道」という明確に定義はされていないが、日本人にとって馴染《なじみ》のある言葉を使って、「武士道は」と書き始め自説を述べたのではなかろうか。

琢治は「日本武士道の将来」を執筆し、公刊するために原稿を整理している最中に病臥した。

『世界平和ノ基礎』

『世界平和ノ基礎』は、琢治の考えが集約されている晩年の論考である。

大正六年（一九一七）九月八日、盛岡藩士の家に生まれた原敬《はらたかし》は、旧南部藩戊辰戦役殉教者五十年祭に参列した。その祭文にある「誰か朝廷に弓を引く者あらんや、戊辰戦争は政見の異同のみ」（『原敬日記』第七巻）の一文はよく知られている。その翌大正七年には初の本格的な政党内閣である原敬内閣が成立した。この年、東京で旧仙台藩の殉教者五十年祭が行われた。戊辰戦争から半世紀を経て、旧幕府側の人々が公に犠牲者を弔い、発言できるようになった。そのような時代の変化のなかで琢治は、第一次世界大戦が終結した翌大正八年に『世界平和ノ基礎』と題する活版印刷の小冊子を刊行した。

同書にある小論「敗者の鰥寡《かんか》孤独《こどく》は勝者之を救済すべし論」で、琢治が防貧を目的に授産事業を行ってきたことを述べ、さらに次のように論を展開する。第一次世界大戦の戦勝国は一致して、敗戦国の孤児や身寄りのない老人などを引き取って救済すべきである。第一次世界大戦は「覇者の戦争」で「王者の戦争」ではなかった。せめて戦後処理は、王者の道を以てなすべきである。さもなければ、パリ講和会議で提案された国際連盟がいかに成立しても真の永久平和を望むことはできない、と主張する。これを書いた翌年に国際連盟が発足した。

この小論には「明治維新の戦争其のものゝ目的は武士道の破壊が主で、西軍の為したる行為は皇師と云ったけれども其実は私欲専念覇気満々であった」の一文がある。この書は第一次世界大戦の戦勝国への苦言であるが、その真意は戊辰戦争に勝利した西軍つまり明治政府に対する批判であろう。新政府は「敗けて賊軍」になった人々、わけても「敗者の鰥寡孤独」を今もなお充分に救済していない。だから自分が授産場を開設し運営しているのだ、という琢治の積年の鬱積した思いが読み取れる。

琢治の諸論考と後藤新平

琢治が執筆した原稿の多くは失われ、題名のみ判明するものが多い。その一つに「大正八年新帰朝の後藤男に質

表 1　坂琢治の主な論考と執筆年（「坂琢治伝」に掲載分）

執　筆　年	表　　題
1890（明治 23）	戦時傷者運搬具論
1894（明治 27）	野戦炊爨法改良意見
1895（明治 28）	戦時衛生鄙見
1897（明治 30）	携帯糧食論
1903（明治 36）	軍陣医学
1904（明治 37）	腹部銃創に対する特殊の療法は如何
1905（明治 38）	弾丸に因る創傷に黴菌の有無は如何
1906（明治 39）	日露戦役脚気症は如何，日露戦役靴傷は如何，弾丸爆発作用の原理に就て，満州野路之友垣，発射弾丸熱度論
1907（明治 40）	銃創学的円弾射撃試験記事
1910（明治 43）	銃剣使用の研究，携帯糧食研究顛末
1911（明治 44）	*宮城授産場つゞれの錦
1913（大正 2）	神谷軍医の講演に答ふ
1914（大正 3）	短剣使用法
1915（大正 4）	徳富氏著「大正の青年と帝国の前途」を読む
1916（大正 5）	余が祖母と阿母の一生，米価問題之研究，井上哲《ママ》二郎氏に答ふる論，道徳と経済との武士道的観察
1917（大正 6）	女子教育論（武士道の女性観），時局出兵論， *時局出兵論の批判に答ふ，現代思想統一論，日本武士救世軍組織論，世界道徳標準に就て，癌の研究，義勇軍出兵出願書，護国論，二度担架止血器に就て意見を述ふ
1918（大正 7）	三度担架止血器に就て意見を述ふ，四度担架止血器に就て意見を述ふ，日本軍国論，大正革新論，我邦上流之現代思潮は如何
1919（大正 8）	*戊辰戦役東軍ノ価値を論シテ武士道ノ盛衰ニ及フ 大正八年新帰朝の後藤（新平）男に質す，士風会茶話会報，国体生理学，過激主義の根源と世界平和の基礎，予が聖書一読後の所感，*食政論
1920（大正 9）	三十八年間研究の食糧問題，議会請願と其の説明
1921（大正 10）	初めて士風会に教を請ふの書，日清戦役の思ひ出て
1922（大正 11）	*民力涵養の基礎（後編）日本武士道の将来
執筆年不明	*落葉集

出典：「坂琢治伝」から一部修正して作成．*は仙台市博物館所蔵，ただし「時局出兵論の批判に答ふ」は博物館資料目録では「時局出兵論ノ批評ニ就而」とある．

す」がある。「後藤男」つまり男爵後藤新平は、大正八年（一九一九）に欧米視察から帰国している。しかし、琢治が後藤に何を質したのか不詳である。後藤新平は安政四年（一八五七）に仙台藩の胆沢郡水沢（岩手県奥州市）に生まれた。父は仙台藩水沢伊達家（留守家）の家臣後藤実崇である。後藤は明治七年（一八七四）に須賀川医学校に入学した。現役の医師時代から救済行政に関心を持ち、貧院および授産法、棄児養育場の設立等を衛生局長の長与専斎に建言している。坂琢治と後藤新平は、ほぼ同じ時代を生き、医学を学び、社会への関心も重なるところが多い。しかし、琢治に関する資料のなかで、後藤との交流を示すものは、現時点では見つかっていない。

「坂琢治伝」には、琢治の多数の論考から選んだ五一点の題名が、執筆年と共に掲載されている（表1）。ただし「宮城授産場つゞれの錦」の執筆年が開設時の明治三五年とあるのは明らかな間違いで、授産場を開設してから一〇年後の所感を記したものであるので、明治四四年である。

琢治の息子たち

ここで琢治の家族について述べておく。琢治としまは四男四女に恵まれたが、最初の男児と女児は夭逝した。本書では二番目に生まれた男児を長男英毅、続いて次男素行、三男猶興としている（図12）。

英毅は明治二九年（一八九六）に千葉県印旛郡佐倉町（千葉県佐倉市）で生まれた。女児三人が続いた後に生まれた待望の男児であった。琢治は亡くなった最初の男児と同名の英毅と命名した。英毅は軍人の道を選んだ。父の評伝「坂琢治伝」を執筆し、父琢治の遺志を受け継ぎ「坂英力伝」を執筆し、編集なかばで「坂英力伝」を長男信興に託して出征した。昭和二〇年（一九四五）七月二〇日ルソン島で戦死した。享年五〇。

次男素行は明治三一年に仙台市で生まれた。八歳の時に叔父定義の養子になった素行は、その後も、他の兄弟と一緒に実親のもとで養育され、旧制第二高等学校で医学を学んだ。二高時代の素行を知る人は、剛健闊達な質で、武者修行に出かけるほど銃剣を好み、剣道部に属し二高剣道部を中興しようと活躍した、と語る。

図12　坂琢治の息子たち（坂家所蔵）
前列左より長男英毅，三男猶興，右端は次男素行

素行が二高に在学中の大正七年（一九一八）に米騒動が起きた。シベリア出兵を見込んだ米の投機的買占めが横行し、米価が急騰すると下層民は生活に困窮し、富山県から始まった米騒動は全国に広がった。仙台市では米穀商や高利貸の家へ群集が押し掛け、素行も米騒動に参加した。社会運動に関心を持ち「人の病から国家の病を治す人にならん」（『坂猶興伝』）と政治家を志し、京都帝国大学法学部に入学した。しかし、在学中の大正一二年九月一三日に二六歳で急逝した。

素行は童謡専門雑誌『おてんとさん』の活動に関わっていた。『おてんとさん』は、鈴木《すずき》三重吉《みえきち》が発行した児童雑誌『赤い鳥』に影響を受けた仙台在住のスズキ・ヘキ（鈴木栄吉）と天江富美草《あまえとみぞう》（天江富弥《とみや》）が、大正一〇年に刊行した雑誌である。おてんとさん社の活動は竹久夢二《たけひさゆめじ》、山村暮鳥《やまむらぼちょう》、野口雨情《のぐちうじょう》からも評価された。夏休みに帰省していた素行は、残暑厳しい戸外でこの活動に参加し、熱中症で亡くなった。第二高等学校時代の恩師阿刀田令造《あとうだれいぞう》は、弔辞で春秋に富む青年の早すぎる死を悼んだ。

おてんとさん社の活動は続き、宮沢賢治が亡くなる三ヵ月前の昭和八年六月二八日付の錫木碧《スズキヘキ》に宛てた手紙が発見されている。その中には、『遠野物語』で知られる「佐々木喜善氏からもお噂伺いました」の一文があり、おてんとさん社と東北の青年たちとの交友がうかがえる（二〇二三年四月二二日『河北新報』）。

三男猶興については、後述のⅦと「おわりに」に記す。

琢治の娘たち

明治期は、女性が高等教育を受けることに、教育者の間でも賛否両論があった時代である。そのような時代に、教育熱心な琢治としまは、娘三人を東京女子高等師範学校で学ばせた。長女あいは東京女子高等師範学校を卒業後、仙台高等女学校（現在の仙台白百合学園高等学校）の家庭科の教員になり、その後、軍人と結婚した。

次女ゆうについては、明治四四年（一九一一）七月九日の森林太郎の日記に「坂ゆう来訪す」（『鷗外全集』第三五巻）とある。森家に遣わすほど、琢治にとって自慢の娘であった。ゆうは明治天皇の皇后が東京女子高等師範学校に行啓した際に、生徒代表を務めた。後に、彼女は東北帝国大学医学部薬理学教授八木精一の妻になった。

三女たまきは東京女子高等師範学校を首席で卒業した。軍人と離婚後、伊達宗経《むねつね》と再婚した。宗経の父伊達宗敦《むねあつ》は、宇和島伊達家の出身で、仙台藩主伊達慶邦《よしくに》の養子となったが、戊辰戦争後に廃嫡し、仙台伊達家は慶邦の実子宗基《むねもと》が継いだ。宗敦は仙台藩知事、貴族院議員を務めた。たまきは宗経と昭和一一年（一九三六）に死別した。

東京女子高等師範学校同窓の黒田チカは坂家に下宿して以来、たまきとは親交が続き、彼女の近況を知り、自分が勤めていた東京の理化学研究所を紹介した。たまきは嘱託職員として戦時中も勤務した。しかし、大都市の空襲が激しくなると東京を離れ、昭和一九年から姉の夫八木精一が校長を務める福島県立女子医専で数学と物理を教えた。

三姉妹は少女期から薙刀を師匠について学んだ。知性豊かで、武芸に優れ、体格も良く、文武両道に優れた女性たちである（図13・14）。

図 13　坂琢治の娘たちと長男（坂家所蔵）
左より三女たまき，次女ゆう，長女あい，後列長男英毅

琢治の遺稿に「女子教育論」がある。しかし、残念ながら現存しない。「坂琢治伝」には「嫁の条件」という琢治のメモがあり「第一裁縫、第二名誉栄達を望まない、第三容貌は並」とある。琢治は「嫁」には高等教育を望んでいなかったようである。

琢治の死、その後

琢治は、大正一二年（一九二三）九月に次男素行が亡くなると、大きな打撃を受け、その後沈思黙考し、家族とも距離をおいた。次男の死が病気の誘因になったと、長男英毅は推察している。その年一一月に病を得て、翌年春には横臥した。病床中も、琢治は英毅に原稿の修正や整理を口頭で伝え、全く言葉を発することができなくなるまで指示は続いた。病臥中に体調を問えば、わずかに笑顔を以て応えるのみで、精悍な相貌は「聖者」のようであった、と

「坂琢治伝」にはある。「百年の寿」を願った家族の願いはかなわず、大正一三年六月二五日に死去した。享年六五。

戒名「士道院奥夷徹宗居士」には、琢治の号「奥夷」が含まれている。奥州の蝦夷《えみし》の意味である。蝦夷は「古代、東北地方の住民に対して律令制国家が用いた呼称」（『角川新版日本史辞典』）で、律令制国家に服属しなかったので征討の対象になった。

図14　薙刀を披露する坂琢治の娘たち（坂家所蔵）

琢治の死後、授産場は閉場になった。幼稚園は継続され、戦争が激しくなった昭和二〇年（一九四五）五月一〇日に閉園した。その二ヵ月後、七月一〇日の仙台空襲で、かつての授産場の施設、幼稚園の園舎、邸宅は全焼した。この空襲で英毅の長女が犠牲になった。終戦から二ヵ月余りの同年一〇月二八日、すべてを見届けたかのように、しまは死去した。享年八〇。仙台市青葉区にある日浄寺の坂家の墓所には「奥夷坂琢治之墓」と「坂琢治妻志磨之墓」が並んでいる。

Ⅳ　琢治、宮城授産場と幼稚園を開設する

一章　明治期の窮民施策・救済事業と宮城授産場の開設

戊辰戦後の窮民救済

戊辰戦争後、仙台藩は家臣に北海道移住や帰農を勧めた。仙台に残った中下層の藩士は徐々に生活に困窮していった。これに追い打ちをかけたのが、明治二年（一八六九）の凶作であった。戊辰戦争後の混乱と凶作によって、藩士のみならず庶民の窮民化が加速した。

明治四年七月の廃藩置県後、宮城県は窮民救済のために特に尽力した者を賞し、他方では、身寄りのない者や他に救済の途がない者には一時金を支給した。明治七年に「恤救《じゅっきゅう》規則」が制定され、明治政府による貧困者の救済は「人民相互ノ情誼」つまり、血縁や地縁の相互扶助によるべきであり、誰からの助けもない者に限って公費で救済するという制限的な方針がとられた。

仙台では明治一四年に仏教関係者が中心になり、東九番丁に普救会育児院（後に宮城育児院と改称）が、貧困者の乳幼児や孤児の養育を目的に設立された。施設は転居を重ね、明治二六年に閉鎖された。

宮城県は救貧医療を目的に、明治一六年二月一六日に仙台区定禅寺通《じょうぜんじどおり》櫓丁《やぐらちょう》に仙台区施療所を開所したが、同一八年六月には廃止になった。

アメリカ人宣教師による窮民事業

明治二二年（一八八九）に市制が施行され仙台市が誕生した。その二年前には上野・仙台・塩竈間に鉄道が開通し、城下町から近代的な都市へ移行しつつあった。明治二七年に日清戦争が始まると、第二師団のある仙台市は一時的な賑わいを見せた。しかし、日清戦争の戦勝気分をかき消すように、同二九年六月一五日に三陸地震津波があり、宮城県で三千余人が亡くなった。同年にアメリカ人宣教師エフライム・H・ジョーンズが中心になり、老人・子ども・障がい者を含む窮民のために仙台自営館を設立した。琢治と親交のあったデイヴィド・B・シュネーダーとJ・H・デフォレストは自営館の評議員であった。

東北地方は、明治三五年に続き、同三八年にも大凶作になった。明治三九年に仙台自営館の設立メンバーの一人であるフランシス・E・フェルプスが東北育児院を開院した。貧しい孤児を収容し衣食住の世話はもちろん、教育も与えるために院内に小学校を開校した。フェルプスがアメリカに帰国すると、仙台のキリスト教各派の合同事業になり、明治四二年に仙台基督教育児院に改称され、現在の社会福祉法人仙台キリスト教育児院に至っている。

佐沢チカの東北慈恵院

明治期の仙台の救済事業は宗教者によって、特に外国人宣教師によって行われた。そのような状況に異を唱えたのが佐沢《さざわ》チカである。チカは「我同胞の不幸者を外人の慈善事業」のみに頼ることは、「日本国民大和民族の一大恥辱」と考え、東北慈恵院を運営した。東北慈恵院の前身の東北会館は、明治三二年（一八九九）三月にチカの夫佐沢広臣《ひろおみ》が、仙台市北二番丁に学術や宗教等の集会の場として設けた施設である。翌年一二月二八日に佐沢チカは東北会館を市内元寺小路《もとてらこうじ》に移転し、事業内容を切り替えた。「一孤児救済、貧児教育、出獄囚及び不良子弟、感化保護に関すること」「一施療局を開設すること」等の社会事業を目的とした施設になった。明治三四年四月には活動内容にふさわしい名称に改め、東北慈恵院とした。明治三八年内の入院者は九六人（男五五人、女四一人）、出院者は四四人（男二九人、女一五人）、死亡二八人（男一三人、女一五人）、逃亡二人（男二人）と、宮城県に報告している。警察から東北慈恵院へ送られた要援護者が、宮城授産場に転送されることもあった。

授産場設立の前評判

坂塚治《さかたくじ》は「宮城授産場を明治三三年五月五日の創立にして、皇太子殿下御慶事紀念として創めたりき」と「宮城授産場つゞれの錦」に記している。明治三三年（一九〇〇）五月一〇日に皇太子（後の大正天皇）が九条節子《くじょうさだこ》（貞明皇后《ていめい》）と結婚した。この時期に、宮城授産場の開設に踏み切ったもう一つの理由は、時代の変化が琢治の心を動かしたと思われる。同年五月二七日に奥羽各藩戊辰戦死三十三回追弔会が福島県白河市の寺で行われた。戊辰戦争の戦死者を公に供養できる時代になった。「反逆首謀者」の息子が、一人の医師として社会事業を起こすことができる時代の到来を感じたのであろう。

宮城授産場の開設一年前から、仙台の地元新聞は授産場に関する記事を掲載している。『河北新報』（一八九九年二月七日）によると、開業医坂琢治が、昨年から流行している黒死病（ペスト）予防のために「病毒を媒介する乞食狩りをなさずんば衛生上其効なし」「授産場を設けて乞食極貧者を収容し相当の労働をなさしめて衣服を給す」とある。仙台市長に運営資金に関して問われると、坂琢治は仙台市内の大通りで、人々が日々「乞食」に直接与える金銭は、一回につき多い時で一〇銭、少なくとも二、三銭を下らないので、これを授産場が貰い受ける、と応えたとある。

『河北新報』（同年五月一七日）には「授産場設立旨意」と題して、琢治が作成した宮城授産場趣意書の草案全文が掲載されている。趣意書のなかでは「乞食」の文言はなく「貧民」「流民」に言い換えられ、前掲記事の「病毒を媒介する乞食狩り」は「病毒の容器として至る所に徘徊」する「多数の流民窮極者を一地域の屋舎に収容」と表現されている。

『東北新聞』（同年五月三〇日）は「流民授産場設立成る」の見出しで、授産場運営を支持し会費を寄せる会員が千二百余名に達し、評議員三〇名が決まったことを知らせている。

琢治の福祉観

「宮城授産場設立趣意書」から坂琢治の福祉観を知ることができる。「近年物価著しく騰貴せるも、其割合に労働賃金は増加せざるのみならず、産業衰退の結果として労働者の需用減《ママ》じたる傾向あるが為、貧民及び流民の一般に増加せし」「(貧民および流民の)多くは社会の潮流に駆られ生存競争に敗れて逆境に陥り」とあり、貧困の原因を社会的な要因に求めている。当時の風潮のなかには貧民を「惰民」、つまり「怠け者」とする見方があった。しかし、琢治は貧民を生存競争の敗者とみている。授産場開設の目的は、能力があるにもかかわらず職業に就く機会を失い、自活できない人に職業訓練をなす、とある。

貧民救済については「偶発の感情より来る慈恵は、一時一局部に限るものにして、窮民救済の方法とは云うべからず」とあり、琢治の授産事業は慈恵でないことを明言している。貧民や流民が増加すると、窃盗が多くなることや、病毒が伝播することも危惧した。仙台市では、明治二七年(一八九四)から翌年にかけてコレラの大流行があり、三〇〇人以上が亡くなった。琢治は貧民流民対策として「一地域の屋舎に収容し」「衣服を給しその疾病を施療」することを提案し、この対策は「娼妓営業者を一区廓に移して風紀を維持すると同じ」方法であると述べている。琢治には廃娼という考えはなかった。

授産場の運営資金と組織

授産場運営の資金として、次の四つを予定した。一授産場が所有する田畑の収穫、二会員の寄付、三会社・教育会・政党・組合有志等の寄付、四事業収益である。このなかで、主な資金は会員の寄付であった。会員は一時金を納入する終身会員と月極めで会費を納入する一般会員の二通りがあった。会員の種類と人数は表2の通りである。

総計で一八八五人の協力を得て、総額四二二七円二五銭五厘が集まった。ただし、終

表2　宮城授産場の会員と会費(1901年11月30日現在)

	終身会員		一般会員	
	納入金額	会員数(人)	納入金額	会員数(人)
特別会員	100円以上	20	50銭以上	22
正会員	25～100円	45	10～50銭	148
通常会員	5～25円	3	10銭以下	1647
計		68		1817

出典:「坂琢治伝」から作成.

身会員の納入した一時金は、宮城授産場が解散する時には、返却されることが会則に明記されていた。

授産場の組織は、産業課・会計課・医務課・教育課・庶務課の五課から構成された。評議員は任期二年で三〇人が無報酬で委嘱された。評議員のなかには仙台市長の遠藤庸治《えんどうようじ》（初代、第二代）・里見良顕《さとみよしあき》（第三代）をはじめ、政界で活躍する伊沢平蔵、藤沢幾之助、村松亀一郎、医療関係者では中目斉《なかのめひとし》、鈴木省三、桜田三六、実業家の佐々木重兵衛、教育者の飯淵七三郎、宣教師のJ・H・デフォレスト等が名を連ねた。

評議員の互選で会長、副会長と前述の五課の監督者の計七人の役員が決められ、月一回の役員会を開くことにした。開設当初は、会長を置かず、琢治は副会長を務めた。

授産人に関する取り決め

授産人に関する規則も定められた。月一回の身体検査、毎土曜日の被服検査、週一回の入浴、飲酒と入寝後の喫煙は禁止である。食事は献立表に従い調理し、医務課主事の検印を受ける。授産人が労働すると、時間と仕事名と労賃が帳簿に記入され、それを誰でも閲覧することができる。労賃は授産場を出る時に巡査立会のもとで渡される。解剖に関する事項もある。施療を受ける者には、万一死亡した時には献体することを、事前に申し出るよう義務づけた。

授産場はさまざまな過去や性癖を持ち、年齢も異なる男女が仕事や生活を共にする場であった。不測の事態も想定されるため門衛を置き、授産人への注意として「入場中に虐待を受けたときは、其旨を監督に申し出て、決して他人と怨言しないこと。喧嘩争論が起きたるときは、速に役員に申し出ること」とある。授産人を監督する難しさが、予見される内容になっている。

開設初期の宮城授産場

開場前の準備を整え、宮城授産場の実質的な活動は明治三四年（一九〇一）一一月から始まった。宮城授産場は仙台市で最も古い民間授産施設で、仙台市東二番丁二一番地（仙台市青葉区五橋）に開設された（図15）。

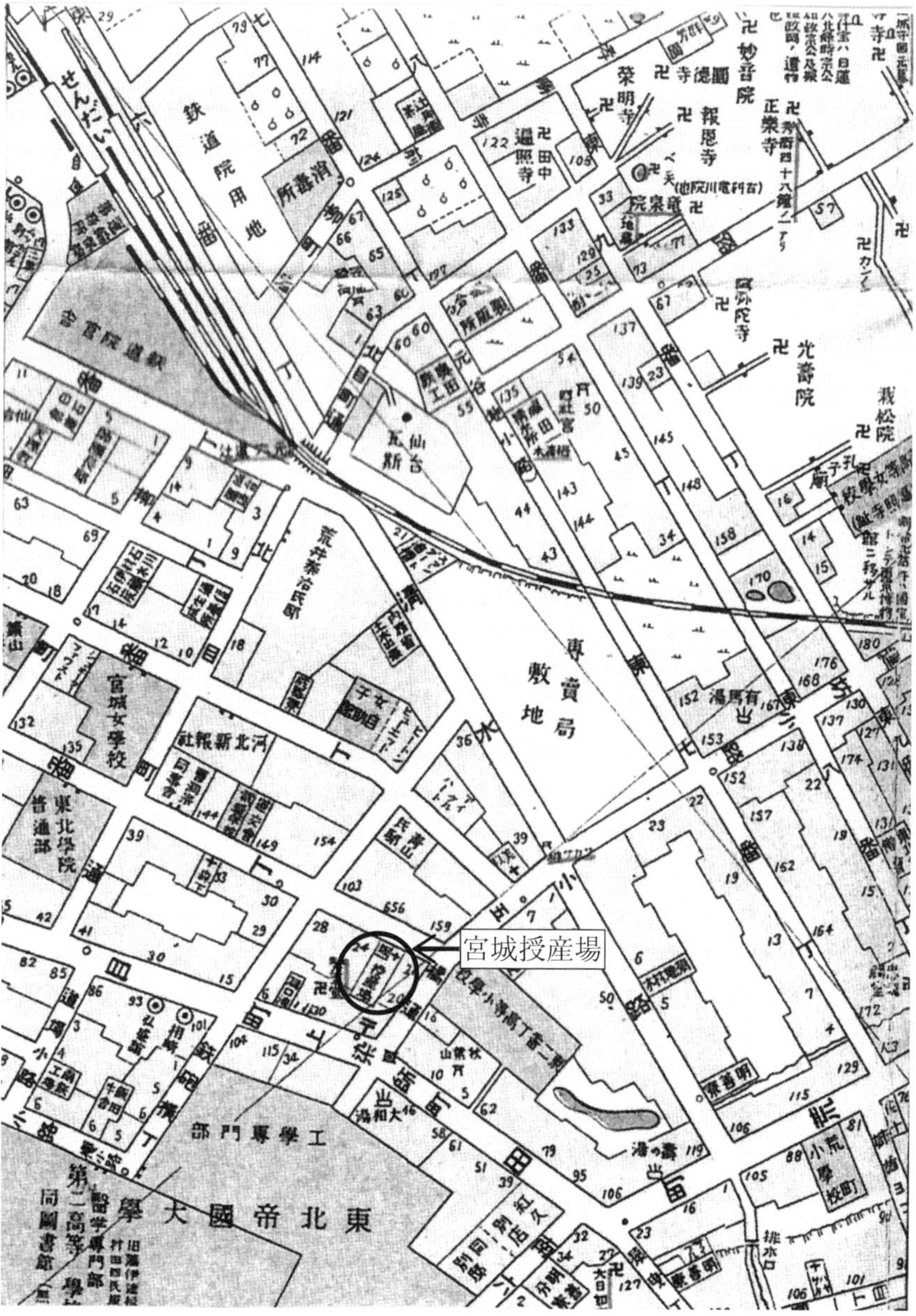

図 15　宮城授産場周辺地図（『仙台地図さんぽ』〈有限会社イーピー風の時編集部，2009 年〉より加工して作成）

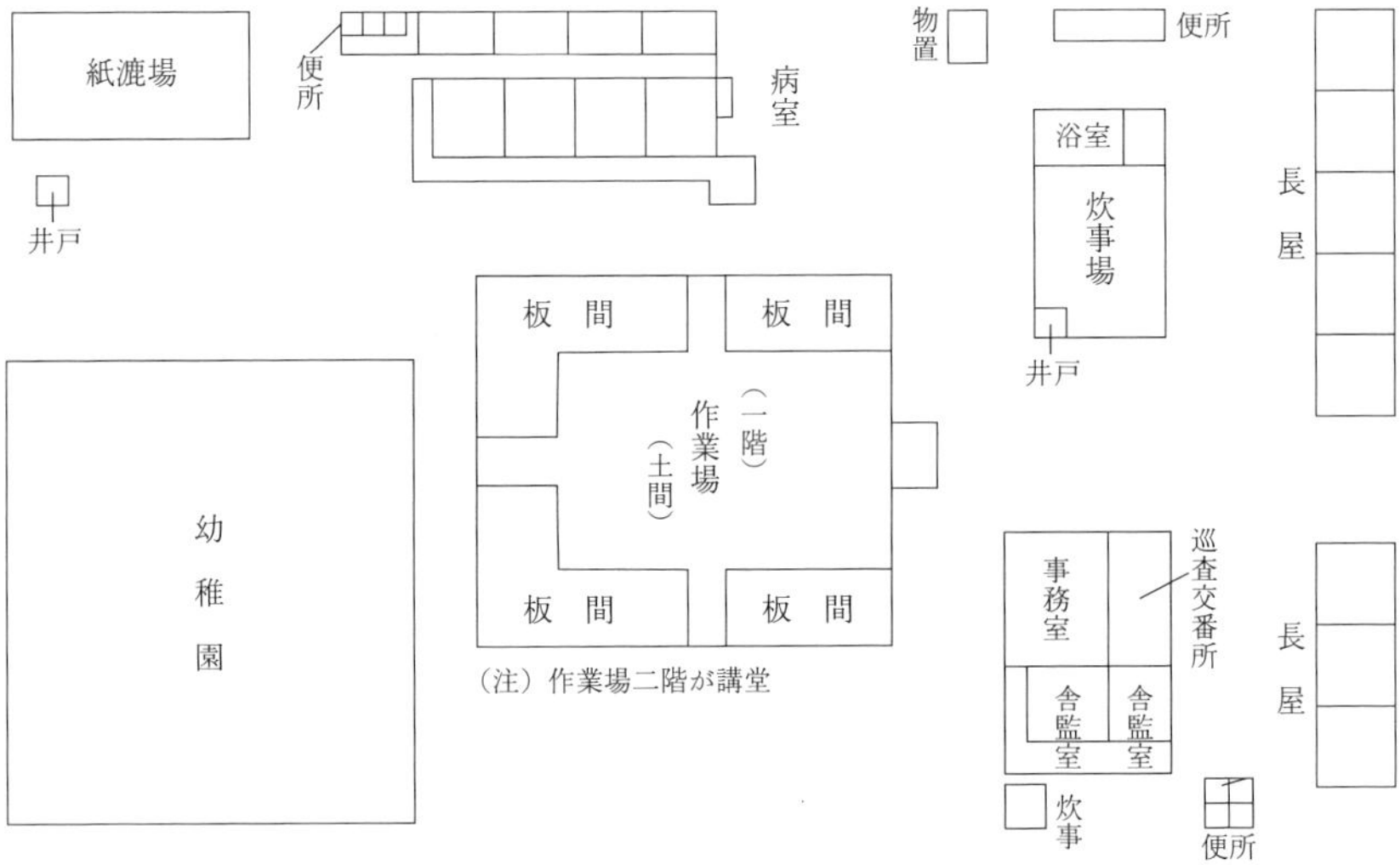

図16　宮城授産場の場内配置図（「宮城授産場構内略図」〈坂家所蔵〉より作成）

表3　宮城授産場の入場者状況
（明治35年11月～36年10月）

出身県	男	女
宮城県	30	17
福島県	4	2
山形県	5	4
岩手県	8	2
その他	13	4
不　明	2	1
小　計	62	30
合　計	92	

出典：「宮城授産場つゞれの錦」から作成.

授産場が運営を始めた一ヵ月後、『東北新聞』（一九〇一年一二月二六日）は「宮城授産場の現況」と題し、すでに二〇人の「乞食」を収容し、さらに事業の拡張を図り、来春までには講堂も設置し、宮城県内に一人の「乞食」もいないようにすることが授産場の目的である、と伝えている。

翌年、明治三五年には宮城授産場付属養素園（後に宮城養稚園に改称）が開園した。宮城授産場は授産場の役割を超えて、窮民や孤児や貧病人を収容する複合的な施設である。宮城県に提出した「宮城授産場構内略図」によると、敷地の総面積は約三〇〇〇平方メートル、敷地の中心に二階建ての講堂があり、一階は土間の作業場である。作業場を囲むように幼稚園、紙漉場、病室、浴室・炊事場、事務室・舎監室、授産人用の長屋を配している

（図16）。建築予算は二七三四円六八銭とある。

授産場の運営状況を記した琢治の「宮城授産場つゞれの錦」によると、開設二年目（明治三五年一一月～三六年一〇月）の、授産場入場者の状況は表3の通りである。この九二人の現況は、就業二七人、退場四一人、逃亡一八人、死亡六人となっている。授産人の出入りが多く、逃亡者も少なくはなく、この数字から授産人を監督する難しさがみてとれる。

授産人の数は、開設から二、三年は五〇～九〇人と出入りが大きく、その後は二〇～三〇人程に一定した、と報告されている。

「宮城授産場日誌」とその時代

宮城授産場の運営内容を直接知ることができる資料は、日露戦争を挟む時期に書かれた六冊の宮城授産場日誌（以下、日誌と記す）である。事務員が記し、琢治の妻しまが目を通し、必要に応じて加筆や訂正をしている。日誌は次の三つに区分することができる。

一、草創期　1「明治三四年日誌」（明治三四年一一月一日から同年一二月三一日まで）

2「明治三五年日誌」（明治三五年一月一日から同年一一月五日まで）

3「明治三六年日誌」（明治三六年一月一日から同年六月三〇日まで）

明治三六年七月一日から明治三七年四月三〇日までの日誌は欠落している。

二、琢治の日露戦争出征中　4「明治三七年日誌」（明治三七年五月一日から同年一二月三一日まで）

三、琢治帰還後　5「明治三八年日誌」（明治三八年一月一日から同年一二月三一日まで）

6 「明治三九年日誌」（明治三九年一月一日から同年一二月八日まで）

戦前の仙台市は「軍都仙台」「学都仙台」と紹介されることがある。明治一九年（一八八六）に師団番号が定められ、仙台鎮台は第二師団と称されることになった（『仙台市史』通史編6）。日清・日露戦争を経て第二師団は重要性を増し、軍都仙台の中心になった。明治期の仙台は東北地方の学問の拠点として、学校開設が相次いだ。明治一九年に仙台神学校（後の東北学院）、宮城女学校（後の宮城学院）、宮城英学校が開校し、同二七年に第二高等中学校は（旧制）第二高等学校に改称し、同四〇年には東北帝国大学が設立され、この頃から「学都」仙台と呼ばれるようになった。市街には洋風建築の学校、教会、写真館等が建ち並び、日露戦争は軍都仙台の街に活気を与えた。しかし、明治三八年の東北大凶作で窮民や棄児が仙台市に流入した。宮城授産場の日誌には、近代化から取り残され、戦争や災害の影響を真っ先に受けた最下層の人々の生と死が記録されている。

草創期の日誌

宮城授産場開設から三年間の日誌は運営資金に関する記述が多い。日誌から運営資金として確認できるものは、会費、興行収入、寄付、授産事業である。

明治三四年（一九〇一）一二月二日に安部某が、会費集金係に採用され、その日から集金を始めた。日誌に「午後郭内集金」（明治三五年七月二七日）、「午前集金の為新常盤丁に至る」（同年七月三〇日）とある。「郭内」は遊郭のことで、「新常盤丁」は遊郭の所在地である。仙台市の遊郭は、明治二七年に広瀬川河畔の常盤丁から小田原蜂屋敷へ移り新常磐丁と称された。この他に、日誌から確認できる集金先の町名は、坂家の菩提寺の日浄寺《にちじょうじ》がある堤町、授産人の葬儀を行う寺がある新寺小路や東九番丁、授産場付近の商店街の名掛丁、新伝馬町、東五番丁、裏五番丁等である。月極め会費の会員は寺院を除けば、個人経営の事業主が多かった。

授産場の資金に興行収入がある。明治三五年の相撲興行を日誌から確認できる。九月二九日午前より大相撲に付き集金す、九月三〇日午前より切符販売、一〇月五日午前大相撲初日大入り、と記述が続いている。琢治が相撲興行を始めるようになったのは、仙台巡業にきた力士の怪我を、琢治が治療したことがきっかけである。相撲の他に、薩摩琵琶や琢治の娘たちによる薙刀の公演が仙台座で行われたこともあった。

授産場には、次のような金品が寄せられた。明治三五年の事例を挙げる。

二月　四日　（宮城県）名取郡茂ケ崎小学校教員二人が生徒一一人に大きな荷車をひかせて大根、人参、薩摩芋を寄付

五月一五日　朴澤《ほうざわ》より古蝙蝠傘《こうもりがさ》及び古足袋、袷、女羽織等寄送なる（「朴澤」とは、朴澤三代治《みよじ》が創立した仙台市内にある松操学校《しょうそう》。琢治の妹コゥは同校に裁縫教師として勤めていた）

五月一九日　東一番丁相沢文蔵、授産人に眼鏡寄付す（相沢文蔵は、明治初期に仙台で鼈甲製品や骨董を商う亀文堂を経営。明治二八年に仙台市東一番丁に眼鏡店を創業）

一〇月一一日　西本願寺布教師朽木法運が洗濯シャボン二八個、金三〇銭

年が明けて明治三六年元旦には、授産人は雑煮を食べ、新年を祝った。同年一月には子ども古着、古足袋、手ぬぐい、菓子、古布団、大根漬一樽の寄贈があった。坂コウから、卵、古着、足袋が寄せられた。同年二月七日の日誌には「東北新聞に寄付を送り雑報にのり送金される」と寄付方法が書いてある。これは、新聞社に寄付を送ると「雑報」欄に氏名が掲載され、その後、新聞社から授産場に寄付金が送金される仕組みになっていた。同年四月一一日には宮城県塩竈町で酒造業を営む阿部勘九郎から一五円、六月六日は凶作地を巡回中の東京芝の寺院の僧侶から一五円の寄付があった。同年四月二三日の日誌「名掛丁下駄屋から木羽貰う、片平丁弁当屋から古漬貰う」の記述からは、授産場と近隣住民とのつながりをみることができる。

この時期、授産場では「栈寄細工」「イグサ纏」「ランプ蓋張」「筆の毛選び」「モッコ編み」などの仕事を引き受け

ていた。

日誌には授産人の逃亡に関する記述もある。苗字を伏せて□□で表記する。

明治三四年　一一月一六日　□□なつ、午前十時無断当場を出場

同　年　一二月　五日　□□なつ、午前七時三十分より紙漉き工場に於いて、紙干しに従事させしも、同九時頃無断出場、巡査派出所に届け（後略）（なつは、明治三四年一一月三日に入場した五〇歳の女性で、その時の着衣は襤褸《ぼろ》の茶竪縞着物にネル〈毛織物〉の腰巻、竪縞前掛、持参品はガラス笄一本、浅黄手拭であった）

明治三五年　一〇月一九日　裏五番丁八木へ貸したる□□ふち逃亡す（八木は仙台駅前の裏五番丁で倉庫業を営んでいた。授産場は奉公人の斡旋もしていた）

授産場で誕生した赤ん坊もいた。明治三五年七月一六日に、宮城県塩竈町から□□とみ（四一歳）が五歳児を連れて授産場に収容された。この時、とみは臨月間近の身重で、翌月二三日に男児を出産した。現存する六冊の日誌のなかで、授産人の出産例はこの一件だけである。

死亡した授産人の解剖

琢治が加入していた仙台解剖研究会では、『東北新聞』（一九〇〇年四月八日）によると、「医術研究のため死体解剖会を組織し」「困窮者に施薬をなし又遺族には祭典料をおくる」とある。会員は仙台市内を中心に二七名であった。日誌には授産人の死亡や埋葬に関する記述は多く、献体されて医学に貢献する遺体もあった。現存する六冊の日誌からは、一〇体の解剖例を確認できる。夫婦一組を含む男性八体、女性二体である。明治三五年（一九〇二）六体、同三六年二体、同三七年二体で、日露戦争に出征中の琢治が脚気療養中のために、一時帰国した時にも行われた。なお、明治三八年、三九年の日誌には解剖の記述はない。

日誌から解剖に関する記述を二つ抄録する。

事例1　□□一次の例

明治三五年　三月　三日　午後七時頃　坂会長及び中目（斉）医員　□□一次大病につき来診、桜田三六来診

三月　五日　午前一一時頃、□□一次診察の為来診、午後各医門弟、□□一次診察の為来場

三月　六日　中目医員来診

三月　七日　午前六時、□□一次死亡

三月　九日　午前一一時、□□一次解剖のため坂病院に運搬、午後二時より着手

三月一二日　□□一次の葬式す、会同者坂会長夫人他五十名

事例2　□□よねの例

明治三六年　五月二五日　□□よね長き病気の故、午後五時死亡致候に付き、本人親類共に報知

五月二六日　本人類者参り（中略）診断書坂医師

本人解剖致す様、親類共一同願い出

五月二七日　□□よね死体、医学専門学校にて解剖致し候に付き請取り

五月三〇日　□□よね親類当場より葬儀願い出で

五月三一日　□□よね、仙台市石名坂円福寺にて午後三時埋葬

六月　六日　□□よね死体解剖祭資料下渡し、専門学校へ出張受取

授産人の解剖は仙台医学専門学校や仙台衛戍《えいじゅ》病院でも実施された。解剖された遺体は火葬後に寺院で葬儀が行われ、仙台市内の善導寺（浄土宗）、円福寺（曹洞宗）、龍泉院（曹洞宗）、原ノ町（仙台市宮城野区）の陽雲寺（単立寺院）に埋葬された。

献体者の供養について、次の記述がある。
明治三五年一〇月二五日　午後荒町昌伝庵解剖祭に至る
明治三七年一〇月二九日　中学林において解剖死亡の霊祭に出張
明治三八年一〇月三〇日　医学専門学校から解剖死体霊祭一一月二日午後二時中学林に於いて案内状来る
日誌から、解剖祭が毎年秋に行われていたことがわかる。

宗教者の説教

授産人の感化を目的に、開設当初は月一回ほどの割合で、僧侶や宣教師が授産場に来て説教をしている。
明治三五年一月二五日　善導寺住職岸本隆堂、説教のため来場
　一月二六日　ジュンユ教師、幻灯器械を携え来場、有益なる説教をなす
　二月二五日　午後六時善導寺、正雲寺、愚鈍院来て説教、新寺小路及び東九番丁の禅宗各寺より授産人に手拭一本
　五月　七日　午後八時基督伝教師吉田及び佐藤来て説教す
　五月二二日　午後六時よりシ子イタ（注、デイヴィド・B・シュネーダー）基督教の説教を為す
　六月一五日　六時より真山良説教す、基督教の教えを授く、神仏は拝すべからず、神あることを覚えよと、授産人一同はこの宗教は説教を聞く必要なしと不平をいう
　七月　一日　午後六時、公教宣教師新谷雄三郎来り説教す
このように、説教は宗教や宗派を問わずに行われた。琢治は特定の宗教を信奉することはなく、授産人の心得にも「毎朝身体を清めた後、皇室の方に向かって各自信ずるところの教義に謝するは各自の礼とす」とある。仏教寺院との親交は、授産人の葬儀埋葬を行うためにも大切であった。また、琢治は軍人として世界情勢に強い関心を持ち続け、

外国人宣教師は海外情報源であり、諸外国と接触する際の窓口でもあった。

琢治出征中の授産場

明治三七年（一九〇四）二月、琢治は日露戦争に出征した。琢治は出征前に、宮城授産場の事業の縮小をはかった。授産場の医療は伊藤茂三郎が代診した。琢治が不在の時期にも、授産場の入場者は後を絶たず、しかも、新規の入場者は病人が多かった。

日誌には、次のような事例がある。仙台市内の貸座敷で働いていた両眼失明の女性を、身寄りがないことを理由に、警察から頼まれ授産場で預かることになった（明治三七年六月二五日）。また、宮城県黒川郡吉岡町出身の男性は監獄別房に収監中で、肺結核と肋膜炎を患っていた。しかし、監獄では治療ができないので、一旦出獄させて行路病人とみなし、改めて市役所から授産場に依頼があった。授産場は男性が亡くなるまでの二週間を世話し、仙台市新寺小路の松音寺《しょうおんじ》で葬儀を行った（明治三八年一月五日〜二四日）。

行路病人の朝倉某は往来で乱心し、巡査に取り押さえられ、東北慈恵院へ送られたが、精神病患者のため収容が不可能とのことで、授産場に転送されてきた。その翌日、授産場の柵を破り外へ飛び出し、巡査が来て授産場の敷地内にある監禁室へ入れた（明治三八年八月一一日〜一四日）。この一件から一週間後に、警察から精神病患者の入場について照会があったが、授産場は断っている。

もともと授産場を開設した時には、精神病患者を収容しない方針であった。しかし、受け入れることになった理由について、市役所から窮民救済として精神病患者の収容は必要な条件であるので、監禁室を設置するように指導があったことを、琢治は「宮城授産場つゞれの錦」に記している。

授産場の子どもたち

授産場に収容された孤児や棄児は、学齢前には授産場付属の幼稚園で過ごし、学齢になると近くの公立の小学校に授産場から通学した。授産場は子どもが病気になると治療するなど、子どもたちの生活全般に関わり、現在の児童養護施設の役割も果たしていた。日誌から二人の子どもの例をみてみよう。

1　□□みとりの例

明治三七年　五月　七日　□□みとり……市役所より救護致す様願

六月一四日　準行旅病人□□みとり両親及出生地生年取調ため衛生係に出張

父死亡……母死亡

九月一五日　幼弱者□□みとり恤救米一ヶ年米七斗　但し三十七年九月一日より給支、県費補助金壱ヶ月金二円（明治四年太政官達「棄児養育米給与方」で「棄児当歳ヨリ十五歳迄米七斗」と定められた）

明治三八年　四月　五日　□□みとり、学校へ入校願方に付、学務課から照会　みとり保護人を坂志満と致し候事

四月一二日　□□みとり荒町小学校入学　入学保護者坂しま宛、明日保護者付添入学せしめり事と書付来たり

2　相馬惣吉の例

明治三七年　八月一四日　相馬（注、福島県相馬市）出生男子九歳、姓不詳、名惣吉と申す者

八月二一日　相馬出生惣吉逃亡

一二月　六日　姓不詳の惣吉儀、本月一日より相馬と姓改め

明治三八年　三月一六日　昨日相馬惣吉病気、伊藤先生診察

三月三一日　昨日午前六時相馬惣吉死亡　新寺小路松音寺にて午前十二時埋葬

四月　四日　相馬惣吉死亡届、坂志満殿より相届

しまは、子どもが連れて来られると、授産場に入れる前に、まず虱《しらみ》とりから始めた。はじめに水銀軟膏をつけて虱を殺し、髪を洗ってから、自分のそばに引き寄せて、恐怖心を和らげた。娘たちの寝る部屋に布団を並べて敷き、一緒に寝かせた。琢治は仙台市新坂通で保護された子どもに「新坂国男」、市内の堤通でみつけた子どもに「堤幸治」と名をつけた。また、琢治は「不良児」といわれる子どもの感化にも意を注いだ。感化院や警察から盗癖、放火癖、流浪癖のある子どもを託されることもあった。授産場にそのような子どもが来ると、琢治は虱と垢にまみれた子どもと一緒に風呂に入り、その晩は同じ床で一緒に寝た。家族はそのような接し方に苦言を呈したが、琢治は着物に虱が付着しても全く意に介することはなかった。

明治三八年の東北大凶作

明治三八年（一九〇五）九月五日に、日露講和条約が調印された。翌年一月一〇日の日誌には、「幼稚園長始め助教師生徒一統、坂家内並んで駅停車場迄、無事にて凱旋相成り事」と、琢治の帰還を記している。仙台駅前には「祝凱旋」の大きな三文字を付けた巨大な凱旋門が設置された。市中では帰還兵を喜んで迎える家族の光景が見られた。しかし、明治三八年秋に、東北地方は天明・天保飢饉以来の大凶作に見舞われた。それゆえ、凶作や不況で苦しむ家族に負担をかけないように、夜中に人目を避けて、ひっそり帰還する兵士もいた。

明治三九年一月二九日に、仙台市長早川智寛《はやかわともひろ》は市内の小学校に文書を送付し、国力を増し凶荒に備えるために勤倹貯蓄を勧め、児童にはマッチの箱や封筒を手作りする作業を授業で行い、また教員自らも時間の許す限りこの作業を行うように奨励し、家庭においても親子で勤倹貯蓄に励むことを諭達した（「凶作窮民救助」明治三八―二―一八、宮城県公文書館）。同年二月九日に仙台市長は宮城県知事亀井英三郎に、仙台市の窮民戸数は八〇〇戸、その人数は二五〇〇人で、そのうち最も貧困な「老幼婦女子」や疾病等で働けない者は四三二人と報告している（同前）。

凶作の影響は必然的に授産場にも及び、棄児や窮乏した母子の入場が多くなった。明治三九年二月と三月の日誌には、「仙台警察署より停車場前に棄児二人」（二月一日）、「棄児福島県伊達郡、長男半蔵十二歳、弟春吉七歳、母死亡、伯父満州出張」（二月二日）、「何所氏名不詳女子一人迷子、仙台警察署より引き渡し夜中三時」（三月一〇日）とある。

三月中旬の日誌には「孤児院に孤児男子一人送る」（三月一四日）とあり、さらに「何所姓不詳女子千代送り来たり」（三月一五日）、「千代引き渡し衛生方へ届」「右岡山孤児院に収容孤児」（三月一七日）とある。岡山孤児院は、石井十次によって岡山県に開設された施設（当初は孤児教育会）である。宮城授産場は孤児が急増し、収容限度を超えたので、仙台市役所の「衛生方」（孤児担当係）に届を出して、岡山孤児院に孤児を移すことになった。宮城授産場は、転院する孤児の一時宿泊所の役割を果たした。

三月二〇日の日誌には「孤児院に行く孤児午前八時出発二三名内二一名、二名病気、坂琢治停車場へ」とある。明治三九年に岡山孤児院に収容された児童数は福島・宮城・岩手三県で八二九人、宮城県は四三八人と報告されている（菊池義昭「岡山孤児院の2つの災害での貧孤児収容とその歴史的役割の概要」）。

明治三九年六月七日に母子で入場した例もある。宮城県柴田郡の□□うんは、六年前に夫と死別した。三人の子どものうち一六歳と一三歳の娘は「貸売」し、息子一人と授産場に来た。母親は入場から八日目に亡くなった。授産場が葬儀を行い、男児は親類の代理の者に引き取られた。

明治三九年には個人の寄付は減少し、第二高等学校生徒から一円五二銭、仙台市長早川智寛から米一俵と醬油一樽、仙台市役所から雑記帳七冊、美濃半紙一帖、筆四六本、尋常小学読本二〇冊等の寄付があった。

その後の授産場

現存する日誌は明治三九年（一九〇六）一二月八日までである。その後の運営状況は、琢治が作成した「仙台市が県庁へ報告したる宮城授産場概況（明治四二年七月調）」の草稿から知ることができる。明治四二年七月現在の収容者数は三四人、事業状況は「(収容者が)老衰者小児及不具の疾病者多きため授産場発達を見るに至らず」と運営の難しさを認め、新規の事業も見込みなし、と報告している。収入と支出の概算は共に一二三〇円で、収入の半分が製造している菓子(氷もち)の販売収益である。食費は授産人が稼ぐ労賃で賄い、それ以外の出費は寄付金と坂琢治の出資金で賄われていた。草稿の最後の一行に「奨励、助成金を受けたることなし」とある。

授産場運営の困難

宮城授産場の創立一〇年目に、琢治は「宮城授産場つゞれの錦」と題する手書きの記念誌を作成している。そこには、授産場運営に関するさまざまな困難が記されている。

その一つが資金集めであった。授産場開設時に集めた資金は、終身会員が納めた一時金が九八%(四一四五円)を占めていた。しかし、会則一九条に明記した通り、授産場解散時には元金返却の金で、実質的には利子のみが寄付される金であった。月極めの会費徴収には集金人を雇う必要があり、集金高の二割を支払った。集金人の苦労話から、琢治は「立派な官吏様が薄情で、裏家住居の貧人に同情の深きは、現時社会の裏面」を知った。集金は順調に進まず、三年で中止になった。

もう一つの困難は、授産人を監督指導する人物の選定であった。琢治は授産人の性情について、授産人を指導するために、昔の殿様然たる立派なことを語れば、彼らは驕心を看破して之につけ込み、また、彼らと同等の心持ちで待遇すれば、従来の身の程を忘れ直ぐに甘きにつけこむ、と監督の難しさを記している。

授産場の閉場

授産事業は失敗の連続であった。琢治は「千辛万苦、工夫せるも皆失敗に終わりしは、笑止千万の次第なり」と回想し、多くの失敗例を挙げている。半紙製造には特に力を入れ、敷地内に紙漉場を設置して作業を始めた。しかし、紙漉きの反古紙のなかに、結核患者が使った紙があり、すぐ中止した。封筒張は完成品の見栄えが重視され、不器用な授産人には不向きであった。麻裏草履や古綿を扱う仕事をしたが、塵芥が立ち衛生面で問題があった。大工仕事は技術の習得に時間がかかり、短期間で自立をめざす授産人向きではなかった。人足仕事の斡旋は、労働可能な授産人は短期間で授産場を退場するので、需要はあるが供給不足であった。馬鈴薯煎餅を製造したが、製造を提案した授産人個人の懐を温める算段と判明し打ち切った。雑巾刺しは針仕事ができるのは老女性のみで、仕事がはかどらず、利益は見込めなかった。奉公人の斡旋もしたが、奉公先から授産人が逃亡することもあった。授産場開設から一〇年目に実施されていた作業は竹行李《こうり》の製作であった。竹行李の作業は分業が可能で、授産場向きの仕事であった。女性は行李の縁を布で巻き、男性は竹割や行李の底を担当した。また、信用できる授産人には氷もちの販売をさせた。

大正一三年（一九二四）に琢治が死去すると、宮城授産場は閉場になった。

二章　防貧医療組織「自衛会」構想

救恤政策の限界

明治七年（一八七四）に政府が制定した恤救規則は、貧民救済の方法に「人民相互ノ情誼」を挙げている。「人民相互」が助け合うためには、家族や地域社会が健全に維持され、他を受け入れる余力が前提となる。その前提は凶作や自然災害では瞬く間に崩れ、しかも、そのような非常な時こそ、救済が必要になることはいうまでもない。

明治三五年に宮城県は凶作に見舞われた。その凶作地を視察した宮城県属（県職員）の山中政太が、明治三六年一月三一日に知事田辺輝実《たなべてるざね》に提出した文書「貧民救済ニ就テノ私見」のなかで、「貧民救済の事業は隣保の情誼に一任して可なりとは迂闊《うかつ》極まる愚説」「畢竟《ひっきょう》九牛の一毛たるに過きず　試みに本県に於ける恤救規則によりて救助を受くるものを見よ　年々僅かに二十余名に過ぎず」（「凶作地方復命書」明治三五―一二―三、宮城県公文書館）と述べている。山中政太は、「隣保の情誼」では、救済の責任の拠り所が明確ではなく、つまり親族であれ、隣近所であれ誰かの責任ということは、誰の責任でもないことである、と主張する。

高松凌雲の同愛社

明治期の生活困窮者に対する医療支援の先駆的組織として、高松凌雲《たかまつりょううん》が開設した同愛社がある。将軍徳川慶喜《とくがわよしのぶ》の奥詰医師であった高松凌雲は、慶応三年（一八六七）に慶喜の弟昭武《あきたけ》を団長とする代表団が、パリ万国博覧会に参加した時、随行医に選ばれた。万博後も留学生としてパリに残った凌雲は、民間からの寄付によって、貧民が一般患者と同じ治療を受けている施療病院「オテル・デュー」で学んだ。帰国後、戊辰戦争に参加し、榎本武揚《えのもとたけあき》が指揮をとる箱館に行き、箱館府民生方病院（箱館病院）の頭取医師（院長）に就任すると、敵味方を問わず診療した（高松卯喜路『幕将古屋佐久左衛門（兄）・幕医高松凌雲（弟）傳』）。

明治一二年（一八七九）、凌雲は貧民を無料で治療する同愛社を創立した。明治一五年制定の「同愛社規則」によると、同愛社は救療社員（医師）と慈恵社員（甲乙丙の三種あり）から構成された。慈恵社員の甲社員は施療券を毎月買い取る。施療券は各自が貧民に与えても、各区役所の衛生委員に託しても、本社事務所に託しても随意であった。乙社員は施療資金を本社に寄付する。丙社員は施療券一枚以上を臨時に買い取り貧民に与える。施療券は一枚五銭で一日分の薬価であった。貧患者は施療券を持参して医師の治療を受け、医師は同愛社の月例集会に出席し、当月に受け取った施療券を持参し捺印をもらい、前々月分の薬価を受け取る仕組みである。ただし、医師が受け取る報酬金額の二割は本社の経費として差し引かれる。年一回の総会で、医師は患者数とその状況を報告する義務があった。明治三九年度の報告によれば、救療した貧民病者は一五二八人とある（『同愛社五十年史』）。

琢治は論考のなかで同愛社に言及はしていないが、貧民対象の医療という点で何らかの影響を受けたかもしれない。しかし、琢治がめざした貧民医療は、同愛社のような慈善的な救貧団体ではなく、次に見るような、防貧の観点から貧民が主体的に関わる組織であった。

琢治の「自衛会趣意書」

琢治は大正元年（一九一二）一一月三日付で「自衛会趣意書」を作成した。「趣意書」のなかで、「貧民救済に恤救規則あれども、社会の状態は疾病と窮民を減ぜずして、却って日に病類を増し貧民の数を加ふ」と恤救規則の効力が充分でないことを批判している。一般の人々が、平常に医療費を蓄えておくことは難しく、「患者は不時の費用の多きに苦しみ、医師は経常収入の不足なるを嘆」いているので、この両者の問題を解決する方法として、琢治は自衛会を提案した。自衛会は一定の区域の一定の戸数を単位とし、疾病の有無に関わらず毎月一定の金額を拠出し、病気の時は診療と投薬を無料にする組織である。「趣意書」には「治療は毫《すこし》も恵恤にあらず、患者は己の費用を以て己を療するが故に、独立自主の民たるを失わず、之を医師の職業より見るも、之を国民の自治性涵養の点より考ふるも極めて必要」とある。

次に「自衛会規則」から主な条文を記す。会費を納める一戸を一会員とみなし、「内助の責ある主婦」を正会員とし、家長とその家族を名誉会員とする。毎月の会費は一戸五人まで一〇銭、一〇人まで二〇銭、一五人まで三〇銭、それ以上を四〇銭とする（第六条）。診察料と薬代は無料とする（第一二条）。ただし、往診・入院・大手術・高額な薬を使う時は別途で相当料金を徴収する（第一三・一四・一五条）。会医は毎月一回、前月分の「患者診療成績」を自衛会本部に報告し、本部はその報告を一括して新聞などに掲載して会員に知らせる（第二〇条）。会医に不正行為があるときは、会員が報告、この場合は匿名も可とする（第二一条）。会医の不正行為に対して署名を以て報告した時は、本部は調査して結果を報告する（第二二条）。会費納入の方法は二通りあり、一つは市町村費の納入と同じく役場を通じて行う、もう一つは地方の有志者に嘱託し、集金高に対して五分の報酬を支払う（第二四条）。

このように自衛会は正会員を「内助の責ある主婦」とし、診療の原則無料化、「患者診療成績」の公開が行われ、医師の不正行為を患者が報告し、本部が調査するなど、当時としては斬新な組織であった。

「防貧」概念と健康保険の成立

日露戦争後の国民の生活困窮を背景に、明治四四年（一九一一）二月一一日に明治天皇から「済生勅語」があり、皇室の下賜金と民間の寄付で「恩賜財団済生会」が創設され、困窮者へ医療救護が行われた。琢治は窮民救済には「救貧」と「防貧」があり、「救貧」は貧者の良心を麻痺させ、「防貧」は良心を覚醒させる方法であると考え、済生会の方法を「救貧」とみなし批判的であった（『坂琢治伝』）。

琢治が理想としていた「防貧」の立場から、医療救済をめざす仕組みに国民健康保険がある。いわゆる旧国民健康保険法は、戦時下の健民健兵策の一つで、国家総動員法の公布と同日の昭和一三年（一九三八）四月一日に公布された。旧法は国民が誰でも加入できる健康保険制度ではなかった。

一方、民間では、昭和一一年に埼玉県越ヶ谷町（埼玉県越谷市）で業務を開始した「越ヶ谷順生会」は、一般の町民が自主的に作った健康保険的な組織である。「越ヶ谷順生会」の前身は、町税完納を目的にした納税組合であった。越ヶ谷町の住民は、家族の病気が町税滞納の大きな原因になっていることを知り、救療を目的にした共済組合「順生会」の設立をめざした。「順生会」が設立に至るまでには、さまざまな困難があり、地元の医師とは診療報酬の単価をめぐり摩擦が生じた。しかし、国民健康保険制度の推進をめざす内務省の協力を得て、「越ヶ谷順生会」が成立した。国民健康保険法が公布されると「越ヶ谷順生会国民健康保険組合」として認可され、昭和一六年には「越ヶ谷町国民健康保険組合」に改称した（『埼玉県国民健康保険史』）。

自衛会構想の意義

琢治が自衛会を構想していたことは、「自衛会趣意書」「自衛会規則」が現存するので紛れもない事実である。では、自衛会は実際に活動したのであろうか。琢治は自衛会の趣意書や会則を起草してから八年後、大正八年（一九一九）に「敗者の鰥寡《かんか》孤独《こどく》は勝者之を救助すべし論」を執筆した。その中で「予は茲《つと》に十数年授産事業を行ひ、流民を救ひ、防貧を主として専ら斯業に貢献して居る」と述べている。しかし、自衛会については全く触れていない。その他の手稿のなかでも、自衛会に言及していないので、自衛会は実現しなかった、もしくは早々に頓挫したものと思われる。その要因には、前述のような組織の革新性が地元の医師から支持を得ることができなかったこと、また、当時の人々が医療を受けることに消極的であったことなどが推測される。

自衛会の実際の運営に関わる資料は確認されていないが、その意義は医療救済の対象を特定の職種の労働者などに限定せず、一般市民にまで広げた越ヶ谷順生会のような組織を、すでに大正元年に構想していたことであろう。

三章　琢治が開園、妻しまが運営した宮城養稚園

明治初期の宮城県の幼稚園

明治九年（一八七六）わが国初の幼稚園である東京女子師範学校付属幼稚園が開園した。明治一一年に東京女子師範学校に幼稚園教員を養成する幼稚園保母練習科が開設され、仙台市にある培根《ばいこん》小学校（明治一二年四月に木町通小学校に改称）の教員矢野成文《やのなりあや》が保母練習科の講習に参加した。明治一二年一月には、培根小学校の教員大津よしぢと相原春が保母練習科で学ぶことを、宮城県から拝命した。同年二月、二人は東京女子師範学校付属幼稚園保母練習科の入学試験に合格し上京した。入学後に官費として毎月五円の支給があった。

しかし、翌年六月、卒業を一ヵ月後に控え、大津は兄を、相原は父を保証人に「学資拝借願」を宮城県に提出している。「拝借願」によると、東京の物価高に加えて、唱歌や「弾琴」の私塾の月謝など、卒業までに多額の経費がかかったことを理由に、各々三六円の借用を願い出て、返済は月ごとに九円を四回で返済の予定とある。

大津（橋本）よしぢは六〇年にわたり幼稚園に勤務し、戦前の仙台市における「幼児教育功労者」（『宮城県教育百年史』第二巻）として評価されている。大津よしぢと琢治の妻しまは、仙台師範学校女子師範学科で同級であった。

宮城県初の幼稚園は、明治一二年に開園した仙台区木町通小学校付属幼稚園である。その後、所管と名称が変わり、明治一九年に仙台区東二番丁小学校付属幼稚園になり、同二九年には小学校の所管を離れて公立の仙台市幼稚園になった。同園は仙台空襲で被災後、紆余曲折を経て、昭和四九年（一九七四）に仙台市立東二番丁幼稚園として改めて設立認可された。平成二二年（二〇一〇）に東二番丁幼稚園（仙台市青葉区一番町）は、運営が学校法人に受託されて現

在に至っている。

宮城授産場付属養素園の開園

宮城県初の私立幼稚園である宮城授産場付属養素園は、明治三五年（一九〇二）九月二六日に設立が認可された。養素園が開園した時には、仙台市内には、公立の仙台市幼稚園（後の東二番丁幼稚園）が一園あるのみであった。養素園は開園の翌年に「ようちえん」と読める漢字を当て養稚園に改称した。改称後も「幼」ではなく「養」の字を残した理由については、「幼稚園の幼稚の二字は共に幼いという意味なので、幼児の素質を伸ばし養うという積極的な意味を持たせて、養稚園という名称にした」とある（『宮城県教育百年史』第二巻）。園歌の作詞作曲を宮城県師範学校の音楽教師四《し》竈《かま》仁《じん》邇《じ》に依頼した。

琢治が作成した設立趣意書によると、設立の目的は「市内貧困者にして職業の為、児童の教育をなし難きものには、父兄の労働時間中其児童を園内に預かる」ことである。園則の第一条に「本園は平民的にして徳育を専らにし、一大家族を作るにあり」とある。琢治は乳児の時に生母と離別し、里子に出され、父の死後は一家離散となった。「一大家族を作る」という文言に、琢治の心底に長いこと沈んでいた家族への思いがみえてくる。琢治が記憶する家族の情景には、本来そこに居るべき父が、兄が、弟が、妹が欠けていた。園則第一三条に「極貧者にして衣服の具なき為、児童に羞恥の念を懐かしむる虞《おそれ》あるときは、授業時間中衣服を貸与することあるべし」とある。「坂琢治伝」には、琢治は「衣服等には甚だ無関心」で妹コウの着物を着せられても不平は言わず、女児の着物を着ても村童のなかでは大将であった、と記述がある。琢治は衣服に無関心であったのではなく、幼少期の記憶が心に深く刻まれていたので、第一三条のような条文を加えたのであろう。

保育時間は、午前中三時間の正科と、さらに午後二時間が加わる余科の二種類があった。在園定員は七〇名、入園年齢は満三歳以上、保育年限は三年間である。園児には月一回の身体検査を行い、種痘を接種し、伝染病に罹患した時は充分に保護するなど、医師琢治ならではの園則が記されている。保育料は一人一日二銭である。届出のある備品には、三人用の机と椅子が二四組、オルガン一台、黒板一枚、時計、寒暖計、鏡がある。この他に、教育学者フレーベルが考案した知育玩具「恩物」を備えた。積木四〇組、「六ツの毬」（六球）、石板二〇組などを準備した。「設置願」に添付された図面では、園舎は保育室一五坪、遊戯室五坪の小さな平屋であった。明治末には一階約七一坪、二階は約三〇坪の園舎が完成した（図17）。

初代園長春日ゑつ

図17　宮城養稚園食事風景（坂家所蔵）

明治三五年（一九〇二）の開園から六年間は、春日ゑつ（旧姓吉田）が園長を務めた。坂しまの履歴書によると、しまは開園時には、春日ゑつから保育法の講習を受け、保母見習いの立場であった。春日ゑつと坂しまの接点は矢《や》島楫子《じまかじこ》であろう。ゑつは矢島楫子が校長を務める桜井女学校で学び、他方、しまは基督教矯風会に関わり、同会の会頭であった矢島楫子からゑつを紹介されたと思われる。

ゑつは元治元年（一八六四）に生まれ、愛知県師範学校女子部を明治一五年に卒業した。名古屋の講義所で植村正久の説教を聞き、キリスト教に関心を持つようになった。桜井女学校で保育者の養成を行っていたマリア・ツルーは、女性宣教師フランシナ・ポーターから金沢に幼稚園を開設するために必要な人材について相談を受けた。マリア・ツルーはゑつを推薦した。ゑつはフランシナ・ポーターから学費の援助を受けて、明治一九年七月に桜井女学校に併設されていた保母科を卒業した。

春日ゑつの履歴書には「明治十九年十月石川県金沢市に於て、私立英和高等尋常小学校並びに英和幼稚園を設立し校長園長を兼務す」とある。この時、ゑつは二三歳であった。しかし、病気のため明治二四年七月に退職した。

その後、横浜の神奈川幼稚園、京都の西陣幼稚園の園長を務めた。明治二八年京都の室町幼稚園を設立して園長になったが、四年後に退職した。このように保育者として経験豊かな春日ゑつは、養素園の初代園長を務めることになった。

開園時の「保母」植山とみよ

宮城授産場付属養素園の開園に関わった「保母」（以下、「 」は省略）に植山とみよがいる。履歴書によると、明治一〇年（一八七七）に生まれ、仙台市の木町通小学校を卒業後、明治二六年に尚絅《しょうけい》女学校（現在の尚絅学院高等学校）を退学し、明治三一年に上京した。履歴書には「ミセスタッピング其他の諸教師に就きオルガン及び保育学研究」とある。ジェネヴィーヴ・タッピングは、外国人居留地で幼児教育を行う人材養成のために、東京保母伝習所（現在の彰栄保育福祉専門学校）を開設し、築地幼稚園と彰栄幼稚園を開園した。植山とみよは明治三四年五月に築地幼稚園に勤務し、翌年八月に退職している。宮城養素園には明治三五年九月に勤務し、翌年四月に退職、五月に渡米した。とみよの渡米の経緯は不明である。しかし、東京保母伝習所を卒業した石原キク（大正二年、彰栄幼稚園園長に就任）が、タッピングの援助で渡米し、幼稚園教諭の資格を取得している例があるので、とみよも同様な援助があったのであろう。

植山とみよの履歴書には、明治三七年から、カリフォルニア州オークランドの公立幼稚園およびバークレーの私立幼稚園でフレーベル式保育の実地を視察し、明治三九年七月一五日に帰国したとある。宮城授産場付属養稚園（以下、宮城養稚園と記す）に再就職するための「保母就職許可申請」を同年一〇月二六日に宮城県に提出している。

宮城養稚園の保母数と園児数

『宮城県統計書』によると、保母数が最大であったのは明治三八年（一九〇五）から四〇年までの三年間で五名であった。当時の保母の一人、横田もよは仙台身章私塾（明治二〇年に中川つるが開設した裁縫塾）を卒業し、明治三六年に就職した。郡山しげは、春日ゑつと同様に京都の西陣幼稚園、横浜の神奈川幼稚園に勤務した保育のベテランで、明治四〇年から勤務した。坂しまは、年齢も経験も多様な保母たちから学びながら、園長となるための経験を積んでいった。

園児数の年ごとの増減幅は大きく、明治三五年は四八人、三六年九〇人、三七年四六人、三八年七七人、三九年九二人、四〇年五七人、四一年七九人である。園児数のなかには一般の入園児の他に、授産人の子どもや、孤児や棄児も含まれている。明治三六年と三九年に突出して園児数が多いのは、それぞれ前年の明治三五年の凶作、三八年の大凶作の影響であると推測できる。自然災害の影響を真っ先に受けるのは子どもたちであることを、この園児数の推移が示している。

二代目園長坂しま

春日ゑつは、明治四一年（一九〇八）八月に宮城養稚園を退職し、坂しまが二代目園長になった。しまは、幼児教育を専門的に学んだことはなく、そのため、オルガンは同僚の保母郡山しげから指導を受けた。保育の実践活動のなかで、必要な知識や技術を習得していった。

公立の仙台市幼稚園と私立の宮城養稚園との関係について、「（両園は）非常に密接な間柄であったので、摩擦を起こすような事はなく、おのおの公立の特色、私立の特色を発揮して、幼児教育のために互いに励まし合うという風であった」と記されている（『宮城県教育百年史』第二巻）。しかし、宮城授産場日誌に添付された宮城養稚園の写真の添書きには「久保田文部大臣巡視せられてより、教育者間の疑惑全く解け（中略）隆盛を見る」とある。明治三八年四月二八日の日誌に、久保田譲文部大臣の視察があったことを確認できるが、「教育者間の疑惑」の詳細は不明である。

『宮城県教育百年史』第二巻には、宮城養稚園は「モンテッソリー《（モンテッソーリ）》式の保育を取り入れたようであった。子どもの自発性を重んじ、自然の中で自由はつらつと活動させる保育のやり方で、樹木が多く、野草も豊かな庭園に、池もあれば畑もあるといったこの園の自然環境は打ってつけの保育の場であった」「公立である東二番丁幼稚園が、当然文部省の指示する保育形態によっているのとは対照的であった」とある。しかし、『宮城県教育百年史』にあるモンテッソーリ式の保育を、宮城養稚園が最初から取り入れたわけではない。開園に際して、県に提出した書類には、備品のなかに知育玩具「恩物」があるように、開園初期にはフレーベルの保育法を導入していた。ところが、授産人の子どもや孤児には、フレーベルの知育玩具を使った幼児教育は馴染《なじ》まず、自由な遊びを重視するモンテッソーリの保育方針へ転換を図ったと思われる。「教育者間の疑惑」とは、宮城養稚園の園長坂しまと、東二番丁幼稚園の主任保母橋本（大津）よしぢの個人的な確執というよりは、幼児教育の理念が異なることから生じた齟齬であろう。

昭和初期の宮城養稚園

宮城養稚園の資料は仙台空襲で失われた。大正期の資料はないが、昭和三年（一九二八）一〇月二七日に、仙台市長山口龍之助に提出した「補助金下付願」に添付した「保育事業調書」の控えから、昭和初期の運営状況を知ることができる。保育年齢は満三歳から就学年齢まで、保育内容は談話（修身）、遊戯、唱歌、手技、園芸で、週二五時間から二八時間であった。組数は二組、保母数は二人である。昭和三年は三五人在園、卒園者累計は七〇七人と報告している（図18）。

昭和四年度の収支予算は次の通りである。収入予算は七〇七円、その内訳は保育料六〇五円、雑収入二円（肥料、

図18　宮城養稚園卒園式（坂家所蔵）
前列中央坂しま

紙屑代等）、市補助金一〇〇円である。支出予算総額は一六六一円六〇銭、内訳は人件費として保母報酬八〇四円（一ヵ月二五円、二二円、二〇円の三人の一年分）、小使いの手当一二〇円（一ヵ月一〇円）、賞与五〇円（保母、小使い）この他に電灯料、運動器具新設並びに修繕費、保育材料費、図書雑誌代、薪炭料、卒業式と運動会等の費用を含めると、九五四円六〇銭の赤字予算である。なお保母報酬に三人分が計上されているのは、園長の報酬も含まれているのであろう。

宮城養稚園の評価

明治末に、宮城県において開園と運営が確認できる私立幼稚園は宮城養稚園の他に三園（明治三八年開園の仙台幼稚園、四〇年の石巻幼稚園、四二年の青葉幼稚園）があった。

宮城養稚園は「本県における私立幼稚

園のはじまり」（『宮城県幼稚園教育百年史』）、また、宮城養稚園で保母として経験を積んだ山内ちよのが、大正二年（一九一三）に北方幼稚園を仙台市北四番丁に開園したことをふまえて、「宮城養稚園は、仙台を中心とした幼稚園教育の温床的役割を果たした」と評価されている（『宮城県教育百年史』第二巻）。いずれも、宮城養稚園を幼稚園と位置づけている。宮城養稚園は行政的には幼稚園に分類されている。しかし、一般の園児と一緒に授産人の子どもが保育された。その点に注目して「仙台市初の託児所」との評価もある（『仙台市史』通史編6）。

宮城養稚園は授産場の付属施設として出発した。授産人の子どもにとっては託児所であり、孤児や棄児にとっては昼間の居住空間であり、養護施設の役割も担っていた。宮城養稚園の特徴は、一般家庭の子ども、親が授産人である貧児、そして孤児や棄児が、同じ空間で一緒に遊び学んでいることである。

娘たまきは「母が児童憲章の制定の前に亡くなったことがまことに残念です」（『宮城県幼稚園教育百年史』）と述べている。「児童の権利を定めた児童憲章」（一九五一年制定）は各条文が「すべての児童は」で始まる。

Ⅴ　三男坂定義の軍医としての前半生

一章　巡査になる

畑家の養子として育つ

坂定義《さかさだよし》は、慶応二年（一八六六）二月四日、仙台城下の坂邸で生まれた。父英力《えいりき》の息子で成人まで成長したのは三人で、長男要之進《ようのしん》、次男琢治《たくじ》、三男定義である。定義の実母仲は英力の三番目の妻である。定義が生まれた時には、生母がそれぞれ違う二人の兄と実の姉コウがいた。坂家にとって、三人目の男児である定義は、生まれて間もなく、城下に住む仙台藩士の畑安由・まき夫婦の里子に出された。父英力が斬首されると、そのまま畑家の養子になった。畑夫婦から愛情をもって大切に養育され、定義はその恩義を忘れず、養親の老後を世話した。

巡査拝命

定義は履歴書を一六歳の「明治十四年十月宮城県巡査拝命」から書き始めている。巡査になり仙台から配属先の石巻に向かう時、その途中に住む実母を訪ねた。「たまたま母が多賀城（大代村《おおしろ》）に住むと聞いて、遥遥《はるばる》たづねていった由であるが、瞼の母は予期に相違してそっ気なく、みたされない思いで帰った」という逸話が『塩竈市医師会史』に記されている。実母仲の「そっ気ない」態度は、母への甘えを許さず自立心を促すために、心を鬼にしたのであろうか、それとも畑定義となった息子の養家への遠慮であろうか、極貧生活への恥じらいからであろうか。いずれにせよ、少年定義には実母の複雑な心境を察することはできず、むなしい記憶だけが残ったようである。

定義の履歴書には巡査になる前の学歴が記されていない。定義は他の二人の兄や姉と異なり、彼のみが坂家で養育されなかった。長兄要之進は、父英力が死去した時には一七歳になっていたので、坂家の跡継ぎとして、年齢相応の学問を身につけていたであろう。琢治については、祖母春子と義母仲が貧困のなかでも、彼の教育に心を配り、医師への進路が決まると、医師の亀井父子の学僕になるように段取りをつけ、その間には岡千仞《おかせんじん》が開いた麟経堂《りんけいどう》へ通わせている。定義の履歴書に一六歳以前の学歴がないのは、書くに値する教育を受けなかったからであろう。

定義が巡査になった時には、長兄要之進は教師に、次兄琢治は医術開業試験に合格し医師になっていた。なぜ、定義は兄たちとは違う巡査の道を選んだのであろうか。

東北士族の西南戦争

定義が賢く健康な少年に成長し、巡査になったことを、養父母は喜んだであろう。当時の巡査は東北の士族にとっては特別の職業であった。

明治一〇年（一八七七）二月に西南戦争が始まると、内務省は臨時巡査として士族を採用した。宮城県からは約七〇〇人が召募巡査となり、中川操吉《なかがわそうきち》ら一〇〇人以上が戦死した。西南戦争で政府軍を勝利に導いた抜刀隊には、東北の「賊軍」出身者が多数参加していた、という話が流布した。西南戦争を制圧する側に立った東北出身者に関わる逸話は、その真偽よりも、そのような話を、当時の民衆が求めていたのであろう。

自由民権運動と巡査

西南戦争を最後に不平士族の反乱は終息した。明治六年（一八七三）の政変で下野した板垣退助《いたがきたいすけ》は武力ではなく言論で政府を批判し、同七年に民撰議院設立建白書を政府に提出し、国会の早期開設を要求した。自由民権運動は、初めは士族が中心であったが、西南戦争後は豪農や商工業者も参加して全国的な運動に発展した。明治一三年三月に全国の代表者が大阪に集まり国会期成同盟を結成し、国会開設の請願書を政府に提出したが受理されなかった。政府は集会条例を制定し、演説会は事前に届け出が必要になり、会場監視の警察官に集会解散権が付与された。

定義が巡査になった明治一四年は、全国的に民権結社の設立と、私擬憲法といわれる憲法私案の作成が活発に行われた時期であった。定義が巡査として任務に就いたのは石巻と仙台である。明治一一年に仙台初の自由民権運動の結社である鶴鳴社《かくめいしゃ》が結成された。二年後に鶴鳴社は、全国的な国会開設運動に参加する本立社と、宮城県独自の運動を展開しようとする進取社に分裂した。明治一四年には、仙台に東北各県から民権家が集まり、東北七州自由党を結成した。石巻では大成社を中心に運動が展開した。石巻警察署管内の桃生《ものう》郡・登米郡にも結社がつくられた。結社の演説会場には巡査が監視の目を光らせていた。

宮城県では明治一五年に仙台・大河原・古川・石巻に警察署が新たに設置された。これに先立って巡査の募集があり、定義は応募したのであろう。

コレラ対策の経験

一六歳の巡査定義は、民権家の取り締まりよりも、コレラに関わる任務に就いたと思われる。宮城県ではコレラが発生した時、その事務処理は警察と公選の町村衛生委員が行った。巡査は罹患者の家への交通遮断、避《ひ》病院の取り締まり、罹患者を避病院や火葬場へ送る際の護送等の役割を担っていた。全国的にコレラが流行したのは明治一二年（一八七九）である。宮城県はその三年後にコレラの大流行を迎えた。その時のコレラ死者数は、石巻のある宮城県牡鹿郡は二四四人で、県内でみると仙台区四〇九人、宮城郡二五四人に次いで多かった（竹原万雄「コレラ流行と「自衛」する村落社会」）。

明治一五年八月九日の『陸羽日日新聞』は、石巻でのコレラの予防を、次のように伝えている。コレラ蔓延を恐れた石巻の「有志者」たちは、郡村吏や村会議員等と予防方法を協議した。その結果、新たに徴収した二〇〇〇円余を予防費とし、巡査数名を増員し手当を支払い、消毒薬を購入して下水と芥溜の掃除を厳密に実施し、さらに避病院を新築した、とある（同前）。

定義は、巡査として職務を遂行するなかで、コレラが発生した地域の悲惨な状況をつぶさに見て、予防のためには行政の対応だけに頼らず、地域の実情を熟知し指導する「有志者」の存在が重要であることを知ったであろう。

後年、医師になった定義が実践する地域医療の原点が、石巻での巡査の任務にあったと思われる。定義は、私立塩釜病院を開院した。塩竈町でコレラ患者が出た時には、治療はもちろん、予防のためには自ら無報酬で接種を行った。地域医療の主体は行政ではなく、地域の医師も含めた住民であることを、巡査時代の経験から学んだにちがいない。それゆえ、定義は巡査の職歴を生涯にわたり大切にしていた。医師になってからは、警察協会宮城支部に寄付を行い、昭和五年（一九三〇）に宮城県下の元警察官の団体である有香会が発足すると会長に就任し、亡くなるまで会長を引き受けた。

士族取締への懊悩

定義が巡査になった明治一四年（一八八一）は自由民権運動の最盛期で、その後は次第に運動が激化していった。民権家の取り締まりが強化され、その最前線で任務にあたっていたのが巡査であった。民権家の中には、特に民権運動の初期から活動している者は、明治政府に不平や不満を持つ士族が多かった。このまま定義が巡査を続けると、民権家を取り締まる任務に就く可能性も十分にあった。仙台藩奉行坂英力を父に持つ定義が、士族を取り締まる側の巡査であることに、思い悩む日々があったにちがいない。

二章　医師へ転身する

医術修業時代

巡査を辞した定義は、兄琢治と同様に医師亀井益雄《かめいますお》のもとで学んだ。定義の医師免許証には「明治二十年十一月受領したる医術開業試験及第証書」とあり、二二歳で医師になった。履歴書によると、「明治二一年五月日本赤十字社病院医員」とある。同年一一月に兄琢治が東京に転任になっている。幼い時から同じ家に住むことがなかった兄弟が、東京で出会うことになった。明治二二年（一八八九）二月一一日に大日本帝国憲法が発布され、東京は祝賀行事で賑わった。履歴書には、「明治二二年四月東京医科大学撰科学生」とある。

ところで、履歴書にある「東京医科大学撰科」という表記はやや正確ではない。東京大学大学院医学系研究科・医学部が公表している沿革によれば、東京大学医学部の源流である幕末の医学所は、明治になってから組織と名称を変えながら、明治七年に再編されて東京医学校になった。翌年に東京医学校本館の建物が着工した。定義も講義を受けたであろう本館は、塔屋に時計を配した意匠で「時計台」の愛称で呼ばれた。現在、この建物は規模と形状を多少変更して、小石川植物園内に再建され、東京大学総合研究博物館小石川分館として活用されている。

明治一〇年に東京医学校は東京開成学校と合併して東京大学医学部となり、同一九年の帝国大学令により東京大学が帝国大学になると、帝国大学医科大学になった。京都帝国大学が創設されると、明治三〇年には東京を冠して、東京帝国大学医科大学の名称になった。よって、定義が入学した明治二二年での校名は、履歴書にある「東京医科大学」ではなく「帝国大学医科大学」である。

法医学を学ぶ

次に「撰科」について確認する。定義が在籍したのは法医学教室である。『東京帝国大学法医学教室五十三年史』にある「法医学教室年表」によると、明治八年(一八七五)五月に「東京医学校に「通学生教場」を開き邦語を以て医学速成の道を設く」、同一三年一〇月に「従来の「医学通学生」の名称を「医学別課生」と改称す。ここに「医学本科」「別課医学科」の別成る」とある。履歴書にある「撰科」については記されていない。定義は二年間の学びを修了し、明治二四年三月に卒業した。

定義は、当時の最新の学問である裁判医学(後の法医学)を学んだ。明治一三年に刑法が公布されると、同一五年一月一日の施行に向けて、政府は裁判医学の知識を有する医師の養成を急いだ。政府は東京大学医学部助教授片山国嘉《かたやまくによし》に、四年間のドイツ・オーストリアへの留学を命じた。片山が帰国すると、校名が改称された帝国大学医科大学教授に任命され、明治二二年一月八日から裁判医学の講義を開講した。定義はその年の四月に入学している。片山国嘉は文部省に「裁判医学」を「法医学」に改称するように建議し、明治二四年に許可された。

東京で開業医となる

定義は明治二四年(一八九一)三月に卒業し、翌月から「東京日本橋区薬研堀町《やげんぼり》」(東京都中央区東日本橋)で開業した。薬研堀町はその町名に「堀」がある通り、江戸時代に米蔵から米を移送するために入堀として開削された土地である。火事により米蔵が築地に移転すると、堀は埋め立てられ町家が並んだ。天保九年(一八三八)に佐藤泰然《さとうたいぜん》がこの地に蘭方医学塾を開き、医者が集住したので、医者町と通称された。定義の開業は明治二八年二月まで四年間続いた。

裁判所医務官を兼業

開業を続けながら、明治二五年(一八九二)六月六日に大学から裁判医務掛を申し付けられ、同月二〇日に東京地方裁判所医務嘱託になった。その四ヵ月前の二月二二日に、相馬事件の渦中の人物である子爵相馬《そうま》誠胤《ともたね》が亡くなった。

毒殺が疑われ、翌年には墓を掘り起こして、死後発掘鑑定が行われ、毒殺ではないことが判明した。

この頃、世間を騒がせていた相馬事件の概要は次の通りである。

相馬事件は当時から多数の本が出版されるほど、社会の関心を集めた。相馬誠胤は中村藩（領地は現在の福島県浜通り北部）の最後の藩主である。中村藩は戊辰戦争では奥羽越列藩同盟に参加し、降服後、誠胤は父充胤《みちたね》と共に謹慎した。明治九年頃から誠胤は精神に変調をきたし、同一二年に親族が自宅監禁を宮内省に願い出て許可された。これに対して旧中村藩士の錦織剛清《にしごおりたけきよ》は財産目当ての異母弟相馬順胤《ありたね》らの不当な監禁であると主張した。錦織は東京府癲狂院《てんきょういん》に入院していた誠胤を連れ出し、その場面は「主君」を救う「忠臣」として風俗画に描かれている。自邸内で誠胤が四一歳で亡くなると、錦織は誠胤の死因は毒殺であると告訴し、主治医中井常次郎（前東京府癲狂院長）、相馬家の家令志《し》賀《が》直道《なおみち》（作家志賀直哉の祖父）らが勾留された。明治二六年九月八日に東京市赤坂区の青山墓地を発掘し、鑑定した結果は、「毒物服用の為め死に至りたるものに非ず」「蓋《けだ》し心臓脂肪変性に因りて死亡したるものなり」となった。

『東京帝国大学法医学教室五十三年史』には、「法医学が社会の認識を得るようになったのはこの事件からである」とある。

帝大法医学教室の助手として

『東京帝国大学法医学教室五十三年史』によると、定義は畑家と養子関係が続いていたので「畑定義」の名前で、明治二六年（一八九三）一二月二六日から同二八年一月三一日まで、帝国大学（のち東京帝国大学）法医学教室の助手に就いていた。定義が法医学教室に学生、助手として籍を置いた明治二〇年代は、法医学の形成期であった。『五十三年史』には『國家醫學會雑誌』に掲載された解剖事例や、社会に喧伝された事件に関わる解剖事例を選び掲載している。そのなかに、定義が助手時代に主任教授片山国嘉と共に解剖をした二例がある。当時は解剖施設が大学にはなく、司法省構内の解剖室で実施している。

・事例一　「虐待死した六歳女児屍」

明治二七年七月二〇日解剖実施、鑑定の結果は外力による窒息。事件概要は女児を預かっていた家の主婦が煙管や衣紋竹で強打し、下肢を紐で緊縛し、頭部と顔面を布団に包み戸棚に監禁し絶息させた事件。

・事例二　「畑で発見された男性屍」

明治二七年八月二〇日解剖実施、鑑定の結果は頸部の緊絞に因る窒息。事件概要は畑から頸部に小倉帯を二重に緊結した裸体の男性死体が発見され、ただちに警視庁が捜査し、犯人捕縛に至った事件。

明治二七年八月一日に日清戦争が始まった。同年七月に定義が行った女児解剖は特殊な事例ではない。同年に法医学教室が実施した解剖三〇件のうち、「殺児」つまり、殺された子どもの解剖が一四件（四六・七％）あった。戦争による社会不安と貧困の犠牲になるのは子どもたちであった。

三章　軍医として日清・日露戦争に出征

軍医に志願する

帝大の助手を明治二八年（一八九五）に依願退職し、開業していた医院を閉じ、定義は軍医になることを決意した。兄琢治は、明治二一年に東京の近衛歩兵第三連隊に着任し、その後、東京麻布歩兵第三連隊での八ヵ月の在任を経て、同二五年に千葉県佐倉に転任した。一方、定義も明治二一年から東京に住んでいたので、軍医である兄の姿を身近にみていた。

明治二七年八月一日に日清戦争が始まると、琢治は翌月二七日に佐倉から出征した。定義は戦場にいる兄琢治に思いを馳せた時、そして父英力の無念の死を思えば、東京で開業しながら帝大の助手として過ごす日々に疑問を感じ、慚愧に堪えない思いがあったであろう。また、旧仙台藩出身で後ろ盾のない定義が、明治政府の影響が強い帝大のなかでは、将来の展望がないことを悟ったのかもしれない。定義が帝大に籍を置いた時期は、戊辰戦争から二十数年しか経っていなかった。軍医ならば出自よりも、戦場での活躍が評価されると考えたのかもしれない。

日清戦争・軍医学校入学・台湾任務

軍医を志願した定義は、明治二八年二月二四日に陸軍三等軍医に任官した。同年三月八日に松山陸軍予備病院に着任し、将校と生徒の身体検査医官になり、同年八月九日に近衛師団衛生予備員になった。日清戦争に出征のため、八月一七日に広島県の宇品港を出航し、台湾の新竹、彰化、台南などにある病院を転々と移動し任務を遂行した。同年一一月二二日に筑紫丸に乗船し、二八日宇品に無事上陸した。この時の任務に、勲六等瑞宝章および金一五〇円が下賜された。

宇品から戻ると、三日後の一二月一日に陸軍戸山学校付となり、翌明治二九年二月一九日から「軍医学校入学」と履歴書にある。入学時の陸軍軍医学校の校長は軍医監森林太郎であった。同年六月一八日に台湾守備歩兵第三連隊付となり三年余の間、台湾での任務に就いた。その間、明治三二年三月二六日には、当時現地で流行していたペストの調査を命じられた。同年一〇月三〇日宇品港に帰港した。台湾任務に対して金二〇〇円が下賜された。

弘前歩兵第三十一連隊に転任

日清戦争では海外が戦場になった。陸軍は戦闘区域の拡大に備え、軍備の大拡張を断行した。明治三一年（一八九八）までに、第七師団（旭川）、第八師団（弘前）、第九師団（金沢）など六師団が新設された。

明治二九年九月、弘前に第八師団司令部の設置が正式に決定した。同時に歩兵第三十一連隊、騎兵第八連隊、工兵第八大隊、野砲兵第八大隊、輜重兵《しちょうへい》第八大隊、弘前憲兵隊の配置も決まり、予備病院（後に衛戍《えいじゅ》病院から陸軍病院へ改称）、偕行社、衛戍監獄などの付帯施設が次々と設置された。明治三〇年一〇月に初代師団長の陸軍中将立見《たつみ》尚文《なおふみ》が弘前に着任した（『歩兵第三十一連隊史』）。戦前の弘前は仙台と同様に、城下町から軍都となり繁栄することになった。

履歴書によると、定義は台湾から戻った一〇日後、明治三二年一一月一一日に、第八師団が所管する歩兵第三十一連隊付となり弘前に着任した。

定義は、弘前で在任中の明治三四年二月から五月まで再度、陸軍軍医学校に入学している。この時期、森林太郎は九州の小倉《こくら》に赴任中であった。軍医学校は軍医監小池正直《こいけまさなお》が「事務取扱」を務めていた。定義が開設した私立塩釜病院（後の坂総合病院）には、「定義先生の小さな文字が書き込まれた森林太郎著の医学書が所蔵されていた。しかし、現在は書名も所在も不明である」（坂総合病院名誉院長村口至氏談）。その書物は、明治二九年一二月三一日に発行された森林太郎・小池正直著『衛生新篇』で、定義の二度目の軍医学校入学の時に、小池正直から講義を受けた時の書き込みではなかろうか。

八甲田山遭難事件での救護活動

定義が歩兵第三十一連隊に在任していた時に、八甲田山遭難事件が起きた。日清戦争後の日露関係をめぐる緊迫した国際情勢のなかで、陸軍は日露戦争を想定した雪中行軍を計画した。明治三五年(一九〇二)一月二三日に、青森歩兵第五連隊第二大隊が八甲田山での雪中行軍に出発した。行軍は青森歩兵第五連隊営舎(青森市筒井)を出発し、田代(青森市駒込)へ向かう一泊行軍の予定で、田代に達することができない場合を考慮して、雪中露営の準備もしていた。しかし、行軍は総勢二一〇名のうち一九九名の犠牲者を出す大惨事となった。

一方、弘前歩兵第三十一連隊は、同年一月二〇日に弘前の営舎を出発し、途中で負傷者と凍傷重症者の二名が汽車で帰営したが、雪中行軍一二日目の一月三一日に無事に帰還した。この弘前歩兵第三十一連隊の雪中行軍は、戦前には秘されていた。

遭難事件から半年後の七月に陸軍省は『遭難始末』を刊行し、これが事件に関する公式な報告書となった。この報告書では、青森歩兵第五連隊の「遭難の一大原因」は「一月二四日に起きたる気象の変化」と結論し、これが当時の陸軍省の公式見解であった。『遭難始末』に記載されている内容の真偽をめぐり、さまざまな見解がある。雪中行軍に関する書物は、事件当初から現在まで多数出版され、とくに新田次郎の小説『八甲田山死の彷徨』や映画『八甲田山』の題材とされるなど、今なお関心の高い事件である。

まず、『遭難始末』に記されている定義の行動を確認したい。

一月二九日に「歩兵第三十一連隊より一等軍医坂定義二等軍医二木義雄来着　共に田茂木野以南の各哨所に至り衛生事務を幇助す」(原文かたかなをひらがなで表記)とある。「哨所」とは、一般には見張りの兵が待機する詰め所のことであるが、「衛生事務を幇助す」とあるので、遭難者の収容と治療が行われていたことがわかる。捜索救護の第三期の二月九日から一八日までは、弘前の歩兵第三十一連隊が、疲労の激しい青森の歩兵第五連隊と交代した。第八哨所に捜索大隊本部が置かれ、少佐平岡茂《ひらおかしげる》が捜査の指揮をとることになった。同哨所の患者収容所に一等軍医坂定義と二等軍医折居橘弥が配置された。捜索救護の第四期の二月一八日から三月七日については、二月二二日に第七哨所が完成し、捜査隊は第七哨所にすべて移され、第八哨所は単に連絡を伝達する逓伝哨になった。二月一八日以降、弘前隊は帰り、少佐平岡茂も二月二一日に弘前に戻った、とある。

定義がこの事件に関して残しているものは、便箋に書いた履歴書の草稿にみえる「一月二十四日歩兵第五連隊ノ八甲田山雪中行軍中遭難者救護被命」「二月十日下山帰隊」の二行のみである。定義の正式な履歴書には雪中行軍救護に関する記述は全くない。この事件に限らず、定義は論文や随筆やメモの類も一切残していない。琢治とは反対に、禁欲的と思えるほど文章を書いていない。

中原貞衛軍医と坂定義

山形衛戍病院の一等軍医中原貞衛《なかはらさだえ》は、雪中遭難から救出された山口鋠《やまぐちしん》少佐の治療を担当した。中原貞衛と定義は、同じ時期に帝大医科大学で学んでいる。

雪中行軍に関して多くの論文を発表している松木明知氏は、明治三五年（一九〇二）一月三一日に、中原貞衛が第八師団長立見尚文から出張命令を受けたことに疑問を呈している。遭難者の救護には、青森衛戍病院から後藤幾太郎軍医他七名、弘前からも坂定義軍医他八名の軍医が応援に駆け付け、充分に対応できたはずである。中原貞衛の出張は、はじめから、遭難の責任者である山口少佐の主治医にするためで、軍医のなかでも抜群の腕前の彼が治療にあたることで、軍としては最善の治療を施したことを明らかにし、救命できない時の疑念や不信を避けるためであると推論している（「中原貞衛と『第五連隊惨事奥の吹雪』（二）―山口少佐の死因をめぐって―」）。

中原貞衛は、元治元年（一八六四）に生まれ、一九歳の時に、山形藩医の中原葦洲雄の養子になり、明治二〇年帝国大学医科大学に入学した。中原葦洲雄が病気になり、学費の援助が難しくなると、陸軍委託生に転じ、明治二四年に同大学を卒業した。定義も、同年に卒業している。貞衛と定義は、同じ時期に苦学して帝大で医学を学んでいた。両名共、雪中遭難者救護の後、日露戦争に出征した。その後、貞衛は山形衛戍病院長に就任し、在職中の明治三八年九月に四二歳で死去した。

日露戦争出征

定義は明治三五年（一九〇二）一二月一六日に寒地軍事衛生事項調査委員となり、翌年一二月二七日から寒時における軍事衛生調査のため北海道へ出張している。

明治三七年二月一〇日に日露戦争が始まると、定義は三月一日に第八師団動員準備委員を命じられ、軍用濾水器を考案し作製した。同年の九月一〇日午後五時、定義の姿は仙台停車場にあった。すでに、兄琢治は三月に出征し、戦地に赴く定義の面会には、琢治の留守家族が駆け付けた。そのなかには琢治の次男素行《そこう》の姿があったであろう。定義は弘前に赴任すると、女学校教師の清水志げと結婚した。二人の間に子どもはなく、定義は、もし自分が戦死したら若い妻が一人残されることを案じ、甥の素行と養子縁組をすることにした。しかし、定義の出征前に書類は間に合わず、翌三八年三月二日に、当時八歳の素行と正式に養子縁組が成立した。

履歴書草稿から従軍活動をたどる。一〇月四日に大阪から大連に向けて出航した。二五日に大連に上陸、前進し遼陽付近で後予備隊となり冬営した。翌三八年一月一八日に舎営病院を開設した。一月二四日から二七日にかけて、黒溝台会戦に参戦、野戦病院を開設して傷病者二五〇〇人を収容した。師団の前進のため、兵器と傷病者を運搬するための橇《そり》二四〇台を一夜に製造した。二九日に奉天へ向け前進し、舎営病院を開設。三月六日奉天戦に参加し、一〇日までの野戦病院の収容者は八〇〇人に及んだ。定義は三月二〇日に第八師団野戦病院長を命じられた。

八甲田山遭難事件から三年目の冬、明治三八年一月末、中国北東部の極寒の地で第八師団の戦闘が続いた。雪中行軍の数少ない生存者の一人である青森歩兵第五連隊の大尉倉石一と、弘前歩兵第三十一連隊の雪中行軍指揮者の大尉福島泰蔵は黒溝台会戦で斃れた。

同年八月、アメリカのポーツマスで日露講和会議が開かれた。定義は、同年七月に陸軍三等軍医正に任じられた。この戦功で勲四等瑞宝章、功五級金鵄勲章ならびに年金三〇〇円と旭日小綬章が授与された。

帰還した定義は、前年に東北地方を襲った凶作の惨状を知った。定義は日本赤十字社に救恤金を寄付し、賞状と木杯が授与された。

新発田衛戍病院長に就任

明治四〇年(一九〇七)一〇月に第二師団の再編制によって、大きな人事異動があった。定義は、明治四〇年一一月一三日付で歩兵第十六連隊付兼新発田《しばた》衛戍病院長に就任し、新潟県新発田町(新発田市)に赴任することになった。

新発田衛戍病院の前身は、明治六年、新発田に第二師団の一部が駐屯した際、兵舎の中に置かれた重病室である。明治二一年五月一二日の衛戍条例の公布によって、この重病室が新発田衛戍病院になった。その場所は新発田城の二の丸にあった。その後、日清戦争、新発田大火、日露戦争があり、病院は組織と名称を変えて、明治三八年一二月二四日に再び新発田衛戍病院の名称になった。

絵葉書のなかの坂定義

定義は新発田衛戍病院の第一四代院長として、明治四〇年一一月から同四四年一一月まで四年間在任した。初代院長に次ぐ長期の在任期間であった。二〇年間に一三人の院長が交代している。病院長時代の定義について具体的な資料はない。しかし、定義が院長就任中に、新発田衛戍病院に関する絵葉書が発行されている。絵葉書の発行所と発行年は不明である。また、絵葉書が発行された目的も不詳である。絵葉書のなかに、定義を中央に配した「新発田衛戍病院　宇田薬剤官　阪病院長　伊藤軍医」のキャプションのある一枚がある(図19、柏崎市立図書館小竹コレクション絵葉

図19　絵葉書「新発田衛戍病院　宇田薬剤官　阪病院長　伊藤軍医」(柏崎市立図書館所蔵，小竹コレクション)
中央が坂定義

書二二四五)。キャプションの「阪」は誤字ではなく『新発田市豊栄市北蒲原郡医事衛生史』の院長名にも「阪」(ただし「阪安義」と誤記)とある。おそらく、定義は「阪」の文字を日常に使っていたのであろう。この絵葉書にある定義は、現存する写真の中で一番古い。写真は小さく不鮮明ではあるが、両肩が張り、左胸に勲章を六つ、手にサーベルを持ち、口ひげをたくわえ、頬は少しくぼみ、精悍な顔が見て取れる。

院長を退職する前後に陸軍二等軍医正に任じられた。陸軍軍医の階級は、上位から軍医総監、軍医監、一等軍医正、二等軍医正、三等軍医正、一等軍医、二等軍医、三等軍医である。定義の軍医としての歩みを振り返ると、日清戦争中に軍医となり従軍、帰還後は三年余の台湾任務、弘前では雪中行軍遭難者の救護を遂行し、日露戦争に従軍、その後、新発田衛戍病院長に就任すること四年、三〇歳から四六歳まで一七年間の重責を全うした軍医時代であった。

四章　最初の妻清水志げ

定義は生涯で二度結婚した。最初の妻清水志げ（しげ、繁子）は、明治一四年（一八八一）に東京市芝区で生まれた。定義より一五歳年下である。官吏であった父は、彼女が幼い時に亡くなった。経済的に豊かではなかったが、教育熱心な母によって育てられた。明治三四年三月、志げは女子高等師範学校（明治四一年に東京女子高等師範学校に改称）を卒業した。

弘前の女学校に赴任

志げは、明治三四年に弘前に新設された青森県立第一高等女学校（現在の青森県立弘前中央高等学校）に赴任する（図20）。青森県は第二高等女学校を八戸に、第三高等女学校を青森に設置した。

『八十年史―青森県立弘前中央高等学校』には、「（清水志げは）赴任後間もなく軍医夫人となったが、清水から阪への改姓時期は確認できない」とある。「赴任後間もなく」結婚したのであれば、定義としげは東京で巡り会い、結婚のために、彼女は定義の任地である弘前を自分の勤務地に選んだのであろう。定義は二年前の明治三二年に弘前に着任していた。

開校式に先立って、明治三四年四月八日に最初の入学式が挙行された。初代校長近藤良蔵が定めた校訓は、「心は誠なるべし」「行は篤敬なるべし」「言は明晰なるべし」の三つであった。「言は明晰なるべし」については、発音は正しく、談話は明瞭、講読は晴朗と具体的に示している。開校時の教員の大多数は、県外出身者で占められていた。

「加計武志盧時代之記」

清水志げが赴任した当初は、校舎の工事が続行中で、開口部に戸がなく、代わりに藁で編んだ莚を掛けていた部分もあった。そのような校舎を回想し、「掛け莚」に「加計武志盧《かけむしろ》」の漢字を充て「加計武志盧時代之記」と題する志げの文章が『八十年史』に掲載されている。

明治の三十あまり四とせの四月のはじめかた、花の都をあとにして尋ね来りし学び屋は（中略）青森の一の教への屋にぞありける（中略）。ただ奇しくも妙なるは、何処《どこ》の家に、学び屋に、なくて叶はぬ川屋（ママ）だにいまだ見えねば、何処ぞと尋ぬる程に、かの翁（書記伊東謙之助カ）先に立ちてぞ案内しぬ。とみればそびゆる栗の下、二尺四方か三尺か、今はおぼろになりぬれど、丸木の柱四方に立ち、藁のむしろかゝりけり。世にいふ何も後学のためと、おもむろにむしろを推やれば、その中はたゞ一面の草原にて、よめな、たんぽぽ、つくづくし、おのがむきむき生ひ出でて、花咲き匂ひ美しくとさゝやかなる花圃なるに（後略）

『八十年史』は「これによれば清水（阪）しげが赴任した時点（辞令は四月四日付）では便所がなかったことになる」などと述べた後に、「清水（阪）しげの文は、文飾もあろうが、開校時の状況をいかにも大らかに描写した回想文といえよう。東京出身で、女子高等師範学校を卒業したばかりの二一歳の女子教員の驚きを眼のあたりにみるようなエピソードである」と続け、さらには「阪しげは（開校当初から四二年二月まで在職）開校紀念の歌をはじめ、多くの歌詞を作詞し、若さと美貌をもって活躍した。本校明治期の国語教師として逸することができない存在であった」と記す。

「加計武志盧時代之記」という重々しい表題に裏切られるような内容と軽妙な文体に、志げの自由闊達な人柄が感じられる。

図20　女学校教師時代の清水（坂）志げ（『八十年史―青森県立弘前中央高等学校』）

刻苦勉励の人生を歩んできた定義が、志げの才気煥発で明朗な美しさに、新鮮な驚きと好意を寄せたことは容易に想像できる。

「開校紀念の歌」を作詞

開校式は、明治三四年（一九〇一）六月一日に盛大に挙行された。来賓は第八師団長、第三十一連隊長、弘前憲兵隊長などの「軍都弘前」を代表する軍関係者、青森県知事、貴族院議員、衆議院議員、視学官、県議、郡長、市長、市議、青森県師範学校長等の多数の来賓が参列した。地元新聞『東奥日報』（一九〇一年六月四日）は開校式を大きく報道した。式の最後に「開校紀念の歌」が披露された。この歌の作詞者は清水志げである。作曲者「好楽子」は「教員に違いないが実名を特定することはできない」と『八十年史』にある。

「開校紀念の歌」

我が学び屋の　うごきなき
かたき基を　定めてし
其の日より　はや一とせの
月日も早く　すぎの戸を
開け行く世の　一しほに
学びの庭の　さかえゆく
めでたき今日の　まどいをば
人々祝へ　もろともに

この「開校紀念の歌」は好評で、創立十周年記念式（明治四三年）にも歌われた。さらに、同校保存の『校友会誌』第一号（一九〇四年一二月）に掲載されている「開校紀念の歌」の歌詞には、「一とせの」を「はたとせ」、「すぎの戸を」を「めぐりきて」と朱書きがあり、創立二十周年式典（大正九年）に一部歌詞を変えて歌ったと思われる、と『八十年史』にある。志げが退職後も、「開校紀念の歌」は歌い継がれた。

志げは、明治三五年四月一日付で舎監兼務となり、裁縫教師の小山内とし、佐藤澄と共に寄宿舎生を指導監督することになった。

神近イチと石坂洋次郎

青森県立第一高等女学校は、明治四二年（一九〇九）に青森県立弘前高等女学校に改称された。大正期には、著名な二人が在職している。後に女性運動家になる神近《かみちか》イチ（市子）は、大正二年（一九一三）四月から同校に勤務した。神近イチの印象を卒業生は「空を見上げるようにして頭を少し傾けて歩き、笑い顔を見せることはほとんどなく、生徒には怖い存在で、ただ畏敬のみであった」と語っている（『八十年史』）。校長永井直好は、神近が青鞜社に加入していることを理由に辞職するように主張し、彼女は半年足らずで退職している。その三年後、大正五年一一月九日に、神近が伊藤野枝《いとうのえ》との三角関係からアナーキスト大杉栄《おおすぎさかえ》を短刀で刺した、神奈川県葉山の日蔭茶屋事件が起きた。

また、『青い山脈』『若い人』などの作品で知られる小説家石坂洋次郎は、大正一四年七月から翌年九月まで、同校の国語と英語の教師であった。志げは明治四二年に退職しているので、神近や石坂と一緒に勤務することはなかった。

志げの単身赴任

志げは、在職七年目の明治四一年（一九〇八）三月八日から学校を休職した。夫定義は、前年一一月から新発田衛戍病院長として、新潟県新発田町に赴任していた。新発田町で夫婦一緒に暮らすための休職かと思われるが、その理由は特定できない。というのは、志げが学校を退職するのは、休職の翌年の明治四二年二月一三日で、その三日後には宮城県師範学校女子部に採用が正式に決まっているからである。さらに、同年二月五日付で宮城県師範学校長が宮城県知事寺田《てらだ》祐之《すけゆき》に提出した公文書によると、「阪しげ」はすでに宮城県伊具郡角田女子実業学校に内定しているが、伊具郡長の承諾を得て、本校教諭に採用したい、とある。志げは、新発田町およびその近隣では教員として働く場所がなかったので、早々に宮城県の教員採用に向けて動いていたと推察できる。

志げ（二九歳）は、明治四二年四月から仙台で勤務することを決め、「妻の単身赴任」を選択した。夫定義（四四歳）の新発田衛戍病院長の任務は明治四四年一一月まであり、その後二年数ヵ月続いた。明治末に「妻の単身赴任」を容認する夫、それを選択する妻という新しい結婚の形態があった。

宮城県師範学校女子部に勤務

志げは、明治四二年（一九〇九）四月二日付で宮城県師範学校女子部の教諭と舎監を兼任することになった。大正二年（一九一三）四月に女子部が独立して、仙台市中島丁に宮城県女子師範学校が開校した。志げは引続き任用され、月俸は三六円であった。

定義は新発田衛戍病院長を退任後、明治四五年五月に私立塩釜病院を開院し、その年一〇月から病院の建設を始めている。病院建設と診療で多忙を極めていた時期に、妻志げが教員として働くことを、当時では初老の年齢にあった定義が積極的に認めていたのか、黙認したのか、それとも、志げ自身が定義の反対を押し切っても働くことを優先したのか、いずれかはわからない。

志げが師範学校に勤務していた時期は、明治四四年九月に平塚らいてうが『青鞜』を創刊し、『中央公論』（一九一三年一月号）に発表した論考をめぐり、「新しい女」に関する論議が活発になった時代であった。

志げが、宮城県女子師範学校に在職中の大正三年に、宮城県師範学校女子部の卒業生が中心になり女教員研究会が発足した。女教員研究会は公開授業や研究発表会を自主的に行い、その活動は他県からも注目された。師範学校の教師として志げは、能力を思う存分に発揮したことであろう。

Ⅵ　地域医療・福祉に尽くした定義の後半生

一章　私立塩釜病院の開院と地域医療活動

故郷仙台へ戻る

明治四四年（一九一一）の一一月、新発田衛戍病院《しばたえいじゅ》の院長を退任した坂定義《さかさだよし》は一三年ぶりに仙台に戻った。駅前には広場ができ、その道沿いには、旅館が立ち並んでいた。駅から近い空堀町《からほり》（仙台市青葉区花京院）に住まいを定めた。弘前で結婚した妻志げは、すでに二年前の明治四二年四月から宮城県師範学校女子部に勤務し、仙台での暮らしを始めていた。当時の女子部の校舎は男子部と同じ敷地の外記丁《げきちょう》（仙台市青葉区本町）にあった。自宅のある空堀町は仙台駅にも妻の職場にも徒歩圏内にあった。女子部が女子師範学校になり、校舎が中島丁（仙台市青葉区八幡）に移転するのは、大正二年（一九一三）である。定義が仙台での暮らしを始めた頃、兄琢治《たくじ》は仙台市東二番丁の広い敷地のなかに、医院、宮城授産場、幼稚園を開設していた。

「医者屋にならず」

定義は病院開業の地を宮城県塩竈町に決めた。塩竈町は、坂家が不遇時代を過ごした大代村《おおしろ》近辺では最も繁華な町である。しかし、これまで定義自身は大代村にも塩竈町にも住んだことがなかった。開業の第一歩は、海産物問屋の二階に借りた仮診療所から始まった。看護師は置かずに、ほとんど往診であった。塩竈へは仙台から汽車で通った。診療は各科に及び、産科・婦人科に定評があり、患者はすぐに増え、手狭になり塩竈町舟戸に診療所を移した。

ところが、新参医師の盛業は地元の医師から快く思われなかった。医師の村主巌《むらぬしいわお》が、定義の二人目の妻浜田しのぶから聞いたところによると、地元の医師たちの集まりがあった夜更けの帰り道に、見知らぬ数人の暴漢から闇討ちを受け、事情をさぐってみると、盛業を妬んだ医師仲間の嫌がらせとわかった。憤然として、新しい病院は同じ塩竈町でもわざと辺鄙な地を選び、「医者屋にならず」の決意のもとに開業した。「医者屋にならず」は「定義先生の医師としての心意気を語る言葉」(宮城厚生協会坂総合病院編『医者屋にならず』)として、坂病院の医師に代々伝えられてきた言葉である。

大正三年(一九一四)に私立塩釜病院の本館が、宮城県塩竈町赤浜五二番地(宮城県塩竈市錦町)に完成した。明治四五年(一九一二)に塩竈町に電灯がともされ、大正になると町民念願の上下水道がゆきわたった。私立塩釜病院は電気と水道を完備した最新設備の病院であった。定義は病院建設に当時の金額で二万円を借金し、返済に五年を要した。

私立塩釜病院設立の「紀念之碑」

定義が新発田衛戍病院長を退任したのは明治四四年一一月である。私立塩釜病院の建設にあたり、二つの疑問が従来から指摘されてきた。一つは、定義が塩竈に来てから病院着工まで一年弱にもかかわらず、病院建設に二〇〇人近い地元住民から無償の協力を得ていることである。病院建設に向けて住民の総意を、短期間に結集できたのはなぜか。その疑問を「紀念之碑」を手がかりに考えてみよう(図21)。

坂総合病院の駐車場の入り口に「紀念之碑」がある。この碑文から病院の建物が大正元年(一九一二)一〇月二〇日に起工して、同三年六月二八日に竣工したことがわかる。この「紀念之碑」の表面左下には「紀念之碑　計営者建立」と刻まれている。「院長坂定義建立」とは刻まずに、「計営者建立」としたのは、なぜであろうか。「計営者」は「けいえいしゃ」と読めるが、いわゆる経済活動をする「経営者」ではないことは明らかである。「計営」とは「計画し行おうとすること」(『日本国語大辞典』)である。

病院事業を「計営」するのは、医師と患者の両者の協力と協同によって成り立つことを、この碑を建てることによって確認し、碑の裏面には病院の基礎を文字通り築いた「計営者」の名前や人数を刻んだのであろう。

図21　「紀念之碑」（宮城県塩竈市坂総合病院敷地内）

碑にある「土工人夫寄付」には一一八人の地域別人数が記されている。大代四八人　留ケ谷《とめがや》二六人　七ヶ浜一六人　利府一〇人、笠神八人、下馬七人、春日三人である。「建築諸材料寄付」の四五人については、地域別に実名が刻まれている。地域別人数のみを記すと大代一二人、笠神八人、下馬五人、利府二人、牛生《ぎゅう》一人、野中一人、要害一人、菖蒲田《しょうぶた》一人、八幡一人、留ケ谷一人、春日一人、神谷沢一人、仙台一人、塩竈九人のなかには、後年、定義と社会事業協会を設立する第七代塩竈町長の佐浦重次郎、老舗酒造店の佐浦もとの名前もある。また、この碑から病院建設に関わった大工棟梁のみならず大工二人、建具職一人、左官三人、石工二人、岩工一人、土工二人の名前も知ることができる。碑にある一七五人の協力者の他にも、碑に名前はないが、さらに多くの人々の援助や協力があったことであろう。

なぜ塩竈で開業したのか

退役した定義は、開業にあたり病院長として年齢、学歴、経歴のいずれにも不足はなく、仙台でも開業は可能であった。なぜ、塩竈で開業したのであろうか。「紀念之碑」から明らかなように、「土工人夫寄付」も「建築諸材料寄付」も大代地区の人々が最大で、両方を合わせて六〇人で、碑に刻まれた総人数一七五人の約三分の一に相当する。

大代村（明治二二年に宮城郡の大代村を含む一三ヵ村が合併して多賀城村になる）は、父英力《えいりき》が幼少期を過ごした地である。父の斬首後は、仙台城下を離れた祖母、母、兄琢治《たくじ》、姉コウが、大代村の農家の納屋に身を寄せた。定義は仙台で養父母と過ごしていたので、大代村で生活したことはない。大代村の人々は、英力が斬首されたことへの無念の思いがあったからこそ、「謀反人」の遺族となった坂家の人々に仮寓する場所を提供した。

大代の人々は、英力の遺児琢治が立派に成長し、仙台で医師として成功していることを伝え聞いて喜んだにちがいない。琢治が大代を懐かしく思い、昔の恩を忘れずに、いずれは病院ならずとも、せめて分院でも開いてくれることを、口には出さずとも期待していたであろう。琢治は情も恩義にも厚い人間である。しかし、琢治は宮城県志田郡鹿島台村に分院を開設したが、子ども時代を過ごした大代へ気持ちを向けることは、生涯に一度もなかった。琢治にとって大代村での極貧の日々は、村の子どもたちから理不尽にいじめられた暗い過去の記憶となって、澱《おり》のように心に沈んでいたと思われる。

一方、定義には大代村での辛い記憶がなかった。それゆえに、坂家と大代村との関係を客観的にみることができ、大代に近い塩竈町で開業することに迷いはなかったはずである。

病院開設への期待

塩竈町や周辺の村々で診療を始めると、人々は定義の的確な診断と治療、そして人柄にすぐに信頼をおくようになった。ほどなく「今度、定義先生が立派な病院を塩竈に建てるそうだ」という話は、瞬く間に村々にひろがった。大代の人々が、琢治に対して長年いだいていた潜在的な希望が、一気に実現可能な希望に転換された時、定義に対する期待と感謝は大きく増幅されたことであろう。大代の人々の「定義先生の役に立とう」という敬愛の気持ちが、近隣地域をも巻き込み、病院建設の力に結集するのに長い時間は必要なかったと思われる。

一般家庭に電話が普及していなかった時代に、人々はどのように往診の連絡をしたのであろうか。患者の家族は連絡に難儀したにちがいない。さらに、定義は仙台から通っていたので、急患でも深夜の往診は不可能であった。医師や「看護婦」が常住する病院の建設は、伝染病の脅威にたびたび晒されていた当時の人々にとって差し迫った要望であった。

私立塩釜病院の本館が完成した大正三年（一九一四）には、無医村であった利府村に坂病院利府診療所を白石次郎の自宅に設け、定期的に診療に赴いた。定義が不在の時には、医術開業試験の前期まで合格していた白石次郎に代診を委嘱した。

用地選定を助けられる

私立塩釜病院に関するもう一つの疑問は、病院の用地選定がきわめて速やかに進んだことである。定義が新発田衛戍病院を退任してから、半年後の「明治四十五年五月十七日、現住所ニ於テ私立塩釜病院設置」とある。

紀念之碑の裏面に一人だけ女性の名前がある佐浦もとは、江戸時代から続く塩竈の老舗佐浦酒造店の女主人である。病院の土地選定には、佐浦もとの全面的な力添えがあったと思われる。

定義を佐浦もとに紹介したのは、医師であり郷土史家である鈴木省三であろう。省三は『仙臺叢書』を刊行した郷土史家鈴木雨香《うこう》の名前で広く知られている。

彼の「年譜」に「独り身の自分を案じた佐浦もとから着物を恵まれた」とあるほど、鈴木省三と佐浦もとは懇意であり、もとは面倒見のよい女性であることがわかる。また、省三は琢治が授産場を開設した時の評議員の一人であり、坂家の事情についても理解していた。

鈴木省三は、嘉永六年（一八五三）に名取郡岩沼郷（宮城県岩沼市）で医師の鈴木玄説の長男として生まれた。明治六年（一八七三）に、前年に仙台に開院した共立社病院の薬局係になった。明治九年に東京医学校に入学、同一二年に同校薬学科を卒業した。同年八月に仙台に戻り、新設された宮城病院の薬局長に就任した。

省三は明治三〇年代には宮城県の衛生課長として伝染病の防疫にあたり、県内各地を奔走した。家庭内では妻が精神を患い、衛生課長を退職し、岩沼で開業するもさまざまな家庭の事情を抱えて、経済的に困窮し田畑を売却して娘たちの学費に充てた。省三は松島瑞巌寺《ずいがんじ》との縁もあり、大正時代には、数年間松島村で暮らした。定義と親しい交流があったのは、この頃であろう。省三にとって定義は、郷土史家鈴木雨香ではなく、医師鈴木省三として話ができる得難い友人であったと思われる。

宮城電鉄計画と佐浦もとの手腕

佐浦もとは、嘉永三年（一八五〇）に生まれ、定義より一七歳年上である。宮城県黒川郡富谷の内ケ崎家に嫁いだが夫が亡くなり、実家に戻った。病弱な弟から家督を譲られ、明治一二年（一八七九）に二九歳で佐浦家の当主になった。持前の商才を発揮して、火事で傾きかけていた家業を再興した。養女に婿を迎え、その後、養女夫婦と協議離縁し、彼女が三人の孫を育てた。もとが当主になるまでは、杜氏は酒を仕込む期間だけの出稼ぎであったが、彼女は杜氏を常住させ、酒の品質向上に努め酒造家として成功した。相撲番付に見立てた全国の酒造店の製造石数（明治二八年度）では、東の前頭二一番目に「佐浦もと　三〇三一石」とある（『河北新報』二〇二一年一二月一七日）。

宮城電気鉄道株式会社（宮城電鉄）の設立総会が開かれるのは、大正一一年（一九二二）九月九日である。設立総会で、社長に山本豊次（仙台市）が就任し、伊沢平左衛門（仙台市、貴族院議員、銀行家）、松良《まつら》善熙《よしひろ》（仙台市、銀行家、学校経営者）、大宮司《だいぐうじ》雅之輔《まさのすけ》（松島村）、西条芳三郎（石巻町）、遊佐寿助（塩竈町）の地元実業家の他に三名の東京在住者が取締役に就いた。

取締役の一人、大宮司雅之輔は建築家ブルーノ・タウトも宿泊した松島ホテルなどを経営する実業家で、松島の観光振興のために、明治末から松島軽便鉄道や松島電車に関与した。宮城県知事から松島公園経営協議委員に委嘱され、明治四三年二月一七日に「松島鉄道ニ関スル意見」を提出した。そのなかで、東北本線の松島駅が松島海岸から遠く離れているので、松島観光のためには海岸に接近した駅が必要であり、そのためには線路の変更もしくは支線が必要である、と述べている。また、明治四五年五月、塩竈商工会が中心になり、仙台と塩竈の間に黒煙を吐かない電鉄の敷設を計画し、仙台商業会議所と共に鉄道院に建議した。しかし、この電鉄建設計画は時期尚早として実現には至らなかった。

大宮司雅之輔は松島瑞巌寺の檀家総代であった。一方、佐浦家は代々仏教に深く帰依し、酒造りに不可欠の水に感謝の念を表すために、瑞巌寺に水利の便を与える水管の寄進を江戸時代から行ってきた。もと自身も先祖の寄進を継承し、瑞巌寺の水道管が漏水した時には、陶管から鉛管に換える経費を寄進している。瑞巌寺の裏庭には、もとの寿像が建てられ、傍らに鈴木省三の撰文で「瑞巌寺水道記」があるほど瑞巌寺とは縁が深かった。定義が病院用地を探していた時は、新しい路線や電鉄建設の計画が浮上していた時期であった。もとは、大宮司雅之輔からの情報で電鉄建設の実現に確信を持っていたにちがいない。

宮城電鉄の敷設計画が発表されると、一部町民から激しい反対運動が起きた。その時、「佐浦もとの取り成しによって辛うじて西塩釜まで起工する段取りができた」という(『塩竈市史』Ⅱ)。彼女がどのように動いたのか、具体的なことは不明であるが、住民との対立が一年も続き、この「取り成し」がなければ、宮城電鉄は塩竈町への乗り入れを断念しなければならぬ苦境にたっていた。この一件からも、佐浦もとは宮城電鉄の上層部と人脈があることがわかる。彼女はもとは塩竈町に佐浦家が所有していた湿地を開発して宅地を造営した。その地が現在の塩竈市佐浦町である。彼女は経営者として、塩竈町の土地と交通に関する質の高い情報と豊かな知見を持っていたことは確かである。

現在のJR仙石線の駅は仙台から石巻方面に向けて、始発駅から一二番目の駅は坂総合病院がすぐ目の前にある下《げ》馬《ば》駅、一三番目は佐浦町が駅前に拡がる西塩釜駅、一四番目が塩竈市の中心地である本塩釜駅である。西塩釜駅周辺は、地元の人々が佐浦山と呼ぶ土地で、佐浦もとが当主の時代には、池や芝生のある大きな別荘が建てられ、桜の季節にはお得意さんや近所の人々を集めて大宴会を催した場所である。この別荘の裏手には、文政年間に京都の伏見稲荷から分社された佐浦山伏見稲荷神社がある。現在そこは、西塩釜駅の裏手にあたる場所で、神社の境内には佐浦もとの記念碑がある。宮城電鉄の線路は佐浦山に敷設され、西塩釜駅が建てられた。宮城電鉄の線路を延長したい会社側、一方、塩竈町と家業の発展を願う佐浦もと、この両者の間に合意があったと考えられる。

宮城電鉄の工事は、関東大震災や電鉄の中核である高田商会の破産の影響で遅れて、仙台から本塩釜駅を通り松島海岸駅の線路が完成をみたのは、昭和二年（一九二七）四月である。病院用地は、明治末には狐狸が住む地価の安い土地であった。その土地を将来性のある土地であるので購入するように、定義に勧めたのは佐浦もとであると推察する。宮城電鉄の敷設が決まった時、彼女の政治力と的確な判断に、定義は驚異と尊敬の念を持ったことであろう。坂家には、宮城電鉄が下馬駅をつくる時に、定義が病院敷地の一部を提供したという話が残っている。自家用車が普及していない戦前には、病院が駅に近いことは、病院が発展する重要な要因であった。

「坂さん」の思い出

大正三年（一九一四）に、屋形造りといわれる和洋折衷の二階建ての病院本館が完成した（図22）。本館正面二階にバルコニーのある建物で、病院に続く道には丈の高い檜葉《ひば》の生垣が半円に植えられ、その先には檜葉の並木が本館の玄関構へと続いていた。

昭和初期、小学生の頃に病院に通った村主巌《むらぬしいわお》は次のように回想している。

「膝の病気で歩けなくなり、人力車に乗って「坂さん」に通ったことがある。その時の定義先生の、女性的とも言える程の静かな温容と、話し方のモードのやさしさをおぼえている」「地域住民と患者の慰安のために、農閑期になると岩手県花巻地方から南部鹿踊りの十名ほどの一団が「坂さん」の敷地で演舞を披露した。病院の医師や職員、患

図22　私立塩釜病院本館（1914年竣工，坂総合病院所蔵）

者は窓から顔を出し、地域の人々も「坂さん」主催の行事を楽しんだ」（坂猶興先生記念誌編纂委員会『平和、人権、医療を民衆とともに歩み求めた医師』）。

学校医としての活動

定義は塩釜病院での診療ばかりでなく、地域の学校医としての活動も行った。『塩竈市医師会史』によると、大正一一年（一九二二）から日本赤十字社宮城支部によって、県内の虚弱児童の体質改善と健康増進を目的に、夏季児童保養所が宮城県宮城郡七ヶ浜小学校を会場に開設された。期間は三週間、毎年の参加児童数は一四〇〜一五〇人程であった。松ヶ浜小学校の校医坂定義と多賀城小学校の校医松田与一郎が担当した。

公立学校に学校医が置かれるようになったのは、明治三一年（一八九八）からである。定義の履歴書によると、宮城県宮城郡の次の四校の校医を亡くなるまで委嘱されていた。大正四年から利府尋常高等小学校、同五年から笠神尋常高等小学校、亦楽《またらく》尋常高等小学校、松ヶ浜尋常小学校の校医になった。定義は校医の報酬をすべて学校に寄付し、それはオルガンなどの備品購入に充てられた。

履歴書によると、大正一五年六月一〇日に笠神尋常高等小学校の教育後援会名誉会員になっている。定義は実子に恵まれなかったが、子どもと接することに喜びを感じていたと思われる。

伝染病隔離病舎の医療

宮城県多賀城村では明治二七年（一八九四）に多賀城衛生組合を地区ごとに設置した。翌年には伝染病患者のために、避《ひ》病院を六つの寺院に置くことになった。笠神・下馬・大代地区の避病院は、晩年の定義が、その境内に報恩文武道場を建てることになる西園寺《さいえんじ》に置かれた。避病院の名前はあるが、寺の離れなどが仮収容所にあてられた。

明治三〇年四月に伝染病予防法が公布された。それ以前にも衛生組合は組織されていたが、同法の公布によって、法的に整備された組織になった。塩竈町では明治二八年にコレラが流行した時に、すでに組織されていた八つの衛生組合が防疫に努めた。財政基盤の弱い町村では衛生組合は有志による出資で維持された。衛生組合は学校区で組織される場合もあるが、塩竈町では町内会が単位になっていた。伝染病の防疫は全戸もれなく実施することが必要である。そのためには全戸加入組織である町内会の協力が不可欠であった。

大正一一年に多賀城村と五ヵ村（七ヶ浜村・高砂村・利府村・浦戸村・岩切村）が「宮城郡多賀城村外五ヶ村伝染病隔離病舎組合規約」を制定した。同組合は私立塩釜病院の隣地に伝染病隔離病舎を建設し、その医療を私立塩釜病院に委託した（『多賀城市史』第2巻）。

コレラ予防医療

塩竈町は港町であるので、町内の防疫体制をどんなに厳重にしても、寄港した漁船から伝染病が入る危険に晒されていた。実際、次のような出来事があった。大正一一年七月に千葉県でコレラが発生し、その流行は太平洋沿岸を北上し、岩手県さらに青森県に拡大した。コレラが流行していた岩手県宮古港を一〇月九日に出発して一一日に塩釜港に入った船から、千葉県の漁夫が上陸した。彼は町内の旅館で体調不良となり、検査医によってコレラの疑いがありと診断された。ただちに定義が診て真症コレラと診断した。翌日、患者は死亡した。この時は町当局、町内会、町民、医師が一丸となって防御に努めた。その結果、コレラ患者は一名にとどまり、宮城県は同年一一月一五日にコレラ終息を告示した。塩竈町は、この時の定義の適切な医療および衛生処置に感謝して、同年一二月二八日に「千葉県下コレラ流行時の感染者一名塩竈町において発病したる際、収容加療の功に依り賞状及び記念品」を授与した。

塩竈町は大正一一年一〇月三〇日に全町あげての学制公布満五十年記念式典を計画し、町の教育功労者を表彰する予定であった。学制公布は明治五年（一八七二）八月三日である。式典開催日の一〇月三〇日は、教育勅語が明治二三年一〇月三〇日に発布されたことにちなんでいた。塩竈町は前述のコレラの一件で式典を延期した。しかし、隣村の多賀城村では予定通りに式典が実施され、定義は「多賀城村教育発展の功に依り学制発布五十年記念に賞状及硯箱」が授与された。

大正一二年にも塩竈町でコレラが発生して、定義は予防治療に忙しく働いた。翌年、四月一一日に「塩竈町臨時種痘実施に当たり、経費財政上、進んで接種の刀を執り短日裡に予定の目的に達成の功」により銀花瓶を、同年一〇月四日には連合隔離病舎に関わる功績に対して賞状と置時計が授与された。隔離病舎の患者は、大正一四年一七人、翌年は二八人であった。

定義が伝染病医療に率先して取り組んだのはなぜか。塩竈町で診療を始めた時、すでに開業している医師から常軌を逸する嫌がらせがあった。塩竈町で診療を続けるためには、一般の医師と同じ医療を行うのではなく、同業の医師たちに感謝されるような、一目置かれるような医療実践をしなければならないと決心したのであろう。

看護師の墓

定義は軍医時代に台湾で任務に就き、その時、台湾の淡水地方でペストが流行し、その調査に赴いている。定義には、戦地の不十分な医療環境のなかで、伝染病患者の治療と防疫に奮闘した経験があった。それゆえ、平時に伝染病患者を診ることに自信があったのかもしれない。しかし、定義が伝染病患者を受け入れた結果、三名の看護師が犠牲になった。定義はこの痛恨の出来事を終生忘れることができなかった。

仙台市青葉区の日浄寺《にちじょうじ》に坂家歴代の墓がある。その一隅に、看護師三名の名前が刻まれた墓石がある。墓石の裏には「中島春子　大正九年四月二日没ス、菅原咲子　大正十五年一月五日没ス二十歳、松高藤子　昭和二年三月十九日没ス二十一歳」とある。

医師会での活動

大正八年（一九一九）四月に医師法が改正され、郡市区医師会および都道府県医師会が勅令によって強制設立になった。法令改正によって、公私立の医療機関に勤務するすべての医師に、加入が義務づけられた。宮城県宮城郡では、大正九年三月二六日に第一回宮城郡医師会臨時総会が開かれた。役員選挙の結果、会長大竹国司、副会長相沢末吉、理事に氏家時介・七浦理兵衛、評議員に坂定義他九名が選出された。医業報酬に関する規定を審議した結果、自宅診察料は一円以上、往診料は一里以内一円、一里増すごとに三円以上、死亡診断書料金一円、体格検査料一円五〇銭、眼鏡選定料一円と決めた。以上のような規定はあったが、坂総合病院村口至名誉院長は「定義先生は貧しい家では往診料を求めず、逆に座布団の下に小銭を置いてきた、という話を往診先のご老人から、私が若い頃、直接耳にしました」と語っている。

昭和四年（一九二九）一〇月二五日、定義は第三代宮城郡医師会長に選出され、同八年一〇月二二日に退任するまで四年間会長を務めた。宮城県医師会代議員を大正一四年一一月七日から昭和二年一〇月二三日まで委嘱された。宮城県医師会は、各市郡医師会から会員一五人につき一人の割合で選出された代議員から構成されていた。

二章　離婚、新しい家族

離婚、志げのその後

公文書によると、志げは大正六年（一九一七）四月四日付で宮城県女子師範学校を退職し、その二年後、同八年に協議離婚している。定義と志げとの間に、どのような確執があったのかは想像の域を出ないが、定義五四歳、志げ三九歳であった。

志げは、定義とは離婚したが、坂家との関係は続いていた。志げの実妹千代は軍人の妻になり、幼児を残して病没した。定義の兄琢治の長女あいが、琢治の勧めで千代の夫の後添いになった。当時、あいは仙台高等女学校（現在の仙台白百合学園高等学校）の教員であった。この縁組は、志げにとっては願ってもない良い縁組で、あいは東京女子高等師範学校を卒業し、志げとは同窓であった。

大正一三年に琢治が死去した時に、当時「福岡」に住んでいた志げから、弔意をあらわす手紙が坂家に届いた。手紙には清水繁子とある。手紙の最後に「義妹たりし繁子微力なれども清水家を再興し、養嗣子祖先の志を継ぎて幼年学校生徒たり」と近況を短く記している。定義と離婚したので、琢治とは「義妹」の関係は解消されている。しかし、琢治への恩義の気持ちを「義妹」という言葉で表し、琢治を偲んだのであろう。

福岡県女子師範学校の教師時代

坂家の資料のなかで、離婚後の志げについて記すものは「坂琢治伝」にある前述の手紙の写しのみである。その中にある「福岡」を手がかりに調べて、次のことが明らかになった。

志げは、福岡県女子師範学校に大正九年（一九二〇）九月四日から勤務している。志げが着任した時の福岡県女子師範学校の校長は長瀬伊一郎で、彼の前任校は宮城県師範学校である。長瀬との縁で、仙台から遠く離れた福岡に赴任したのであろう。

福岡県女子師範学校の同窓会誌『済美』（第二二号、一九三二年）は、志げの瑞宝章受章を祝う特集号になっている。同誌には、志げの随筆が掲載され、その当時の彼女の家族を示唆する文章がある。昭和七年（一九三二）四月一三日に東伏見宮妃を迎えて愛国婦人会総会があった時に「吾が夫傷痍軍人総代として御下賜金拝受」「御座所に、隻脚の為万一、粗忽等ありてはと杖となりて従ひ侍りし」とあり、その翌日には、東伏見宮妃に「御前授業」を行った、とある。また、志げは漢詩や短歌を誌上に発表し、七言絶句「祝龍山野砲隊凱旋」に続き、「同隊少尉次男清水忠秀に贈る」と詞書をつけて「たらちねの心をつきて大君の　御盾となれる　あ子そ幸なる」と戦死した息子を詠んでいる。以上のことから推察して、志げは軍人（氏名不詳）と再婚し、夫の次男忠秀と養子縁組をして清水姓を継がせ、その息子が前述の坂家宛の手紙にある幼年学校に入学した「養嗣子」と思われる。もちろん、志げは、坂家の手紙の中では、再婚には触れていない。

同誌には教え子の作文が掲載され、志げの身辺の急変を知ることができる。

校門前なる清水先生御旧宅の貸家札を見て

三年　宇野サトル

冷たくもかしやの札のはられたる　主なき家の影ぞさみしき

かしや　と、冷たく閉ざされた扉に此の札を見ました時、私はどきっとして思わず立止まりました。何時《いつ》もなら、いっぱいに開かれた大門の中庭から、赤、白、黄、紫とりどりの四季に絶えなかった草花が見えましたのに。

ポチも竹林の離れ座敷も見る事は出来ませんでした。その日は、楽しい四十日間を田舎で過ごして、先生やお友達にお会いする事の出来ます嬉しさで、校門を通り過ぎ様としました帰舎の日の第一日で御座いました。雨の日も風の日も、大きな本包と手づから培かわれた可愛い草花とを手にされました慈母の様な懐かしさをおぼえます。先生は、毎朝此の家からご通勤なさいましたのに。私等は先生のお荷物を持って、お玄関迄お送りしました時、愛犬ポチとチビは一番に尾を振って飛んで来ました。草花も小鳥も七面鳥も鳩もみんなお優しい先生のお帰りを喜ぶかの様でしたのに（中略）もう一度覗く様にして見ましたが（中略）唯四五羽の宿の主を失った鳩が、夕日を受けて白く輝いているばかり。いつしか私の顔には、あつい涙が伝わるのをどうする事も出来ませんでした。

生徒の作文から、志げの自宅は学校のすぐ近くにあり、大きな門をくぐると四季の花々が咲く手入れの行き届いた庭が広がり、庭の一隅には鳩や七面鳥を飼育する鳥小屋があり、敷地の奥の竹林には離れがある立派な邸宅であることがわかる。

同誌には、編集者が前掲の生徒の作文を印刷前に清水志げに見せたところ、彼女から返歌が届いたので掲載する、とある。

返歌　　　　　　　　　　　　　　　　清水志げ

なに事も世の宿世そと思ふかな　昨日にかはるけふの身の上
学ひ屋に住はさりせばいかはかり　なれし軒端のこひしかるらむ

志げは、昭和七年四月に御前授業の栄に浴し、その年の夏休みの間に、この邸宅から引っ越している。生徒から「慈母」「明鏡」と敬愛された志げの身辺にどのような急変があったのか、「昨日にかはるけふの身の上」とは具体的にどのようなことであろうか。翌年、福岡県女子師範学校を退職した。彼女は五三歳であった。これ以降の、清水志げの消息は不明である。

図23　坂定義，浜田しのぶ，正夫（坂総合病院所蔵）
前列左より浜田正夫，しのぶ，定義

浜田しのぶとの再婚

養子の素《そ》行《こう》（琢治の次男）が急逝した時、定義は最初の妻志げと離婚して独り身であった。定義を心配する周囲の勧めもあって、大正一二年（一九二三）一〇月に男児を連れた浜田しのぶと結婚した（図23）。実子の誕生を望んだ定義は、出産経験のある女性を再婚相手に選んだと、坂家に伝わっている。

一九歳の浜田善雄は、昭和二年（一九二七）に叔母しのぶに請われて私立塩釜病院に勤めた。その後、資格を取得して診療放射線技師として定義を支えた。青年時代に定義一家と一緒に暮らしたことがあり、叔母しのぶの様子を次のように伝えている。

> 院長夫人の叔母も、モンペ前掛け姿で病院の職員や患者の食事の世話に明け暮れる毎日であった。定義先生が出かける時は、「いってらっしゃい」と看護婦はじめ全職員が手をついて送り出した。定義先生が帰って来た時は、

叔母が「先生のお帰りー」と言えば、皆、玄関に出て、手をついて「お帰りなさい」と頭を下げ、すぐには頭を上げることはできなかった。（一九九三年八月一二日「浜田先生宅訪問メモ」）

最初の妻志げは、夫を任地に残し、自ら単身赴任をして、仕事を優先する女性であった。定義はそれを容認する進歩的な夫として評価できるかもしれない。他方、二度目の結婚では、妻は炊事婦のように病院内で働き、夫が外出と帰宅の際には平伏して送迎している。そのようなことを、定義が二人目の妻に強いたとは考えられないが、最初の妻とは全く異なる対応の仕方である。妻の意思に任せるのが、定義の結婚観かもしれない。再婚した時には、定義はすでに五八歳になっていた。病院長として、地域の重鎮として、多忙な日々を過ごしていた。定義が家庭に求めたものは、ゆったりとした穏やかな時間であったであろう。

晩年のしのぶについて、村主巌の随筆がある。

昭和四四年〜四五年、塩釜市医師会史をつくるにあたり、坂さんの一隅にある小さなお住いに奥様をお訪ねしてのこと。八〇歳をとうに越えられ、深いお顔の皺が活発な表情をなさる都度伸び動き、問いかけには素早い反応がかえってきた。記憶はかなり確かでいらした。伊達藩の御大家の育ちだけあって、古い仙台言葉には落ち着きのある奥ゆかしい敬語が多く、方言のもつ独特の品格があって、自ずと耳を傾かせるものがあった。（坂猶興先生記念誌編纂委員会『平和、人権、医療を民衆とともに歩み求めた医師』）

定義の「息子」浜田正夫

浜田正夫は明治四四年（一九一一）に生まれ、母が再婚した時は一三歳であった。孫ほど年の離れた息子の父親になった定義が、息子へ向ける期待とすれ違いを、浜田善雄は、次のように回想している。

私が坂病院に入った頃、私の体が猫背で顔色も悪くやせているのを心配された定義先生は、私に弓術を勧められました。その頃、叔母しのぶの連れ子である、私よりも四歳下の従弟のM君がいました。M君は後に釜石精神病院院長となる人ですが、まだ中学生でした。Mもきゃしゃな身で共に弓術で体を鍛えるように言われました。二人は屋敷の北側に建つ八畳と四畳半の離家に住むことになりました。間もなく定義先生は、本館の西裏に弓道道場を建てられ、弓道会の人々を招き盛大な道場開きが行われました。その後、私もMも弓道は身につきませんでした。（坂総合病院「友の会だより」第一〇一号）

定義はしのぶとの間にも、子どもは恵まれなかった。正夫と養子縁組はなされず、正夫は生涯を通じて浜田姓であった。正夫が坂姓にならなかったのは、しのぶの意向なのか、それとも定義が自分の跡継ぎに坂家の血脈を重視したことが理由なのか、不詳である。

正夫は昭和一四年（一九三九）に岩手医科専門学校を卒業した。戦後は昭和二六年から岩手県立釜石大成病院に勤務した。その後、釜石精神病院（現在の医療法人財団仁医会釜石厚生病院）に、昭和三三年の開院から勤務し、同三九年八月に二代目院長に就任し、現職中の同五九年九月二日に死去した。

血脈のない「父」と「息子」が、生前にどのように心をかわしていたのか、一通の手紙も残されていない。しかし、定義と正夫の繋がりがみえる証がある。正夫が亡くなった翌日、『岩手日報』に小さな死亡記事が載った。その最後の一行に「学校医を長年務めた」とある。

三章　地域社会の課題に取り組む——さまざまな奉仕活動・塩釜町社会事業協会——

奉仕委員に選任される

私立塩釜病院を開院すると、定義は患者が住む地域にも心を寄せた。大正四年（一九一五）に多賀城村の大代地区で、新しく橋を架けかえる時には寄付を行った。多賀城村の役場職員が、村内を徒歩で移動していることを知ると、自転車を寄付した。役場の庭が荒れているのに気づくと、整備のための費用を寄付するなど、身近なところから手を差し伸べた。

その社会活動は公的な役職にも及び、多忙をいとわず引き受けている。宮城県宮城郡医師会長の要職にあった昭和七年（一九三二）三月に塩竈町奉仕委員に選任されている。

宮城県は大正一四年に宮城県奉仕委員規程を定め、貧困家庭の調査と救済を民間人に委託する奉仕委員制度をもうけた。

奉仕委員の選出方法は、推薦者が県に提出する書類審査による。昭和七年一月二八日に塩竈町長今村治三郎は宮城県知事三邊長治《みなべちょうじ》に、坂定義に関する次のような推薦状を提出した。

塩竈町赤浜五二
坂　定義
慶応二年二月四日生

一職業　人物　性行　医師にして信望篤く人物性行共に良

二資産の大体　　　住宅一棟　病院三棟　時価壱万円余
　　　　　　　　　外不動産、動産併せて弐拾万円余
三適任と認める理由　人物性行及現職等を考査するに適任者と認らる
四其他参考となるべき事項　なし

塩竈町では、定義と同時期に奉仕委員に推薦されたのは五人であった。その一人は、某疑獄事件に関わっていたことを理由に不適格者となった。さらに、任命された四人のうち一人は「不要救護者を使嗾《しそう》して救護を強要せしめた」などの理由で、委員として不適格とみなされ任を解かれた。結局、昭和七年の奉仕委員は、定義と牧師の門間清治郎と元小学校長の佐藤民助の三人となり、任期は二年であった。「奉仕委員職務概目」によると児童保護、防貧救貧、衛生、教化、戸籍整理の仕事があった。宮城県では年額二〇円程度の支給はあったが、これは「職務執行に要する費用」とされ、実質的には無償であった。

昭和七年に定義が奉仕委員に選任された時、宮城県内では一八七人が奉仕委員に委嘱されていた。昭和八年の三陸大津波、その翌年に東北地方を襲った冷害による大凶作の時には、奉仕委員も救援活動に関わった。

方面委員を委嘱される

大正七年（一九一八）に大阪府で、篤志家から選ばれ貧困者を救援する方面委員が創設され、昭和一一年（一九三六）に方面委員令によって制度化された。戦後は、昭和二一年に方面委員制度が廃止になり、新制度の民生委員になった。方面委員は府県で任命され、宮城県では奉仕委員に代わって方面委員が改めて選出された。昭和一一年、定義は任期四年の方面委員を委嘱された。その選任方法は、最初に市町村長が推薦者を選び、被推薦者本人が作成した「履歴書」と市町村長の「推薦状」を県学務部に提出し、方面委員銓衡《せんこう》委員会が審査した。銓衡委員会は委員長の県学務部長、社会課長、地方課長、警務課長、人事課長、特別高等警察課長、方面委員連盟会長によって構成された。

宮城県の方面委員は、昭和一一年七月二日現在で、二市三七町一一四村で委嘱され、委員数は五〇四人であった。宮城県の方面委員候補者の職業を分析した研究によると、昭和一一年時点で候補者の職業の上位二つが「住職」「農業」であった。「地主であれば小作人、住職であれば檀家が貧困に陥った場合に、公的な制度を用いて彼らを救済する権利を獲得することができた」「彼らにとって、小作人や檀家との長期的な契約関係を維持する」ためには方面委員という立場は有効であったことが指摘されている（小笠原浩太「戦間期宮城県における方面委員の特性」）。定義が方面委員に委嘱された時、医師が方面委員になるのは大変稀で、宮城県内では唯一の医師の委員であった。

町政の調停役となる

塩竈町では、大正一一年（一九二二）一〇月八日に第四代町長の菊地忠吉が辞任後、町長選出が難航した。県当局の斡旋があり、佐藤静治が町長に就任したのは翌大正一二年七月二一日である。

佐藤静治は新潟県出身で、森正隆が新潟県知事の時、その能力が認められ、森が宮城県知事に就任すると、佐藤も宮城県へ転任した。佐藤は玉造・刈田・栗原の各郡長を務めた後、塩竈町長に就任した。佐藤は町長として手腕を発揮したが、大正一四年にたまたま佐藤町長が遊興していた町内の貸座敷から怪火事件が起きた。かねてより、佐藤町政に不満を持っていた町民たちは町民大会を開き、佐藤町長弾劾運動を展開した。佐藤町長は辞表提出に追い込まれた。この時、「町長辞任を穏便に取り計らう手段に腐心し、坂定義らの調停委員が大会派委員と交渉した」とある（『塩竈市史』Ⅱ）。定義が町政の紛糾に際して、調停役を果たしていた。

大正デモクラシー思潮と「自治研究会」

宮城県塩竈町では、佐藤静治町長が辞任した後、町長不在の時期があった。その時の『河北新報』（一九二五年一一月一〇日）の記事のなかに、自治研究会の会長として坂定義の名前がある。記事の見出しには「三度が三度　町長選挙お流れ　呆れ返った塩釜町会　全く混沌状態に還元」とあり、記事は次の通りである。

過般東宮殿下が金華山に行啓遊ばさるる事となり、其御道筋に当る塩釜町にて、町長欠員のままにては、総ての点において不都合を見るといふので、急遽町長を選挙すべく去月十九日の銓衡委員会にて、候補者として今村治三郎氏を推し（中略）一方、自治研究会にては、会長坂定義氏を町長候補者に推薦したが、銓衡委員間に於て今村氏を候補者に推した事情に鑑み、候補者たることを辞退し

『河北新報』にある自治研究会については全く資料がなく、詳細は不明である。定義が塩竈町で医師を務めていた時期は、明治四五年（一九一二）から昭和一二年（一九三七）までの大正デモクラシーの時期を挟む約二五年間である。定義の活動も時代の思潮と無縁ではないであろう。

大正七年（一九一八）の米騒動後、労働運動や農民運動の高まりのなかで、普通選挙運動が活発になった。そのような社会情勢のなかで、大正一四年三月二九日に衆議院議員選挙法が改正され、男子の普通選挙が実現した。これによって、市町村および府県の選挙においても男子の普通選挙が採用された。

宮城県では、普通選挙が実現する前は、有権者は肥沃な仙台平野が広がる農業地域の町村に多かった。しかし、普通選挙の実現によって、有権者数は人口の多い町村が当然ながら多くなり、塩竈町では有権者は二一五人から二八五九人（一三・三倍）に増えた（『塩竈市史』Ⅱ）。定義が会長を務めた自治研究会は、そのような当時の時勢のなかで政治参加への関心が高まり、有志によって組織された私的な研究会と思われる。そのためか、定義の履歴書には自治研究会の会長就任については記載がない。

塩釜町社会事業協会設立の趣意書

晩年、定義が関わった社会活動の一つに塩釜町社会事業協会がある。大正一四年（一九二五）に宮城県社会事業協会、昭和三年（一九二八）に仙台市社会事業協会が設立された。塩竈町では、昭和七年一二月二一日に、坂定義他二名の宮城県奉仕委員の連名で「塩釜町社会事業協会設立趣意書」が作成された。趣意書によると、塩竈町の四千五百

余戸のうち、少なくとも一割二分は「カード階級」であった。「カード階級」とは、調査カードに登録された救済を必要とする貧困者のことである。さらに趣意書は、塩竈町全世帯の七割が職工労働者で、彼らの生活が向上すれば、産業の能率が進み、雇用者と被雇用者の両者にとって益となるので、社会事業協会は官公私の諸事業と緊密な連絡をとりながら、防貧救恤の救護事業にあたり、生活改善や産業の援護に努める「産業地帯必備の機関」である、と述べている。

社会事業協会の組織と運営資金

塩釜町社会事業協会は会長が町長で、事務所は役場内にあるが、私設の団体である。そのため、運営にあたる会長、副会長、主事、理事一一名、書記三名、給仕（役場給仕が兼務）のいずれも無給であった。

塩釜町社会事業協会の運営資金は、昭和一一年（一九三六）を例にみると、会費、補助金（内務省・宮城県・塩竈町・宮城県社会事業協会）、寄付金、事業収益（保育料）、その他の二五七九円七九銭からなっていた。寄付金が三九・八%、補助金二四・四%である。

昭和一二年度の補助金申請書に、収入を町民からの会費や町当局からの補助金をあてにできない理由として「三陸海嘯以来、冷害不漁等が相続き、塩竈町の財界の不況」「神都塩釜として志波彦神社に社殿新築、神社社務所其の他の御造営に対して莫大な寄付金の募集」（「社会施設社会事業」昭和一三―三―二〇三四、宮城県公文書館）を挙げている。

塩釜町社会事業協会が発行する「会報」（第四号、一九三六年一一月）によると、寄付は鹽竈《しおがま》神社社務所・町長佐浦重次郎・坂定義が各一〇円、酒造業者佐浦もと他一七人の女性から五円から三円があり、寄付総額二一四円五五銭である。その他に、それぞれの職業を生かした印刷物、印鑑、看板、黒板が寄贈された。建設中の「善隣育児ホーム」のために、酒造業者阿部勘九郎他五九名から総額四四八円五〇銭と布団上下二組の寄付があった。

塩釜町社会事業協会は町長が会長となり、事務所は役場に置かれて出発したが、運営の実態は町民の善意で支えられていた。

社会事業協会の沿革

塩釜町社会事業協会の設立から昭和一一年（一九三六）までの沿革の概略は次の通りである。

昭和八年
　二月一一日　役場会議室で設立総会を開き、会長は町長今村治三郎。
　三月二五日　北浜隣保館を新設、北浜保育園を設置。
昭和九年
　五月　五日　慶福会および宮城県から各一〇〇〇円の助成金を受ける。
　六月一五日　尾島隣保館を新設、尾島保育園を設置。
昭和一〇年
　四月　陸軍委託縫製作業を開始。
　年末　「同情週間」を実施して、男女青年団・少年団・区長会の協力を得て、社会箱をもって街頭募金。生活困難者九五戸の四五〇人に対して、のし餅、お供餅、缶詰、味噌、醬油、ローソク、飴、砂糖を配布した。
昭和一一年
　五月　今村治三郎が会長を退き、坂定義が会長に就任。
　九月二四日　坂定義が会長を退任、町長佐浦重次郎が会長、坂定義が副会長に就任。
　一〇月　一日　塩釜町副業助成所を新設。
　一一月一〇日　尾島隣保館内に実務教育のための塩釜商業実務教室を設置。

一一月二八日　北浜隣保館内に家庭生活改善倶楽部を置く。

北浜隣保館と保育園

塩釜町社会事業協会は、昭和一一年（一九三六）度には隣保、児童保護、助産、授産、職業補導、社会教化、乳児保育の各事業を行っていた。これらの事業の要になった施設が隣保館であった。隣保館は地域住民が無料または低料金で利用できる施設で、保育所が併置された。

社会事業協会が県から補助金を得るために、昭和一一年に作成した申請書には、隣保館の周辺地域の状況が詳しく記されているので要約する。

昭和八年に塩竈町字台一七番地に北浜隣保館が開館した。同館の付近一帯は明治末に埋め立てられた地域で、工場地帯として賑やかな一時期もあった。しかし、塩竈の築港工事が完了すると、次々と工場は港の埋立地に移転していった。北浜隣保館が開館した時には、労働者の居住地となり、わずかに二、三の小さな鉄工所や製材所が残るだけであった。

併置された北浜保育園は、県の調査「保育所と周辺の環境」では「市街地　細民地区」に分類されている。保育園が開設される時、社会事業協会は保育園の備品購入のために、坂定義から二五円を借用している。隣保館が開館した当初は、地域住民の理解を得られなかったが、館の趣旨が徐々に理解されて、昭和一二年四月には保育園の定員数五〇人を超える七七人が通園した。園児の年齢は数え年三歳から七歳まで、午前八時（冬期は九時）から午後四時まで保育された。

北浜地区は「細民地区」ではあるが、申請書には、地域一般の主婦は家庭生活と衛生方面について、貧民には珍しき程の常識と心構えを有し、貧困と雖も互いに生活改善を計り、常に人格の向上に努める姿を見る時は、本館事業の重責を深く考えると共に本館拡張の急務を強く感じるものなり、とある。この申請書が書かれた時期は、昭和一一年一一月末で、定義が五月から九月まで会長を、その後副会長の任にあった。

北浜保育園では園児の母親を中心に「母の会」が組織された。北浜地区の一般女性も参加して、毎月の例会では育児・保育・衛生・作法・社交・料理・洗濯・廃物利用法・生活改善の講座が開かれた。昭和一〇年度の利用者は毎月四〇人程である。「書道会」が昭和一〇年度から開かれ会員数二五人、次年度から小学生も参加して会員数は四一人になった。

「家庭生活改善倶楽部」が昭和一一年一一月二八日に結成された。結成記念講演会には、たまたま塩竈町の某寺の法要に来ていた佐山学順を講師に依頼して「家庭生活講演会」を開催し、三〇〇人余が聴講した。倶楽部員一二人は月一回、家庭生活改善に関する研究発表会を開くことを総会で決定した。

尾島隣保館と保育園

昭和九年（一九三四）に尾島隣保館が塩竈町尾島四九番地に新設された。尾島隣保館の付近一帯は新開地で、魚や海産干物の行商人、仲仕人夫、肥料製造や水産加工に従事する労働者、下層俸給者、小商店等の低所得者が大部分を占めていた地域であった。生業が多忙のため、家庭生活が不規則であった。そのような家庭の子どもたちの生活を援助するために尾島保育園が開園した。昭和一〇年度には、月平均七三人の在園があった。隣保館長・副館長が保育園長・副園長をそれぞれ兼務し、いずれも無給であった。有給職員として隣保館主事が兼務する保育園主事一人、保母一人、保母助手一人が常勤した。

北浜・尾島の両隣保館では子どものために節分・桃の節句・七夕行事・映画会・運動会を実施した。

商業実務の夜学を設置

隣保館での「商業実務教室」は地域住民の生業就労の安定をはかるために、職業補導事業として開かれた。内容は珠算・簿記・商店経営・商用文・実務計算・商業道徳などを月二回、午後六時から二時間ないし三時間受講し、学費は月額五〇銭、修了年限は二ヵ年で修了証書の授与を予定した。昭和一一年(一九三六)一一月一〇日に開講し、入学者は五四人であった。講師に鹽竈神社宮司、警察署長、郵便局長、小学校校長、銀行員、青年学校教諭、商業学校教諭等が委嘱された。しかし、開講早々に欠席者が続出した。受講生の大部分が海産物関係の会社や商店の子弟で年末の繁忙期に入り、夜間の受講が不可能となり、運営内容の見直しを迫られた。

乳幼児・児童の無料診断と保育

「児童・幼児健康相談」では、北浜・尾島保育園の園児と近隣地区の児童に対して、無料診断と健康相談を行った。昭和一一年度の実績は健康相談が八五件で、診断児童数は八八〇人である。

この事業の名前は「健康相談」であるが、主な内容は無料診断である。担当者の名前は、県に提出した書類にはないが、坂定義であろう。無料診断が病気の早期発見につながり、伝染病の感染拡大を防ぎ、多くの幼い命が救われたにちがいない。

隣保館での診断を伴う健康相談は医師の協力が必要なため、協力者がいない隣保館では実施が難しい。たとえば宮城県気仙沼町の隣保館では、公立病院の無料施療券の交付手続きを実施するのみで、昭和一一年一月から一〇月までの交付件数は七件に留まる。塩釜町社会事業協会の「児童・幼児健康相談」は、医師坂定義の奉仕活動が不可欠の画期的な事業であることがわかる。

昭和一二年(一九三七)に、「善隣育児ホーム」が塩竈町字権現堂五番地に三井報恩会から一〇〇〇円の助成を得て建設された。同ホームは、塩竈町において多数の貧困労働者が住む四地区の生後三ヵ月から満三歳までの乳幼児を預かり保育し、両親が安心して働き、家族の収入を増し、生活を更生することを目的に設置された。定義が法医学教室に在籍していた青年時代、解剖対象の多くは「殺児」であり、定義自身も子どもの解剖を執刀した。貧困による子どもの不幸をなくすことは、定義の生涯の願いであったであろう。

女性の内職への助成

塩釜町社会事業協会の特色は子どもと並んで女性に対する援助が厚いことである。昭和一一年一〇月一日に、女性対象の副業助成所が開設した。「塩釜町副業助成所規程」の主な内容を抜粋する。

第二条　塩竈在住の婦女子の為、家庭的職業を授け副業を助成することを目的とする。

第三条　当分の間、次の三科をおく。

一　陸軍委託縫製作業科　陸軍委託の縫製作業を授産、一ヶ月会費五十銭を徴収。

二　研究科　初習者に対する技術講習、一ヶ月会費五十銭を徴収。

三　随意科　必要に応じて本所を利用、一日十銭を徴収。

第六条　入所者は十五歳以上の女子にて、品行方正なるを要す。

陸軍委託縫製作業は、副業助成所を開設する前年から仕事を引き受け、襦袢《じゅばん》・袴下・肩章・襟章の製作を五二人で行い工賃を得ていた。しかし、九月末から漁繁期になると、女性の雇用が急に増し、縫製作業に支障をきたした。同様の事態は繰り返され、開設から二ヵ月後の現況は、次のように報告されている。

1　陸軍委託縫製作業を十五人に限定し、委託される品数を少なくした。

2　研究科は作業者十五人が技術講習中である。

3　随意科の作業者数は延十八人、ミシン八台を設置しているが、ミシン借用者が多くミシンの確保に腐心している。

出産・育児の互助組合

もう一つの女性を対象にした事業「出産相扶組合」には、定義が関わっていたと推察される。定義は内科・外科の診療はもちろん、産科・産婦人科に定評があった。戦前は「産婆」と呼ばれた助産師による自宅分娩が一般的であった。異常分娩になっても、貧困のためにすぐに医者を呼べず、処置が遅れた母子の不幸に、定義はこれまで何度も立ち会ったことであろう。

出産相扶組合は塩釜町社会事業協会が新しく案出したものではなく、宮城県ではすでに保険会社が始めた前例があるが、利益を優先して失敗している。そのため、社会事業協会では趣旨の徹底をはかるために「出産相扶組合とは」という表題のガリ版刷のパンフレットを作成した。

パンフレットによると、出産相扶組合の目的は「婦人の一大悩みである妊娠から分娩に至る迄は勿論、育児や婦人衛生に関する諸問題を解決」することである。組合の名称に「出産」とあるが、出産前後はもちろん育児相談まで、母子を長期的にケアすることを明記している。

パンフレットのなかで、契約期間と組合費について丁寧に説明している。

同組合が契約期間を三ヵ年としたのは、塩竈町の北浜町七五戸を過去二〇年にわたり調査した結果、出産間隔が二年八ヵ月であることに基づいている。組合費の月一五銭の算出方法は、一回の出産に要する必要経費に事務費の最低額を加算した金額五円四〇銭を三年間の会費として、それを月割したものである。

組合には、組合長・副組合長・幹事・評議員を置き、自治的に運営することを原則とした。組合員に関しては、相互の連絡を緊密にするために五人組制度を採用し、近隣の組合員五人で一つの組をつくり、相互に組長になり、組合費の集金や組合との連絡をはかり、会計は塩釜町社会事業協会の会計係が取り扱うことになった。

出産相扶組合の特質

出産相扶組合を運営するにあたり、規約と細則が作成された。塩釜町社会事業協会は「出産相扶組合規約」を、最初は北浜隣保会の「母の会」会員を対象に説明したが、理解を得るまでに相当の困難があり、組合員募集に日時を要した。組合の趣旨を丁寧に説明した結果、昭和一一年（一九三六）一一月の時点で、二五人の申込者があった。

「出産相扶組合規約」から主な条項を抜粋する。

第五条　組合員資格は塩竈町に居住する年齢五十歳未満の有夫の女性であり、方面委員・区長の連名推薦を受けて幹事会で認められた女性である。

第九条　組合員は毎月十五銭を納入し、その契約期間は加入月から三ヶ年とする。

第十三条　契約期間中数回に出産が亘る場合といえども組合費の増額はない。

一回の出産の無くして契約を満了した時は、掛金は全額払い戻す。

第十五条　助産を受けた組合員が途中で脱退する時は、契約期間満了までの組合費の残高を即時完納すること。

「出産相扶組合細則」の第一条から第四条までは、次の通りである。

第一条　近隣五人を以て組を組織し組長を定める、組長は組合員の出産の場合は産婆と協力し、その世話をなし、或いは組合費を取り纏め、組合会計に納付する。

第二条　組合員は妊娠三ヶ月前後になった時に組合長に報告する、同時に最寄りまたは希望の指定産婆に通知し、必要に応じて診察助産等を受けること。

第三条　組合員が分娩用具を購入できない時には支給することもある。

第四条　組合員が出産や流産で医師の診察を受ける時の経費は、組合が負担する。

この「細則」の第二条は妊産婦の届出制に関する規定である。出産相扶組合が妊産婦の届出制を採用した目的の一つは、妊婦を地域で見守り、貧困による中絶を避けること、もう一つは妊婦を医療機関と結びつけ、母子の安全を守ることであると考えられる。

しかし、戦時中には、届出制度は妊婦の保護が目的ではなく、将来の人的戦力を確保するために、出産の国家管理という側面が強くなってくる。宮城県南の某村では、昭和一七年四月に村役場が実施する妊婦健康診察を理由なく受けない妊婦には、妊婦向けの配給品を支給しない旨の文書が、村長から地区長宛に通達されている。組合が配布したパンフレット「出産相扶組合とは」のなかにも、当時の時代の風潮を反映して「出産、育児に於ては将来の忠実なる国民を養成する処の帝国婦人の大きな義務です」との文言がある。

出産相扶組合の運営実態や期間については不詳である。定義が死去した時に、地元の宮城郡産婆組合長から香典が届いている。「産婆」たちが助産で医師が必要になった時、定義との連携があったことが推察される。

四章　報恩文武道場の建設と定義の最晩年

報恩塔の建立を志す

青少年の教育に関心のあった定義は、大正五年（一九一六）二月八日に塩竈町青年団創立委員、同月一一日に塩竈町青年団評議員を受諾している。

定義は多賀城村の西園寺《さいえんじ》の住職と懇意にし、仏の加護に感謝するために、境内に報恩塔をつくる計画をかねてより温めていた。当時の西園寺は宮城県多賀城村笠神上ノ台（多賀城市鶴ヶ谷）にあった臨済宗妙心寺派の寺院である。昭和一八年（一九四三）に寺の敷地一帯が多賀城海軍工廠の建設用地に含まれることになり、西園寺は現在地の多賀城市笠神一丁目に移転した。

定義は日清・日露の両戦争から無事に帰還し、日露戦争では軍功をあげ金鵄勲章を授与されている。退役後は地域医療に従事するなかで、多くの伝染病患者の治療を行ってきた。定義は晩年まで命の危機と紙一重の日々を過ごしてきた。人生を振り返った時、人智の及ばない力によって生かされている自分の存在を意識するようになり、神仏の加護への深い感謝の念があった。その思いを報恩塔に託したいと考えていた。

報恩文武道場の建設

定義は、報恩塔の代わりに道場を建設することとした。その経緯は『多賀城町誌』に次のように記されている。

坂定義は幼少より刻苦勉強（励カ）して医者になった人で、常に社会に深い感謝の念を抱いており、彼は西園寺の西隣の高台に報恩塔を建てる計画を西園寺の住職諏訪徽外《すわきがい》に相談した。偶々《たまたま》板橋甚太郎、伊東親一、本郷清輔の青年たちは、一人六十円ずつポケットマネーを出し合って基金とし道場を建て柔道の修業をしたいと、諏訪徽外に相談をもちかけた。徽外は、さきに坂定義よりの報恩塔の相談もあったので、この報恩塔の計画を改めて道場を建てる様に、坂定義を動かしたのである。時の多賀城村の村長は鈴木源一郎であったが、村長も此の道場の計画には大いに賛成であった。

昭和九年（一九三四）四月から道場建設が始まった。建設の契約書には、「木材一部、壁土、川砂、手伝人夫、馬車ヲ供給アルモノトス」の但し書きがある。注文主である坂定義が、建築請負人にこれらを「供給」するという意味である。私立塩釜病院の建設時と同様に、地域住民から無償の資材と労働提供があったことがわかる。契約書によると、工事請負代金は一三〇〇円である。契約時に内金五〇〇円、上棟式後に三〇〇円、屋根葺と荒壁塗が終わり雑作運搬後に二〇〇円を支払い、工事完了後の引渡しと同時に残金を支払うことを決めている。建物の工事期間は契約日の四月三日から五月三〇日までの二ヵ月程である。春彼岸が終わり、日足が伸びる梅雨入り前の時期で、建築作業には適している。同年六月に、四間（一間は一・八二メートル）と六間の白壁の立派な報恩文武道場が完成した（図24）。

西園寺には報恩文武道場の棟札が残されている。棟札の表面には「報恩西園講堂文武道場創建」とある。棟札裏面の中央には「発願主　陸軍二等軍医生　勲四等坂定義謹白」と記され、その右側には西園寺住職と前述の青年三名の名前があり、左側には大工棟梁鈴木養之助、副棟梁鈴木清人の名前が並んでいる。

道場開きの奉読文

道場開きの際に、定義が奉読した文が巻物に表装され残されている。その中に「国際連盟離脱に際し、帝国亦非常の時に遭遇す」（原文のかたかなをひらがなに直し、読点を加筆）とある。満洲からの撤退を要求された日本は、昭和八年（一九三三）三月、国際連盟を脱退した。同年七月、文部省は外務・陸軍・海軍の各省と協議して国民教育読本『非常時と国民の覚悟』を全国の学校・社会教育団体に一〇万部配布した。道場で心身を鍛錬した青年たちに、定義は未来

図 24　報恩文武道と坂定義（1934 年，坂総合病院所蔵）

を託したいという願いがあったのであろう。

定義の自筆はカルテと履歴書の下書きが残るのみで、日記や手紙もなく定義の心情を記した文章は全く残されていない。その唯一の例外がこの巻物で、自らの生涯に触れている。

定義は文中で、幼少期に国家の変革に遭遇し父を亡くしたが、愛情豊かな養父母に育てられ、師から教え導かれ、軍人として身を国に捧げ、社会から受け入れられ、助けられて、本来ならば孤独な身の上であるのに、孤独を感じたことはなかった、と一生を振り返っている。「養父母ありて愛撫極めて濃に」とあるが、実際その通りであろう。定義は兄琢治に比べると身長が高く、骨格もしっかりしている。幼少期に滋養のある食事を与えられた証である。健康な身体ゆえ、戦場でも耐え抜き、伝染病にも抵抗力があったと思われる。養父母へは感謝の念を記しているが、実母への言及はない。少年時代に大代村にいた母を訪ねた時、母のそっけない態度に落胆した思いが、晩年になっても残っているのかもしれない。

定義は、社会が自身を受け入れてくれたので、「孤独の味」を知らない、と書いているが、実際は、定義が社会を受け入れたのである。同業の医師が避けたい仕事を率先して引き受け、地域社会の福祉のために私財や労力を惜しみなく、しかも謙虚に提供する定義を、社会は受け入れたのである。孤独を知らない人は孤独について考えることはない。軍医時代にも、市井の中での開業時代にも、多くの「孤独の味」を経験したにちがいない。晩年を迎え、多くの生死の修羅場を潜り抜けて、生きていること自体が感謝であるという心境に至ったのであろう。

道場、軍に接収される

報恩文武道場は、定義亡き後もその遺志を受け継いで、青年たちによって柔道と剣道の道場として使われた。昭和一六年（一九四一）一二月太平洋戦争が始まり、多賀城村に海軍工廠が建設されることになった。昭和一七年五月、横須賀海軍建築部は用地買収のために海軍技手を多賀城村に派遣した。報恩文武道場は海軍工廠の仮事務所として接収されて、道場本来の使命の終了を余儀なくされた。西園寺とその墓地、そして報恩文武道場も工廠建設予定地のなかに含まれた（『多賀城市史』第2巻）。

西園寺住職の諏訪徽外が横須賀海軍建築部長宛に書いた「土地売渡書」には、「左記土地今般海軍省用地として御買上相成候に付ては　所掲の代価を以て売渡仕候　後日の為土地売渡書一札如何　昭和拾七年六月四日」（同前）とある。しかし、買収金額欄は空白になっている。土地の強制買収が杜撰な方法で行われていたことがわかる。

道場のその後

その後の報恩文武道場について、『多賀城町誌』には「昭和十八年この建物は多賀城小学校に寄付され校庭に移転されるはずであったが、偶々移転工事中暴風雨に遭い倒れてしまった。倒壊した建物は下馬に公民館を建てる計画があったときなので、そのまま下馬に移され二十年余り下馬の公民館分館として使用された。昭和三十九年新しく公民館分館が建設された時、この建物は払い下げられ人手に渡った」とある。

公民館分館と名を変えて、仙石線の下馬駅近くに移築された報恩文武道場には、昔日の面影はなく、小さな老朽化した建物になっていた。一二畳程の板張りの部屋が一つあり、週に一度、木製の座り机が並べられ、近所の子どもたちの書道教室になった。公民館分館が新しくなると、この建物は買い取られ倉庫になり、その後、解体された。

報恩文武道場は時代に翻弄された「一生」であった。しかし、その「晩年」を、定義が開設した坂病院のすぐそばで、定義の孫のような世代の子どもたちと、穏やかな「余生」を過ごした。

定義の晩年―白馬からフォードへ―

定義は六六歳の誕生日に「六六が三十六に若返り　昔をよそに働きものかな」と詠み、体力も気力も充実した六〇代であった。病院の医療放射線技師の浜田善雄の記憶によると「白馬での往診は大正三年頃から始まった、と聞いている。自分も馬に餌をやったことがある。定義先生の馬を扱っていた古山氏はその後、運転手に養成されお抱え運転手になった」と、語っている（「浜田先生宅訪問メモ」）。

興味深い二枚の写真が残されている。一枚は白馬の右側に、ソフト帽、白足袋に草履の着物姿の定義、左側には半纏、膝上までのゴム長靴を履いた青年の古山氏（図25）、もう一枚は、昭和九年（一九三四）六月一八日に撮影された写真で、フォードの左に、革靴、ステッキの洋装姿の定義、右にはネクタイにスーツ姿の中年の古山氏が立っている（図26）。この写真が撮られる二年前、定義が六七歳になった昭和七年に、この愛車で東北ドライブに出発した。

東北一周ドライブ

定義は文章を書かない人である。東北ドライブについても紀行文のたぐいは残されていない。しかし、その時の様子を、坂和夫氏が大叔父定義を知る人々から聞き取ってまとめた文章が「坂定義伝」のなかにあるので紹介しよう。

図 25　坂定義と白馬（坂総合病院所蔵）

図 26　坂定義とフォード（坂総合病院所蔵）

（定義は）患家や立ち寄った知人宅で酒肴を振る舞われ、馬の背に揺られながらの帰途、酔いが回って寝込んでしまうこともあったが、馬は利口なものでちゃんと御主人様を病院まで送り届けた。しかし、時には御主人様が落馬したまま眠り込んでしまい、馬だけが帰って来ることもあった。職員や看護婦たちは「スハ一大事」とばかりに押っ取り刀宜しく先生探索に出掛けてみると、先生は道端で高鼾。いくら車といえば人力車と馬車だけが通るだけの道路とはいえ、矢張り危険でもあり、既に馬を駆る年齢は過ぎているということもあって、昭和の初期、軍医時代興味を持っていた自動車を購入した。職員の古山に運転免許を取得させ、その後は専らこの車を駆って悪路ものともせず往診に回った。

昭和七年には、この自家用車で東北一周のドライブを敢行したのである。先《ま》ず妻の親戚の住む気仙郡高田に立ち寄り、次に東磐井郡黄海《きのみ》へ。黄海の岩淵家では幼い時に離別し、若くして他界した妹お勇の墓前に詣で、法要を営んだ。青森県の黒石まで親戚を訪ね訪ねての旅のかたわら、長かった軍医時代に苦楽を共にした将兵との再会を楽しみにしていた。特に弘前の歩兵第三十一連隊の兵士達は岩手県出身者で占められており、気仙でも黄海や盛岡、二戸でも「坂定義軍医殿来る」の報が伝わるや、これらの人々は、あるいは山の奥から、あるいは海浜から、二日も三日も掛けて定義の宿泊地へ馳せ参じてくれた。こうした人達の中には、三日も前から宿に逗留して待っていてくれた人、徒歩三日がかりで訪ねてきた人、戦死した息子の位牌を抱き、戦死の詳報を記した手紙と遺品を送ってくれた定義に一言礼を言いたいと、訪れた老母、幼い子供達を引き連れて、軍医様の勇姿を拝みたいという戦死者の妻達などもおり、二七年前の日露戦争の苦悩の日々が回顧され、夜の更けるまで話が尽きなかった（中略）行程は岩手から青森、八甲田殉難地を経て秋田、山形、福島の会津、白河に至る文字通り東北一周といえるものであった。

東北をまわって親戚や戦友と旧交を温めた数週間の旅は、辛苦の連続であった定義の人生のなかで、数少ない楽しい思い出の一つであろう。

東北をドライブした昭和七年（一九三二）二月と三月には血盟団員が政財界の要人を射殺し、五月一五日には犬養首相が暗殺される事件が起きた。定義は長い軍隊生活から、時代が向かってゆく方向への予感があり、ガソリン等が統制にならないうちに、自分の健康が許すうちに、東北一周ドライブを敢行したのであろう。車を走らせた三陸地方は、翌年三月三日の地震と津波によって死者・不明者が三〇〇〇人を超える大きな被害を受けた。

定義の死

古稀を過ぎても、定義は気力も衰えず壮健であった。敷地の北側の畑に鍛冶場を建て、愛好家を招き職人による鍛刀を楽しんだ。

亡くなる半月前まで現役の医師であった。昭和一二年（一九三七）五月一二日に利府に種痘に行った後に体調を崩し、尿毒症に肺炎を併発し、東北帝国大学病院の医師の治療を受けたが、発病から半月後、五月三〇日に死去した。戒名は「敬忠院至徳定義居士」。死去した翌日の『河北新報』には、次の死亡記事が掲載された。

坂　定義氏

鹽竈《しおがま》郷軍分会長二等軍医正坂定義氏は予《かね》て病臥中だったが病革まり三十日午後八時遂に逝去した。享年七二、葬儀は三日午後一時膳部《ぜんぶ》の自宅出棺、多賀城村笠神の西園寺において挙行される。

氏は現に郷軍分会長たるほか、方面委員、宮城郡連合会長、戦友会長その他医師会、学校方面等二十余の公職にあり、地方のために尽瘁《じんすい》するところ多く、本年紀元の佳節に教育功労者として知事より表彰をうけている

定義の「二十余の公職」のなかで、軍関係の役職名が氏名に冠されているのは、この時代を暗示している。この年七月七日に盧溝橋で日中両軍が衝突し日中戦争が始まった。

坂家の訃報広告には、次の人々の名前がある。喪主坂しのぶ、親戚代表は坂英毅（兄琢治の長男）、浜田善雄（妻しのぶの甥）、畑定勝（定義の養家）、八木精一（琢治の次女の夫東北帝国大学教授）、葦名道達（定義の姉コウの息子）他一名。友人代表は城太（帝国在郷軍人会宮城郡連合分会長）他一名。葬儀委員長は今村治三郎（第六代・第八代塩竈町長）。

定義の葬儀では、葬列を組んだ野辺送りがなされ、沿道に並んだ住民は定義との別れに涙した。鐘を先頭に御名旗、高張、五色旗、造花、生花、儀仗隊、明松、徒士、槍、長刀、騎士、先僧、燈籠、四幡、腰物、水、茶、香炉・香合、花瓶、団子、菓子、一盃飯、経箱、勲章、御影、位牌、柩（坂猶興《なおおき》、葦名道達、浜田善雄、浜田正夫）の後に、喪主坂しのぶ、坂英毅、近親者、葬儀委員長・副委員長、町内会、各種団体、一般会葬者と延々と葬列が続いた。

弔辞は四〇通に及び、主に地域の政財界、学校関係、医療関係、在郷軍人会、警察関係、産婆組合等からである。

少年団からの追悼

弔辞のなかには、少年団の子どもたちとの心温まる交流を伝えるものがある。

坂先生、私共です。少年団の子供達が今先生の前に来ております。私が団員一同に代わりまして、先生に今日こうして最後のお別れを申し上げなければならなくなりました事を非常に情けなく存じます。（中略）

いつであったか、夏近くの七月頃と記憶していますが、県道沿いの広場で訓練している時、坂先生のお姿を見付けて、少年団の子供達が声を合わせて「坂先生」と叫びながら走り寄って先生を取り巻いた事がありました。あの時、坂先生は本当に子供にかえった様なニコニコしたお顔で、わざと驚いたような格好までなさって「アハイハイハイ」と返事をなされ「やー元気いいな、しっかりたのむよ」と言って子供達を慰めて下さった。

また、思い起こせば一昨年の暮れ十二月、かねて先生がお出入りの大工さんに命じて建築材の切れ端で箱を作って、それに此處のお寺の御住職に名前をつけていただいたという同情箱。この坂先生の有難い温かいお心持ちを是非私共少年達の手で活かしたいものと、あの十二月の寒中に、小さな団員達がこごえる両手をもみこすりながら、寒風吹きすさむ夜の街頭に荷車を曳いて出掛け「一摑みのお米で結構です。お気の毒な同胞の為に、この同情箱に御喜捨を願います」と叫び歩いて同情週間運動を実施した時、一日雪の降る夕方でありました。先生は態々《わざわざ》お出下さり少年団の子供達を激励し慰めて下さった。あれが少年団としては最後でありました。先生はあの日、洋服の上に黒い被布をお召しになり、その上に黒いとんびをまとわれ、杖をついて、黒短靴をおはきになり、そして丁度少年団の子供がしているネッカチーフのように白い布を首に巻いて銀色の金の輪で止めたお姿で「や、ありがとう　ありがとう　どうぞ　どうぞたのみます　ご苦労　ご苦労　ありがたいこった　ありがとう　ありがとう」と少年達に囲まれながらおっしゃった。そして山と積まれた同情品を前に、先生を中心にして記念写真をとった。あの時のお姿、温かいそして力強い、尊いお姿、あの時のお姿が私共少年団にとって、最後のご教訓をいただいたのです。

定義が、子どもたちとのふれあいを心から楽しんでいた様子が偲ばれる弔辞である。

学校誌に記された定義の葬儀

定義が長年にわたり校医を務めた松ヶ浜村や多賀城村の小学校の学校日誌には、定義の葬儀の記載がある。

・「松ヶ浜小学校沿革誌」

昭和十二年度　五月三十日　校医坂定義氏死去（河田校長　三十一日弔問）

・「松ヶ浜小学校・松ヶ浜実業補習学校日誌」

昭和十二年六月三日　故校医坂定義氏　葬儀執行（於　多賀城村西園寺）　諸先生、坂校医葬儀に参列

・「多賀城小学校日誌」

昭和十二年六月三日　午後二時より坂校医の葬儀に全校生徒参列す

これらの日誌から、生前の定義が学校と深く関わっていたことがわかる。

Ⅶ　坂定義の後継者坂猶興

一章　社会主義弾圧の時代を生きる

少年時代、米騒動に参加

私立塩釜病院の二代目院長に就いたのは甥の坂猶興《なおおき》である。猶興は、明治三五年（一九〇二）に定義の兄琢治《たくじ》・しまの三男として生まれた。猶興は三人の姉たちとは年齢が一〇歳以上も離れ、次兄素行《そこう》の四歳年下であった。猶興が誕生した年に、両親は宮城授産場付属養素園を開園し、遊び相手は養稚園（養素園）にいる子どもたちであった。その中には授産人の子や孤児もいた。授産場には身寄りのない病人、精神に異常をきたした人も生活し、そのような人々を物心両面から世話する両親の姿を見て成長した。

猶興は、自分の長男に素行と名づけるほど、亡くなった兄素行を思慕していた。猶興が社会運動に関心を持つようになったのは、素行からの影響である。猶興は兄素行と一緒に米騒動に参加した。その時の体験が社会運動に目覚める契機になった。四五歳の時に記した「斗争経歴」には、次のようにある。

大正七年、仙台一中三年生の夏、米騒動が全国に広がるにつれ、仙台市にも誰の策謀かは判りませんでしたが、かなり大規模に暴動が起こりました。その時、政治的には何等の意識がなかったが、その隊列に参加し、大衆運動の威力を痛感したのを動機に、其後は軍国主義、偏狭愛国主義、国粋主義に疑惑を感じ批判的になりました。

東北帝大医学部に入学

第二高等学校理科乙類を卒業した後、猶興は大正一二年（一九二三）に東北帝国大学医学部に入学した。「斗争経歴」によると、大正一四年医学部三年の時に、法文学部学生の勧誘を受けて社会科学研究会のメンバーになり、同時に、医学部内に社会医学研究会をつくった。しかし、翌年には社会科学学生連合会に対する弾圧があり、東北帝大においても、文部省の方針に従って社会科学研究会と社会医学研究会が解散に至った。

四・一六事件で検挙される

猶興が大学を卒業した昭和二年(一九二七)は金融恐慌によって、銀行の休業や倒産が相次ぎ、社会不安がひろがった年であった。

医学部を卒業後、さらに社会医学の研鑽を積むために衛生学教室に入った。しかし、猶興は大学での研究より、学外に活動の場を広げていった。仙台市近郊の原ノ町の農民組合に、同期生の医師の協力を得て医療部を開設した。しかし、無料診療を行ったので地元医師会から抗議があり、財政上の支障も重なり医療部の継続を断念した。

戦前、猶興は二度検挙されている。最初は、昭和四年四月一六日の日本共産党に対する弾圧事件(四・一六事件)で検挙され、猶興は起訴猶予になった。しかし、その後も活動を中止しなかったので、時には家族が緊張を強いられることもあった。

ある日、特別高等警察(以下、特高と略す)が猶興を拘束するために坂家にやって来た。特高が二階に上がろうとした時、母しまはとっさに階段を背にしてその上り口に正座して「二階に猶興はおりません」と、毅然として言った。なおも、二階に上がろうとした特高に向かって「猶興の母が、猶興はいないと言うのですから本当です。それでも二階に上がりたければ、まず、私を斬ってから行きなさい」と言うと、特高は、そのまま立ち去った。以上は、幼い時にその場にいた猶興の甥の方が語る、特高と対峙した坂しまの姿である。これは、平成二九年(二〇一七)一二月二日に、筆者が直接伺った話である。

日本無産者医療同盟仙台支部に携わる

戦前に坂猶興が関わった社会活動の一つに、日本無産者医療同盟仙台支部の運営がある。日本無産者医療同盟は、昭和六年（一九三一）一〇月二五日に結成された。同盟の第二回全国大会が、昭和七年一二月三日に築地小劇場で開催された。その「第二回全国大会報告書」によると、同盟支部は東京（事務所の所在地は東京市品川区五反田一ノ二四九、同盟員数は六四一人）、大阪（大阪市北区万歳町一七、同五六〇人）、千葉（千葉県印旛郡豊住村南島、同一三〇人）、仙台（仙台市東二番地一二《（マ マ）》、同二五人）の四ヵ所に設立されていた。

仙台支部の住所は坂猶興の自宅で、診療所名には「嘱託医諸根医院」とある。同盟員数二五の内訳は「農民三、労働者八、小市民一四」（一九三二年一一月末現在）である。猶興は昭和六年から東北帝国大学医学部衛生学教室の講師を務め、開業していなかったので、同志の医師諸根英一（仙台市錦町で開業）が嘱託医になった。同盟員に対しては、診察費は無料、薬価は半額、注射その他は実費と規定された。昭和六年一一月一日から翌年一一月末日までの一三ヵ月間の利用者は延四〇名であった。

「仙台支部報告」によると、日本無産者医療同盟結成より先に、仙台無診設立準備会が昭和六年八月に開かれ、当初から諸根医師に嘱託し、診療活動を開始した。一〇月に日本無産者医療同盟が結成されると、同盟の全国的な組織展開に刺激され、昭和七年二月に会員総会を開き、日本無産者医療同盟仙台支部として新たに組織されることになった。

当時、仙台ではコップ（日本プロレタリア文化連盟）に加盟する団体が続々と結成されていた。医療同盟仙台支部のコップ加盟の可否については「超党派的大衆組織たるべき」との理由で加盟不可に傾き、医療同盟仙台支部は大衆的基礎の上に拡大強化することになった。同年五月二四日には、仙台支部結成記念講演会を日本無産者医療同盟委員長の大栗清実《おおぐりきよみ》、秋田《あきた》雨雀《うじやく》（劇作家）、布施《ふせ》辰治《たつじ》（弁護士）を招いて行い、五〇〇名が参加して盛況であった。

啓蒙活動として医療座談会、二ヵ月に一回「支部ニュース」の発行（発行部数は一〇〇～一五〇）を実施した。仙台支部の現状として、独自の診療所を持たず嘱託医に依存していること、財政的に窮乏しているので「支部ニュース」の発行も停滞していることを挙げている（『日本無産者医療同盟第二回全国大会報告』）。

二度目の検挙

昭和六年（一九三一）に、猶興は深田はつと結婚した。結婚すれば、猶興の活動も落ちつくであろうと考えた周囲の思惑とは逆に、彼の活動は続いた。二度目の検挙は昭和九年一〇月九日であった。妻はつは、その時の様子を次のように記している。

その朝、まだうす暗い時、仙台市木町通の私の実家で暮らしていた私たち夫婦は「ナオちゃん、ナオちゃん」と裏木戸を叩く叫び声に起こされました。裏木戸を開けると顔見知りの仙台署の特高刑事が部下三名と共に、ずかずかと家にあがり込んで来ました。「坂さん、君を治安維持法違反の容疑で逮捕する」。私はオロオロしました。夫は落ち着いていました。今回の弾圧を覚悟していたのかもしれません。私は知りませんでしたが、その年の九月一一日に東北帝大医学部の学生たちが検挙されていたのです。夫が着替えを済ます間、家宅捜索を行いましたが何もでてきません。「大学の方へ辞表を出すように」と言い残して連行されて行きました。

前回の四・一六事件で検挙されても大学をクビにならないでいたのは、夫の姉ゆうさんが、東北帝大医学部八木精一さんに嫁いでいた関係があったからと思います。夫が検挙され、大学からの給料月額九十何円は一円も出なくなり、生活は行き詰まってしまいました。（『不屈』二〇八号）

猶興の学生時代の指導教官で、講師時代の上司は、東北帝国大学医学部衛生学教室衛生学講座の主任の近藤正二《こんどうしょうじ》である。はつは義兄の八木精一に夫の検挙と辞職願を伝え、近藤教授への連絡を頼んだ。

八木精一は京都帝国大学を卒業後、大正元年（一九一二）にドイツに留学した。大正五年に帰国すると東北帝大医学部薬物学（昭和一八年に薬理学に改称）講座に教授として就任し、昭和一九年に定年退職するまで、その間に医学部長を二度務めた。「学術上の業績は頗る多く、その研究分野も薬物学の各分野にわたり」と評されている（『東北大学五十年史』上)。

昭和九年の九・一一事件が、新聞で記事解禁になったのは翌年三月一日である。検挙者の中には猶興の死後に坂病院の三代目院長になった高橋実、東北帝国大学教授阿部次郎の長女阿部和子もいた。三月一一日に仙台地方裁判所において公判が開かれ、猶興は治安維持法違反で懲役二年、執行猶予五年になった。戦後、猶興は阿部和子の保育活動を支援した(後述)。

母しまが、刑務所に収監中の猶興に宛てた手紙が残されている。封筒の表には「仙臺刑務所10・5・2 第897号」のゴム印(ただし、番号は手書き)が押されている。手紙には「(昭和一〇年四月二八日に)定義伯父様御越、是から面会に行くと仰せられましたが、折り悪く日曜日の事とて面会できぬと申した処、又御出で下さると仰せられました」とある。定義は、猶興の父琢治の弟であるので「伯父様」ではなく「叔父様」と書くべきである。しかし、琢治の死後、定義は坂家の長老として琢治の子どもたちの「父親」的立場にあり、しまの定義への信頼が「定義伯父様」と書かせたのであろう。

浜田善雄によると「猶興先生は仙台、岩沼、大河原の刑務所をたらいまわしにされた。仙台の刑務所(支所)は仙台市米ケ袋《こめがぶくろ》の霊屋橋《おたまやばし》の入り口にあり、叔母しのぶと一緒に面会にいった。岩沼にも行ったが、会わせてもらえなかった」と語っている(「浜田先生宅訪問メモ」)。

木下杢太郎が監視役となる

猶興の執行猶予期間の嘱託保護司は、東北帝国大学医学部教授太田正雄であった。思想犯保護観察法(一九三六年公布)によって、治安維持法違反により執行猶予になった者は保護司によって監視されることになった。

太田正雄は木下杢太郎の名前で知られる文学者である。太田は愛知医科大学から大正一五年(一九二六)に東北帝国大学医学部教授に就任し、皮膚病学・梅毒学講座を担任した。昭和六年(一九三一)から東北帝大付属病院長を務めた。職務の間隙には、宮城県北の海岸沿いの無医村へ、また県南の交通の便の悪い地域へは冬期に馬橇《うまそり》に乗り、巡回診療を精力的にこなした。県内の高砂小学校、多賀城小学校、広瀬小学校の健康診断にも赴いている。

一方では、学生の面倒見もよく、左傾の学生の来訪も受け入れ、日記によると「(昭和九年二月二四日) 夜古川久及び医学部一年杉村といふ学生尋ね来る。杉村曰く、その後時々刑事尋ね来り、その度に本をもちてゆき、新しき書を買ふこと能はず。時として己が本を古本屋に見ることあり云々。この学生は赤の嫌疑にて捉えられたることあり」(『木下杢太郎日記』第三巻)、また転向学生に関しては、「(昭和一一年九月二二日) 夜八時半検事中村義郎氏来訪。尚和会の御礼の為めなり。同氏より仙台の転向学生のことといろいろ聞く。牡丹の絵請ひ持ちゆく。転向学生を学生課ではあまりよく見てやらぬ由。本多総長、村岡典嗣《むらおかつねつぐ》、石原謙、広瀬、八木精一、藤田氏、熊谷氏などにも相談してみるべし」とある(『木下杢太郎日記』第四巻)。太田は、昭和一二年に東京帝国大学医学部教授に転任した。

私立塩釜病院を継ぐ

釈放された猶興は、常に特高の監視のもとに置かれ、大学にも復職できず、また一般の病院にも就職できなかった。医療同盟の友人の紹介で、昭和一〇年(一九三五)一〇月、秋田県雄勝郡湯沢町の雄勝医療組合に勤務することになった。妻はつ、妻の幼い弟と妹(はつが結婚した翌年に母が急逝)を伴っての赴任であった。

昭和一二年五月に定義が死去すると、猶興は雄勝医療組合を退職し、私立塩釜病院を継ぎ二代目院長になった。二年後に私立塩釜病院を坂病院に改称した。猶興が後継者に決まっても、周囲の人々は彼の思想に危惧の念をいだいていた。猶興は表立った活動を控え、病院のある膳部町内会の会長を引き受けた以外は、ひたすら地域医療のために働いた。戦時中ではあったが家族との穏やかな時間を過ごした。

新宿中村屋の相馬黒光と坂家

猶興の次男坂和夫氏は幼い頃、猶興の姉たまきと一緒に暮らしたことがあった。和夫少年が家に帰ると、「小柄な老婦人」の来訪者があり、伯母たまきは「猶興の息子」と老婦人に紹介し、和夫少年は挨拶するように促された。「小柄な老婦人は相馬黒光《そうまこっこう》であった」と、筆者は坂和夫氏から伺った。黒光の五男虎雄は、昭和七年（一九三二）に非合法活動で市ヶ谷刑務所未決監に収監され、釈放後、昭和医学専門学校に入学した。坂和夫氏は、「虎雄氏と父猶興との境遇が似ていたので、息子を心配して、仙台まで相談に来たのでしょう」と幼い時の記憶をたどり推察された。

相馬黒光と坂家は、画家の布施家によって繋がっている。坂総合病院は、布施悌次郎が描いた坂英力の肖像画を所蔵している。悌次郎の兄信太郎もまた画家である。兄弟の父は東北学院で島崎藤村と同僚であった図画教師の布施淡である。黒光は、淡とその妹瑛《てる》とは親しい間柄であった。

相馬黒光の著『広瀬川の畔』にある一編「柳津の頌」には「淡さんを勘当したのはこの方かと思って、私はおじいさまの布施備前のお顔を見ましたが、名こそいかめしいけれど、心持は非常にやさしい、いい方で」とある。備前は布施家の世襲名で、前述の通り（三九頁）、黒光が会った備前は定義の実母仲の兄である。

淡は明治三四年（一九〇一）にチフスによって二九歳で亡くなった。定義は母の実家の縁につながる信太郎・悌次郎の兄弟を援助したと伝えられている。坂英力の肖像画は布施兄弟との厚誼のなかで描かれた作品であると思われる。

仙台空襲で姪を喪う

定義が坂家の要であったように、彼の死後、その役目を務めたのは猶興であった。長兄の英毅《えいき》が出征中、英毅の留守家族を見守ったのも猶興であった。英毅の家族は仙台市東二番丁の宮城授産場や幼稚園の建物がある広い敷地に住んでいた。戦時中、建物の一部は兵舎として接収されていた。

仙台空襲は昭和二〇年（一九四五）七月一〇日未明から始まった。英毅の次男坂正毅《まさたか》氏の手記には、「仙台は警戒警報なしに、いきなり空襲警報のサイレンが鳴り響き、絨毯爆撃は私たちの家から北に向かって始まった。母は就学前の幼少だった私や次女の手を引いて家の外に飛び出し兄も続きましたが、責任感の強い一五歳の長女は、けなげにも兄弟姉妹が安全に飛び出すのを確かめてから自分も逃れようとしたのでしょう、一歩逃げ遅れたため焼夷弾の直撃を受けました。私達の建物の中では、姉と兵士二人が爆死しました」「翌日、仙台は一面焼け野原になっていました。母はシャベルを持った人とツルハシを持った人を探してきて、焼け崩れた玄関部分を必死になって掘り続けました。姉の体の一部が見えた瞬間、母は崩れ伏しました。娘を救うことができなかった自分を責め続けながら。そんな時に防空頭巾をかぶり必死に自転車をこぎ、何か大声で叫びながら、ずんぐりした男の人がやってきました。猶興叔父でした。宮城鉄道が動かないため、塩釜から夜がけで駆けつけてくれたのです。父が出征する時に、私達子供の行く末を託され、その責任を重く受け止め、ひたすら無事を祈って駆け付けてくれたのです。仙台空襲が頻回になったため、祖母しまを仙台から塩釜の家に移しておりましたが、姪の命を守ることができなかったことに、叔父は憔悴しておりました。私達は焼残った四畳ほどの広さの蔵の入り口に、焼けトタンで囲ったさっかけを作り、父の知人の家族など八、九人と寝泊りする毎日でした。そのような貧困な暮らしを見かねて、叔父は塩釜の敷地に建っていた家の一つを崩し、建材を仙台に運び私達家族が住む家を作ってくれました」（坂猶興先生記念誌編纂委員会『平和、人権、医療を民衆とともに歩み求めた医師』）とある。

二章　戦後の医療・政治活動と女性活動家支援

終戦、母しまの死

猶興の妻はつは「敗戦の日、昭和二十年八月十五日待ちに待ったその日が来ました。夫と私は手を取り合って万歳を心の底から叫びました」と記している（坂猶興先生記念誌編纂委員会『平和、人権、医療を民衆とともに歩み求めた医師』）。

その年の一〇月二八日に猶興の母しまが亡くなった。孫の和夫氏は「冷え込んだ朝。父は私たちに衣服を正すように注意し、お志摩おばあさまの部屋につれて行った。おばあさまはやさしい寝顔であった。私たちは正座させられお別れをした。祖母の唇を優しく濡らす父の手を私はじっと見ていた。おばあさまは色白でふっくらした顔立ちで、声がとてもきれいだったので、お友たちの方からは「お声さん」としたわれていた」と生前の祖母の面影を伝えている（「坂猶興伝」）。

塩竈市議に当選

戦後ただちに、猶興は活動を再開した。昭和二〇年（一九四五）一〇月日本共産党に入党、同年一二月には日本共産党宮城地方委員に選出された。戦後初の総選挙が昭和二一年四月一〇日に実施された時、選挙事務所を坂病院に設けて、坂猶興と橘（山内《やまのうち》）みな（後述）が共産党から立候補した。両名とも落選であった。

猶興は、昭和二二年に塩竈市議選に立候補して当選した。選挙前のほほえましい逸話が残っている。坂正毅《まさたか》氏は「（猶興叔父が）ある日、焼け跡の一角で、ポケットから白い紙を取り出し、丁寧にお辞儀をして、時に軽く腕を振り上げながら、何かを読み上げている姿を姉が目にしました。不思議に思って近づいてみたところ、塩釜市議選に立候補するための選挙演説の練習だったそうです」と記している（『平和、人権、医療を民衆とともに歩み求めた医師』）。

宮城厚生協会を設立

戦後、猶興は民主的な医療団体の設立に取り組んだ（図27）。戦前から無産者医療に取り組んでいた医師鈴木保が二五万円、猶興が二五万円と坂病院の病棟の一部を拠出して法人を結成し、昭和二五年（一九五〇）に宮城厚生協会が認可された。認可後、猶興は私経営の坂病院を解散して、財団法人宮城厚生協会坂病院と名称を改め、病院組織を再編した。

宮城厚生協会は発足当時、坂病院と二医院、長町診療所、宮城野原保育所からなる組織であった。猶興の両親が始めた医療と保育の二つの事業が、宮城厚生協会の設立で再び結びつくことになった。宮城野原保育所は資金難のため、宮城厚生協会が保育士として阿部和子（後述）を派遣するという形式をとり、人件費を支援した。その結果、宮城野原保育所は存続が可能になり、その後、乳銀杏保育園へ継承された。

図27　坂猶興（右）と浜田善雄
（坂総合病院所蔵）

猶興は全国の医療者と連携し、全日本民主医療機関連合会（全日本民医連）の結成に関わり、昭和二八年に全日本民医連が結成されると宮城厚生協会は加盟し、猶興は全国理事になった。民医連の支部結成を進め、昭和三〇年二月に宮城民医連、三月に東北民医連が発足した。

猶興は、塩竈市議会議員三期目の任期中の昭和三二年二月二六日に死去した。享年五六。

女性活動家への支援

猶興の母しまは仙台師範学校女子師範学科の一期生と

して入学した。結婚後は、夫が開設した宮城授産場の運営に協力し、幼稚園の園長を務め、家にあっては自我の強い家族を辛抱強くまとめてきた。時には、猶興自身が母の機転で窮地を救われた。猶興の三人の姉は東京女子高等師範学校を卒業し、文武両道に優れ、二人の姉は教職についた。そのような女性たちを身近にみて成長した猶興には、戦前の教育を受けた男性が、ともすれば持つような女性に対する偏見がなかった。女性が自分の考えを持ち、社会的に活動することを積極的に支援した。

猶興が親族以外の女性を支援することの前提には、母や妻の猶興に対する信頼と理解があったことはいうまでもない。猶興から支援を受けた女性には、戦前の農村で産児調節を説いた「産婆」多田ミトリ（通称みどり）、紡績女工から労働運動家になった山内みな、社会運動家、保育士の阿部和子がいる。

多田ミトリへの援助

多田ミトリの生涯を一戸富士雄・一戸葉子による「多田ミトリ聞き取り調査記録」からみてみよう。

ミトリは明治三七年（一九〇四）に岩手県気仙郡越喜来《おきらい》村（大船渡市）に生まれ、実家は網元で海産物を関東まで手広く商っていた。ミトリは仙台市の東華女学校を家庭の事情で中退して上京し、上野高等女学校に編入学した。ミトリより九歳上の先輩には、青鞜社に参加した伊藤野枝《いとうのえ》がいた。しかし、「上野女学校は赤い学校ではなく、普通の学校」で、野枝が大逆《たいぎゃく》事件で虐殺された後に、卒業アルバムで先輩であることを知った。その後日本女子大に入学するも、父が亡くなり中退した。

大正一三年（一九二四）に仙南日日新聞社に勤める新聞記者多田基一と結婚した。『仙南日日新聞』は宮城県角田町（角田市）出身の庄司一郎が創刊した地方新聞である。庄司は戦前、戦後を通じて衆議院議員に選出された政治家である。社会主義派の弁護士山崎今朝弥《やまざきけさや》を師と仰ぐ基一は、大正一四年に、山崎が主催する平民大学を卒業した。

翌年一二月二五日に基一は治安維持法で検挙され、初めて家宅捜索を受けた。ミトリには「膝がガクガク震え返事もできない」ほどの恐怖であった。特高は新聞二、三部と赤と名の付く本を探し、本の内容を知らずに世界文学全集の中からスタンダールの小説『赤と黒』を持って行った。この日の体験を境に、ミトリは夫の活動を全面的に支えるようになった。

昭和三年（一九二八）三月一五日に共産党に対する全国的な弾圧があった。この三・一五事件で、基一は検挙されたが、四日で釈放された。同年一二月に、労働農民党（労農党）から当選した衆議院議員山本宣治《やまもとせんじ》の演説会が仙台市公会堂で予定されると、県内の主な活動家は事前に検束されたので、ミトリが山本を仙台に迎えることになった（後述）。翌昭和四年の四・一六事件で、ミトリは夫基一と共に検挙された。この時、幼い娘玲子の面倒をみたのは坂家であった。のちに、「私あげられる《（検挙される）》と、坂先生に娘をつれて行くより他ないんだね」とミトリは語り、坂家の広い屋敷で電気を消した部屋に一人で寝るのは怖かった、と娘は母ミトリに話している。

四・一六事件では、ミトリは数日で釈放され、夫基一は病気のため一時出獄になった。しかし、回復後は長い獄中生活が予想されたので、ミトリは幼い娘のためにも自活の必要があった。弁護士布施辰治から医師馬島僴《まじまゆたか》を紹介され、産児調節相談員になる指導を受けた。昭和四年に馬島は愛児女性協会を設立し、産児調節相談を始めた。その翌年、ミトリは「愛児女性協会仙台支部」を自宅に開いた。しかし、まだ「産婆」の資格はなく、ミトリの苦境を知った猶興は「産婆」の資格を取るために、夜間の産婆学校に通う授業料の月額三円五〇銭を一年間援助した。

山本宣治を仙台に招く

昭和三年二月二〇日の第一六回総選挙は初の男子普通選挙であった。この選挙で無産政党から山本宣治を含む八名が当選した。総選挙から一ヵ月も経たない三月一五日に全国の活動家多数が検挙された。この三・一五事件の後に、労農党に解散命令が出された。

その後の全国的な再建運動に呼応して、宮城県でも新党準備会が組織され、同年一二月一五日に新党結成演説会を仙台市公会堂で開催することになった。しかし、県内の主な活動家は一週間前から予備検束されていた。車中や各駅には、私服警官や特高が配置され、仙台に来る山本宣治を張り込んでいた。警察の警戒網を突破して、記者会見の段取りを整え、幹部のいない新党結成講演会の会場を準備するという大役を、赤ん坊を背負った二五歳のミトリが担うことになった。生物学者の山本宣治は、大正一一年（一九二二）に来日したマーガレット・サンガーから影響を受けて産児調節運動を起こした社会運動家であった。

仙台での演説会当日、山本らは、東北本線の車中にいた東北帝大学生二名の指示で、下りホームの仙台駅での張り込みをかわすため、仙台駅を通過して、そのまま北上した。瀬峰駅で上り列車に乗り換え、上りホームの仙台駅で下車して、夕方五時に県庁前の三浦食堂に市内の新聞社の記者を集めて記者会見を行い、その後、講演会場の仙台市公会堂に向かった。その日のことを、ミトリは晩年になっても鮮明に記憶していた。

長女をおんぶしたまま、プログラムをネンネコの間に入れて公会堂に行ったら、公会堂は何百人もの私服と制服に囲まれていた。公会堂は電気を守衛室に一灯つけてあるだけ、私自身の手で電気のスイッチを入れて会場を明るくして入ってみたら、五、六十人の制服警官が顎紐したままで帽子をつけてしゃがんでいたのには、私もさすがに驚きました。彼らの方も赤ん坊を背負った若い女が入ってきたので驚き、すぐ私のそばへ二、三人駆け寄って来て問答が始まりました。私は、今晩演説会が許可されたからこれから始めます、と言って、手早く持ってきたプログラムを貼ると、同時に労働服を着た山本さんと細迫さんが入ってきました。私はそれを見て、子守りしたままで開会の言葉を始めました。（「多田ミトリ聞き取り調査記録」）

山本宣治は、仙台に来てから三ヵ月も経たない昭和四年三月五日に、東京で右翼によって刺殺された。

多田ミトリの産児調節運動と『産児調節法概要』の刊行

昭和六年（一九三一）の『婦人公論』九月号に「東北女性セレナード」という特集がある。「福島・宮城の巻」では、画家小関《こせき》きみ、小説家中條（宮本）百合子、労働運動家丹野セツと並んで多田ミトリが紹介されている。

紹介文には、「仙台清水小路九番地―男女工千二百人を擁する仙台地方専売工場、職工通用門の前に産児調節相談所の看板を掲げ産調の熱心な指導者となった多田みどりさん。旧労農党より引つゞいて、地方無産の尖鋭闘士多田喜一君の愛妻《（ママ）》である。多田君が三・一五事件に連座してより、みどりさんは長女玲子さんを抱へ、単独相談所を守ることになったもので、開設以来、周囲の迫害に拘らず、下級サラリーマン、労働者、失業者の相談に与っている。多い時には日に四、五件に上る」とある。

無計画な出産による「貧乏人の子沢山」は母親の健康を損ねる一因であった。ミトリは『誰にでも判る安全容易な産児調節法概要』と題する一六頁、定価一〇銭の小冊子を、昭和五～九年までの間に数回発行した。小冊子によると、愛児女性協会仙台支部の相談時間は毎日午前八時から午後一〇時まで、相談料は五〇銭、一ヵ所五人以上の希望がある場合は出張応需とある。宮城県内の農民組合をまわり、農村の女性たちに小冊子と紙芝居で産児調節の啓蒙活動を行った。「生めよ殖やせよ」のスローガンを掲げていた時代に、産児調節の活動は国策に反していたので、たびたび検挙された。取り調べでは「多産ならば弱い子どもしか生まれないが、調節して、丈夫な子どもが生まれれば、二〇年もすれば立派な兵隊さんになる。結局、お国のためになる」と説得して釈放になった（「多田ミトリ聞き取り調査記録」）。

戦後、ミトリは仏教に深く帰依するようになり、運動から離れ、志半ばで倒れた人々の供養につとめた。平成七年（一九九五）死去した。享年九二。

山内みなの労働運動と総選挙への出馬

山内みなは明治三三年（一九〇〇）に宮城県本吉郡歌津村（南三陸町）で生まれ、紡績女工から労働運動家になった女性である。一二歳で上京し東京モスリン吾嬬《あづま》工場の女工となり、工場のストライキを契機に、宮城県出身の鈴木文治が創設した友愛会に入会し、大正七年（一九一八）に婦人部代議員になった。翌年の婦人部大会での演説が注目され、第一回ＩＬＯ会議代表団に選ばれた。しかし、自分が理事を務める友愛会の反対で辞退し、会社も解雇された。市川房枝宅に仮寓し、新婦人協会の結成に関わった。市川が渡米すると、山川均・菊栄の家に一時寄寓した後、大阪に移り大正一二年に無産女性団体醒光《せいこう》婦人会を結成した。東京に戻り、昭和二年（一九二七）関東婦人同盟の結成に参加した。翌年、運動家の橘直一と結婚。昭和一〇年に長男の小学校入学を機に自立をめざし洋裁を習い始め、同一六年には大阪の心斎橋に洋装店を開いた。しかし、大阪空襲で店が被災し、郷里の宮城県に疎開し、終戦を迎えた（山内みな『山内みな自伝』）。

山内みなは、終戦の翌年、旧知の共産党員野坂参三から「仙台には春日庄次郎が出獄して坂病院にいる」と聞き、坂病院を訪ねて共産党の再建を進めた。「坂院長は病室を三室開放してくれたので、私は一週間ぐらいは坂病院に泊っているときもありました」「昭和二十一年（一九四六）四月十日の戦後最初の総選挙には、宮城県の共産党から四名が立候補しました。農民、労働者、知識人、婦人、と各層を代表するように選ばれた候補で、婦人層の候補は私でした」（同前）。東京から市川房枝も応援に駆け付けた。しかし、結果は橘みな九五三一票、坂猶興九〇〇四票を獲得するも、共に落選した。山内みなは、翌年の総選挙にも出馬したが落選した。その後、昭和二五年四月に上京し、荻窪駅前に洋裁店を開き、原水爆禁止運動、母親運動など地域に根差した運動に関わり活動を続けた。平成二年（一九九〇）九一歳で死去。

阿部次郎の娘和子

阿部和子は大正二年（一九一三）に『三太郎の日記』等で知られる哲学者阿部次郎、つねの長女として生まれた。少女時代から文学に親しみ『赤い鳥』を愛読し、自作の詩を投稿し、たびたび掲載された。大正一三年に父が東北帝国大学教授に就任し、家族は東京から仙台に転居した。

昭和五年（一九三〇）四月に東京女子高等師範学校国文科に入学。しかし、翌六年一〇月に検挙され、一一月に退学した。同年は東北・北海道が大凶作となり、農家の困窮は著しく、欠食児童や女子の身売りが社会問題になった。和子は手記の中で「何も格別なことをした訳ではなかった。上級生に誘われて、読書会に数回参加しただけのことだった。当時日本は不況のただ中（中略）自分と同じ年頃の娘が、家族の飢えを救うために身売りしていく、そんな中で、真実の生き方を求めて上京した私が、社会科学の研究会に魅かれた、というのは、必然のなりゆきだった。それだけのことでも、当時は検挙の対象になり、あわてて上京してきた父、そして母に、仙台へ連れ戻された」とある（阿部和子遺稿・追悼集刊行会編『子どもたちを主人公に親たちと歩んだ道』）。

母つねは、娘和子と一緒にベーベルの「婦人論」を読む知性豊かな女性であった。和子の母方祖母である竹澤里は明治二三年（一八九〇）に神田高等女学校（現在の神田女学園）を創立した女子教育者である。次郎とつねは、竹澤里が校長である女学校で教師として出会った。

昭和七年四月に家出をして上京した和子を、父次郎は友人である岩波茂雄に頼み、岩波書店に就職させた。しかし、その年の末、岩波書店に特高の手が入り、和子は再び検挙された。釈放後、仙台に戻った和子はプロレタリア作家同盟とプロレタリア科学同盟に参加して活動を続けた。この時期の阿部次郎の日記から、和子との話し合いが何度も行われていることがわかる（『阿部次郎全集』第一四巻）。仙台に戻り一年半が過ぎた昭和九年九月一一日、左翼運動家に対する一斉検挙が行われた。和子も検挙されて、留置場で過ごし、この時、保母になる決心を固めた。

昭和一一年に仙台市の尚絅《しょうけい》女学校専攻部保母科に入学した。昭和一三年に卒業すると、東京市京橋区明石町方面館保育部に勤務し、保母の第一歩を踏み出した。昭和一六年には神奈川県高部屋村（伊勢原市）の愛育研究所高部屋村分室に勤務し、貧民街や農村で献身的に働いた。しかし、翌年一二月に友人に出した手紙に「暗い時代に負けず、やがてくる明日を信じてがんばりましょう」と書いた文章が、治安維持法に違反するという理由で、四度目の検挙となった。昭和一九年二月、懲役二年、執行猶予三年で釈放された。翌年八月一五日を自宅で迎えた。

「保母」和子の活動と猶興の保育活動支援

敗戦後、軍国主義から民主化への歴史の大きな転換によって、和子は進歩的な女性の一人として評価され、公的な場で発言し活動する機会が与えられるようになった。

『河北新報』は昭和二一年（一九四六）二月一二日から三日間「婦人参政座談会　生かそうこの一票」と題する特集記事を掲載した。七人の出席者のなかに阿部和子の名前がある。彼女は、食糧難の窮乏生活の中では「投票よりもお芋の方が大事」と考える女性が多いが、「お芋」と政治は密接な関係があり、女性が政治に関心を持てるように、女性に時間的なゆとりを与えるために「生活の科学化」つまり家事の合理化が必要である、と発言している。昭和二七年に仙台市教育委員選挙に立候補したが、次点であった。

昭和二五年、当時の仙台市は戦災復興の最中であり、宮城野原練兵場跡地に総合グランドを建設するために、失業対策事業で多くの人々が働いていた。その中には乳飲み子を抱えた女性たちが、子どもを背負ったままで肉体労働をしていた。母親たちは二つある休憩小屋の一つを保育所に使わせてほしい、と工事事務所にかけあった。そのような母親に協力したのが、保母の資格を持つ阿部和子であった。坂猶興が中心となり設立した宮城厚生協会から派遣された大工がトイレをつくり保育所に整え、昭和二五年に無認可保育所の宮城野原保育所が開所した。主任保母の阿部和子の人件費も宮城厚生協会が支援した。昭和三一年四月、宮城厚生協会が保育園の敷地を提供して、仙台市の認可園として乳銀杏保育園（仙台市宮城野区銀杏町）が開園した。

阿部和子は初代園長になり、昭和五七年の定年まで勤めた。その間、昭和三八年に仙台保育問題研究会を結成し、保育士に学びの機会を与え、運営委員として会の発展に尽くした。平成元年（一九八九）一〇月三一日宮城厚生協会長町病院において死去。享年七七。

おわりに——坂家三代の社会奉仕精神——

天皇観をめぐる相違

坂琢治《さかたくじ》・定義《さだよし》・猶興《なおおき》には地域医療、なかでも貧民医療に関わる活動に、生涯を捧げたという共通点がある。しかし、琢治と定義は幕末に仙台藩奉行坂英力《えいりき》の息子として生まれ、父の斬首を経験し、明治期に軍医として日清・日露戦争に従軍した同じ体験がある。一方、猶興は大正デモクラシーのなかで青春時代を過ごし、軍隊経験はなく、戦前に非合法活動に関わった。琢治・定義と猶興との間には、天皇制について埋めることのできない大きな考え方の隔たりがあった。

　琢治は宮城授産場の創立記念日を、当時の皇太子（後の大正天皇）の結婚を祝う「皇太子殿下御慶事紀念」に合わせて、明治三三年（一九〇〇）五月一〇日に定めた。琢治は自分の事業の節目を皇室の行事と重ね、授産場の実際の開設日を、翌年一一月三日の「天長節」（明治天皇の誕生日）とした。

　定義も琢治同様に、皇室の慶事には必ず祝意を表した。昭憲《しょうけん》皇太后が崩御したため天皇の即位礼は延期になり、大正四年（一九一五）一一月一〇日に挙行された。国内は奉祝一色になり、全国各地で大礼記念事業が行われた。塩竈町では記念樹の栽植や役場前の橋の架け換え等が実施された。この時の寄付により、定義は大礼記念章を授与された。昭和三年（一九二八）に天皇の即位礼が行われた時にも大礼記念章を授与されている。

　坂和夫氏は父猶興と大叔父定義との関係を次のように推しはかっている。

　一九三七年五月一七日、定義は利府に種痘に赴いた際、肺炎に罹患して重体に陥り（中略）行く末を心配した周囲の人々は、今度こそ跡継ぎの問題をはっきりさせねばと、定義の意向を質し、その実現のために奔走した。定義の意向は琢治の息子猶興を養子に迎えたいというものであった。定義は共産党が嫌いであり、猶興が治安維持法違反事件で検挙された時など「何であいう思想を持つようになったか」と憤慨していたが、妻しのぶと妻の甥浜田善雄が毛布の差し入れに赴いた際は、何も言わず暖かく見守っていた。定義ら兄弟の一大事は、父英力や仙台藩をはじめ会津、庄内藩などに着せられた朝敵や賊軍の汚名を晴らすことで、決して天皇に背いたのではないことを明らかにすることであった。そして、自らこれを証明するために、志願して天皇の軍隊に参加して、戦陣医療に奮闘したのである。ようやく賊の汚名を晴らし、家の再興もなった今、甥の猶興が事もあろうに天皇制打倒を主張する共産党に同調し、その活動を手助けするなどとは思いもよらぬことであった。猶興が貧しい人々のために無産者医療に献身している姿は、頼もしくさえ思えるものであったが、なぜ、それが天皇制打倒に繋がるのかは、理解の外にあった。確かに苦しんでいる多くの国民をよそに、政治家も軍部も財閥もおしなべて私利私欲に駆られて利権に群がる現実を見れば、定義とてそれらと戦わねばならぬという思いは同じであったが、それならばそれで利権に群がる奸賊を撃つべきであって、どうして天皇制を打倒しなければならぬかについては、矢張り理解できるものではなかった。(「坂定義伝」)

定義は、猶興が医師として窮民医療に心を砕く姿には自分と同じものを感じていたが、共産党には理解を示さなかった。

時代を超えて窮民医療を実践

琢治・定義・猶興の社会活動を振り返ってみよう。琢治が宮城授産場を実質的に開設したのは明治三四年(一九〇一)であり、その翌年に授産場付属の養素園(養稚園)を開園した。定義は明治四五年に私立塩釜病院を開院し地域医療に貢献し、さらに昭和初期に奉仕委員・方面委員を委嘱され、塩釜町社会事業協会の創立と運営に尽力した。琢治の息子猶興は、昭和一二年（一九三七）に私立塩釜病院を継いで二代目院長になった。医学生の頃から社会医学に関心を持ち、戦前は無産者医療の組織化をすすめ、戦後は民主的医療組織をめざし、全国的には民医連の結成と運営に関わり、地元では宮城厚生協会の設立を主導した。琢治・定義・猶興の三人が地域医療・福祉活動をした時代は、大まかに見ると明治・大正の琢治、大正・昭和戦前の定義、昭和戦前・戦後の猶興と異なるが、三人には共通した社会認識があった。

猶興が私財を拠出して設立の中心になった宮城厚生協会は、昭和二五年二月二〇日の設立理事会で、次のような「設立趣意書」を作成し、設立の目的を明らかにした。

医療事業は、社会の各人が健康であって、明るい生活を、その職場において家庭において営むことができるようにする、いわば明日の労働を楽しくできるように仕向ける公益的性格を持つ組織活動であって、国民一般の福祉増進こそ唯一の目標とするものである。

この事業は過去のあり方のような、単に疾病の治療または療養だけが対象となるものではなく、疾病によって起こる社会的な疾病を匡正するまでに発展せしめなければならない。こうしてこそ、この事業の新しい真の姿が発揮される。即ち広い意味の厚生事業にまで手を延ばさなければならない。（宮城厚生協会広報委員会『財団法人宮城厚生協会のあゆみ』）

宮城厚生協会の「設立趣意書」にある「（医療事業は）疾病によって起こる社会的な疾病を匡正するまでに発展せしめなければならない」という考え方は、ちょうど五〇年前の明治三三年に猶興の父琢治が作成した「宮城授産場趣意書」の次の記述と通じるものがある。「貧民流民の状態原因及び結果を考えふるに（中略）其多くは社会の潮流に駆られ生存競争に敗れて逆境に陥りし結果」「（彼らの）疾病を施療し、孤弱を扶助すると共に、適当の職業を督課して（中略）貧民流民授産事業より急務なるはなし」。

この二つの趣意書はいずれも、貧困と疾病の両方に目を向けている。定義は塩釜町社会事業協会設立の発起人の一人となり、隣保館を拠点に地域の子どものための予防医療や女性のための授産事業や助産事業などに尽力した。三人が活動した時代によって、授産事業、社会事業、厚生事業と名前は異なるが、いずれも貧民救済事業に深く関わっている。定義が貧者には無料診療どころか金銭を患者の家にそっと置いてきた、という逸話を前述したが、猶興にも同様の逸話がある。

故坂先生は、自転車で往診され、貧乏人からは往診料を受け取らないで、私の知人、友人の間では話題になっていました。そのような好意を悪用し銭がなくても、坂病院で治療して貰い、治療費を払わない人もでてきました。

（坂猶興先生記念誌編纂委員会『平和、人権、医療を民衆とともに歩み求めた医師』）

三者に共通することは、医師としての地域医療が診察室にとどまらず、病気の原因でもあり結果でもある貧困に目を向けて、患者が暮らす地域社会へと活動を進めたことである。

受け継がれる坂病院の事業

琢治の開設した宮城授産場は、大正一三年（一九二四）に琢治が死去すると閉場になり、付属の養稚園は、戦争が激しくなった昭和二〇年（一九四五）五月に閉園に至った。さらに、建物は仙台空襲によって被災し失われた。当時の敷地は、仙台市役所へ続く幹線道路が拡幅されたときに道路の一部になり、往時を偲ぶものは一つも残されていない。

一方、定義が開設した私立塩釜病院は、坂病院から坂総合病院へ改称され、一一〇年余を経た現在も、創立の地で医療を続けている。宮城厚生協会は戦後の復興期に設立され、高度経済成長期になると宮城厚生協会の中核となる坂病院は病床数を増し、昭和三五年から年間患者数は一〇万人を超え、昭和四五年には総合病院として認可された。さらに、宮城厚生協会は社会の変化に伴い、高齢社会にふさわしい地域医療・福祉事業を進めるために、平成九年（一九九七）に組織を再編して、乳銀杏保育園を分離して社会福祉法人宮城厚生福祉会を新たに設立した。宮城厚生福祉会は従来の保育事業に加えて、介護事業、障がい者事業を展開している。一方、公益財団法人宮城厚生協会は、坂総合病院を含む一二の医療事業所、七つのケアステーションを含む一九の介護事業所からなる事業体に発展した（二〇二三年九月現在）。

坂家からの院長就任は二代目の坂猶興で終わり、坂家一族で医師になった方は複数いるが、三代目からは坂家の親族ではない医師が院長に就き、令和五年（二〇二三）現在は一〇代目の院長が就任している。しかし、病院名に「坂」の文字は冠され続け、病院の名称が変更になることは、病院の歴史の中で一度もなかった。

平成二〇年四月三〇日付で坂総合病院は地域災害医療センター（災害拠点病院）として指定を受けた。平成二三年東日本大震災での坂総合病院の医療支援・救援活動の実績は、琢治・定義・猶興によって培われ、その後も繋がれてきた地域医療の継承といえるであろう。

坂家略系図①（初代〜9代）

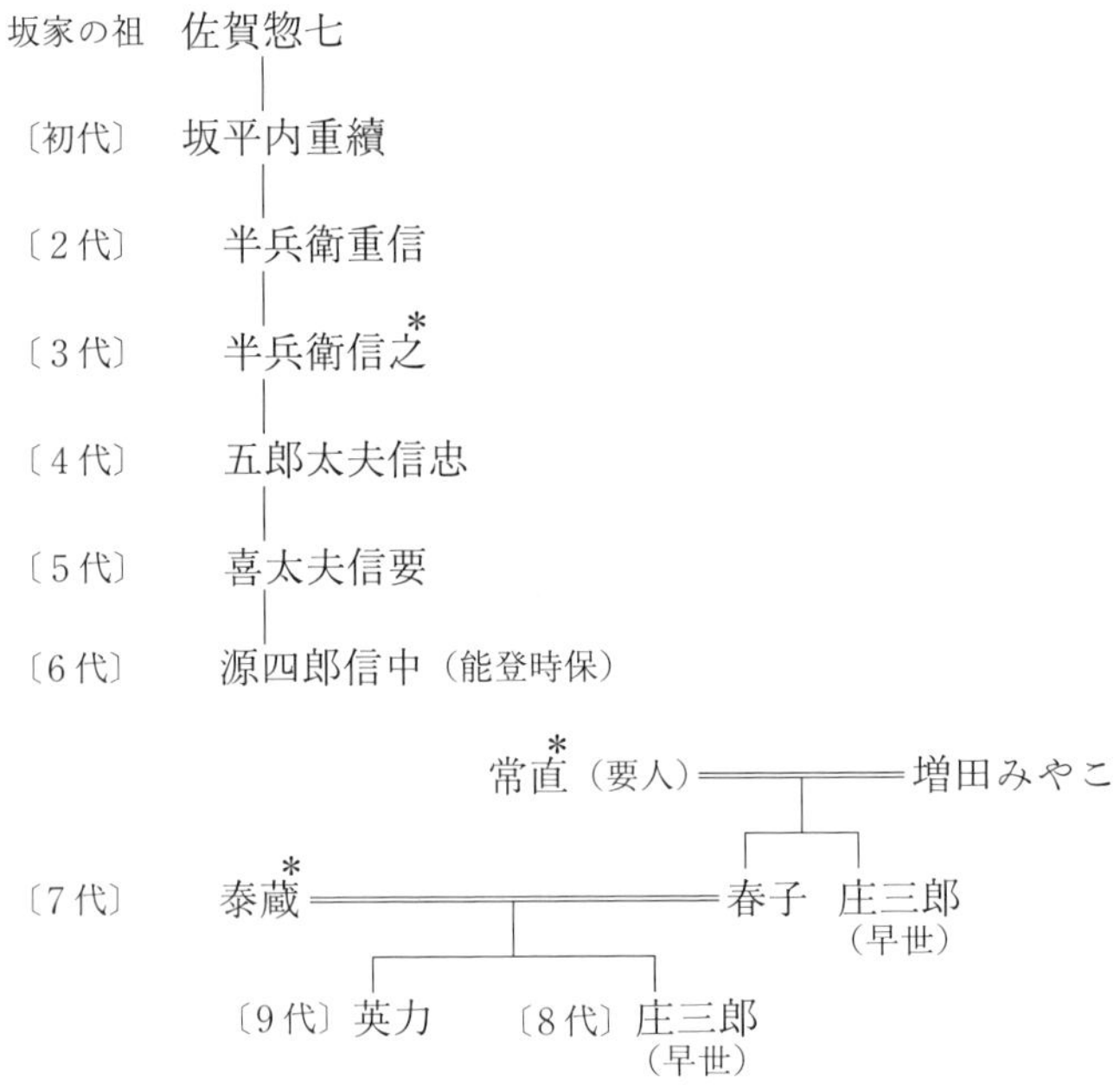

出典：「坂家略系」

注：＊は養嗣子

坂家略系図②（坂英力の家族）

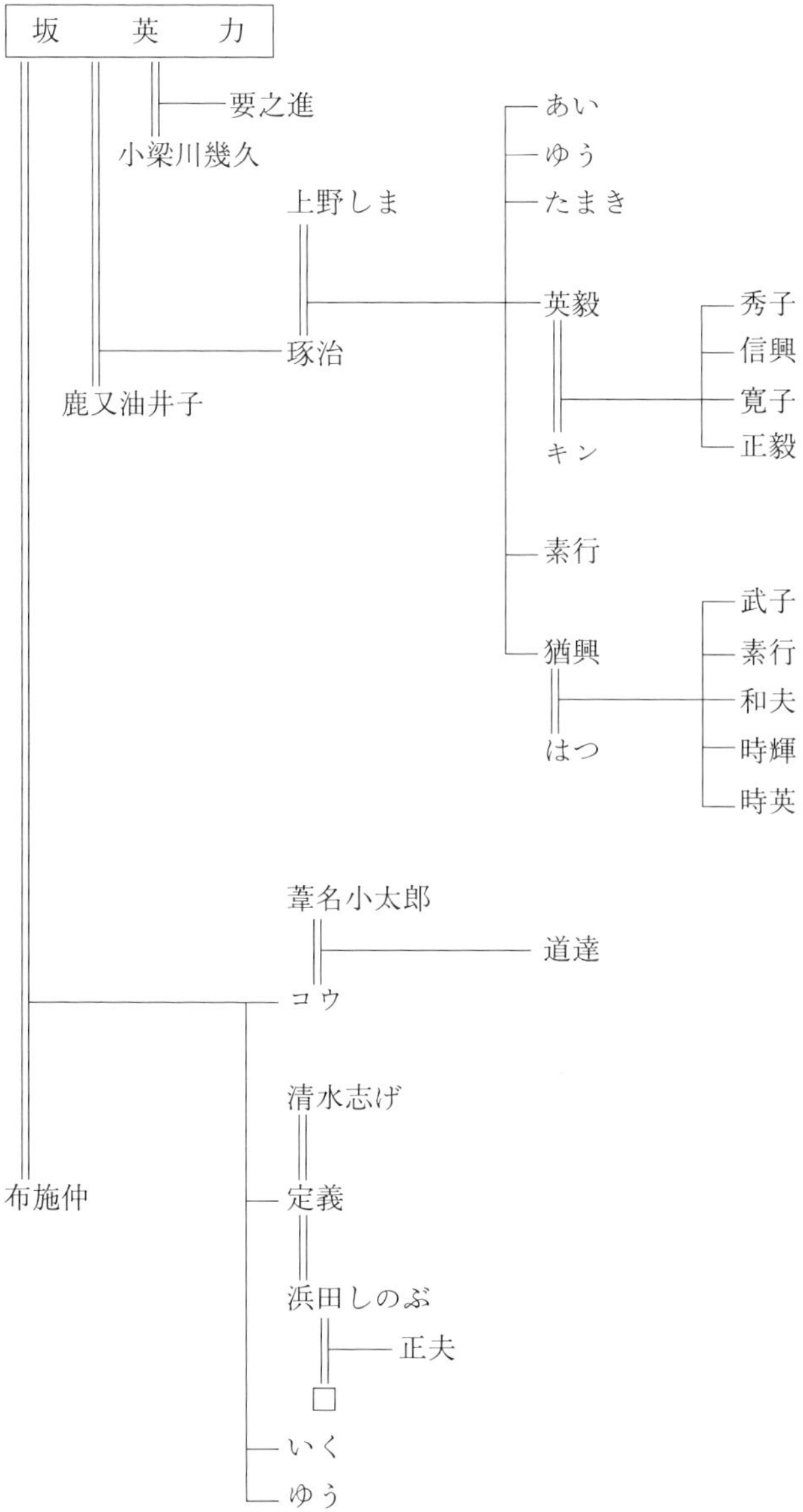

出典：「坂英力伝」「坂琢治伝」坂家聞取り

坂琢治・定義関係略地図

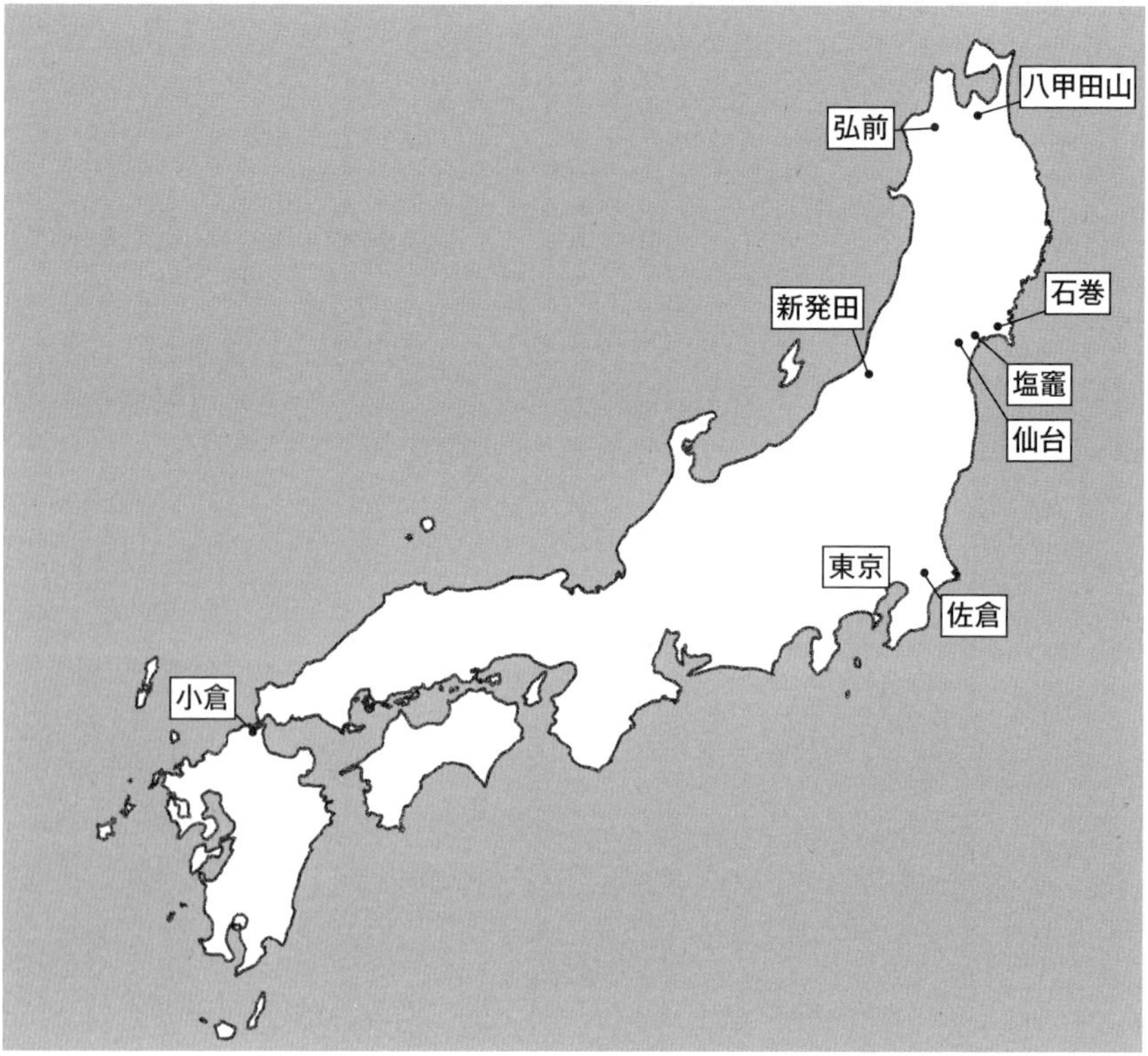
八甲田山
弘前
石巻
新発田
塩竈
仙台
東京
佐倉
小倉

参考文献

坂家所蔵史料

坂琢治・坂英毅「奥羽戊辰事変ノ眞相ヲ闡明セル坂英力傳」
坂琢治「民力涵養の基礎（後編）武士道の将来」
坂琢治「宮城授産場つゞれの錦」
坂英毅「坂琢治傳」
坂英毅「坂家略系」
坂しま他「宮城授産場日誌」
坂和夫「坂定義伝」「坂猶興伝」

自治体史・辞典

会津若松市史研究会編『会津若松市史』一八文化編、会津若松市、二〇〇七年
石巻市史編さん委員会編『石巻の歴史』第二巻通史編（下の2）、石巻市、一九九八年
一関市史編纂委員会編『一関市史』第2巻各説、一関市、一九七八年
岩沼市史編纂委員会編『岩沼市史』第7巻資料編Ⅳ近代、岩沼市、二〇一七年
金子幸子・黒田弘子・菅野則子・義江明子編『日本女性史大辞典』吉川弘文館、二〇〇八年
黄海村史編纂委員会編『黄海村史』岩手県藤沢町役場、一九六〇年
塩竈市史編纂委員会編『塩竈市史』Ⅱ本編Ⅱ、塩竈市役所、一九八六年
塩竈市史編纂委員会編『塩竈市史』Ⅳ別編Ⅱ、塩竈市役所、一九八六年
「新編弘前市史」編纂委員会編『新編弘前市史』通史編4、弘前市企画部企画課、二〇〇五年
仙台郷土研究会編『新版仙台藩歴史用語辞典』仙台郷土研究会、二〇一五年
仙台市史編さん委員会編『仙台市史』通史編5近世3、仙台市、二〇〇四年

仙台市史編さん委員会編『仙台市史』通史編6近代1、仙台市、二〇〇八年
仙台市史編さん委員会編『仙台市史』通史編7近代2、仙台市、二〇〇九年
多賀城市史編纂委員会編『多賀城市史』第2巻近世・近現代、多賀城市、一九九三年
多賀城町誌編纂委員会編『多賀城町誌』多賀城町誌編纂委員会、一九六七年
津山町史編さん委員会編『津山町史』後編、津山町、一九八九年
松島町誌編纂委員会編『松島町誌』松島町、一九六〇年
宮城郡教育会編『宮城郡誌』名著出版、一九七二年
宮城縣史編纂委員会編『宮城縣史』6（厚生）、財団法人宮城縣史刊行会、一九六〇年

参考著書・資料

赤崎小学校一〇〇年祭実行委員会編集部編『赤崎小学校百年誌』大船渡市立赤崎小学校、一九七三年
朝日新聞仙台支局編『宮城人《郷土の群像》』宝文堂、一九八一年
葦名顕彰睦会『葦名会報』創刊号、葦名顕彰睦会、一九八八年
阿部和子遺稿・追悼集刊行会編『子どもたちを主人公に親たちと歩んだ道』ドメス出版、一九九一年
阿部次郎『阿部次郎全集』第一四巻、角川書店、一九六二年
池上鋼他郎『北陸五十年史』北陸女学校、一九三六年
石光真人編著『ある明治人の記録　会津人柴五郎の遺書』中央公論社、一九七一年
今泉篁洲『篁洲雑纂』（宮城県図書館蔵）一九一六年
岩手県教育委員会編『岩手近代教育史』第一巻明治編、岩手県教育委員会、一九八一年
岩手県立教育研究所『岩手県教育史資料』第八集、岩手県立教育研究所、一九五九年
岩手県立教育研究所『岩手県教育史資料』第一三集、岩手県立教育研究所、一九六二年
岩手県立教育研究所『岩手県教育史資料』第一九集、岩手県立教育研究所、一九六五年
遠藤由紀子『会津藩家老・山川家の近代―大山捨松とその姉妹たち―』雄山閣、二〇一二年
太田正雄『木下杢太郎日記』第三・四巻、岩波書店、一九八〇年

小笠原清高『塩竈市医師会史』塩竈市医師会、一九七二年
岡田靖雄『相馬事件』六花出版、二〇二二年
葛西富夫『会津藩落城・流転―会津から斗南に移った二少女の体験記に寄せて―』津軽書房、二〇一九年
桂省三『校友會誌』青森県立第一高等女学校々友会、一九〇四年
釜石医師会史編纂委員会『釜石医師会史』釜石医師会、一九九一年
キリスト教保育連盟百年史編纂委員会『日本キリスト教保育百年史』キリスト教保育連盟、一九八六年
栗原伸一郎『幕末戊辰仙台藩の群像―但木土佐とその周辺―』大崎八幡宮、二〇一五年
校史編纂委員会編『八十年史―青森県立弘前中央高等学校』青森県立弘前中央高等学校、一九八〇年
小林恵子『日本の幼児教育につくした宣教師』上巻、キリスト教新聞社、二〇〇三年
小堀桂一郎『森鷗外』ミネルヴァ書房、二〇一三年
埼玉県国民健康保険団体連合会『埼玉県国民健康保険史』埼玉県国民健康保険団体連合会、一九五四年
埼玉県越ヶ谷順生会編『国民健康保険組合越ヶ谷順生会事業要覧』越ヶ谷順生会事務所、一九三六年
済美会『済美』第二二号、福岡県女子師範学校済美会、一九三二年
坂総合病院「友の会だより」第一〇一号、刊行年不明
坂総合病院一〇〇年史編纂委員会『坂総合病院一〇〇年史』宮城厚生協会坂総合病院、二〇一四年
坂猶興先生記念誌編纂委員会『平和、人権、医療を民衆とともに歩み求めた医師―坂猶興先生を偲んで―』坂猶興先生記念誌編纂委員会、二〇〇七年
佐々木克『戊辰戦争』中央公論新社、一九七七年
佐々木はる『信念に生きた男―評伝多田基一―』アクトジャパン、一九九八年
佐藤大介・青葉山古文書の会『丸吉皆川家日誌』幕末維新編、東北大学災害科学国際研究所歴史文化遺産保全学分野、二〇二三年
柴桂子『会津藩の女たち―武家社会を生きた十人の女性像―』恒文社、一九九四年
新発田市豊栄市北蒲原郡医事衛生史編集委員会編『新発田市豊栄市北蒲原郡医事衛生史』新発田市豊栄市北蒲原郡医師会、一

九八二年
下飯坂秀治編／大槻文彦校『仙台藩戊辰史』蝸牛堂、一九〇二年
薄田貞敬編『石黒忠悳懐旧九十年』石黒忠篤、一九三六年
仙台基督教育児院八十八年史編纂委員会『仙台基督教育児院八十八年史』仙台基督教育児院、一九九四年
仙台白百合学園『仙台白百合学園歴史資料集』第二編、仙台白百合学園、二〇一四年
相馬愛蔵・黒光著作集刊行委員会『相馬愛蔵・黒光著作集5　広瀬川の畔』郷土出版社、一九九六年
創立一三〇周年記念誌編集委員会編『創立一三〇周年記念誌あゆみ』仙台市立東二番丁幼稚園、二〇〇九年
多賀城市教育委員会『多賀城市文化財調査報告書第一三〇集　多賀城市の歴史遺産　笠神村　下馬村』多賀城市文化遺産活用活性化実行委員会、二〇一六年
多賀城市立多賀城小学校記念誌編集委員会編『多賀城小学校の百二十五年』多賀城市立多賀城小学校、一九九八年
高松卯喜路『幕将古屋佐久左衛門（兄）・幕医高松凌雲（弟）傳』秀巧社印刷、一九八〇年
伊達宗弘・伊達君代著『仙台藩最後のお姫さま　北の大地に馳せた夢』新人物往来社、二〇〇四年
鶴見祐輔『〈決定版〉正伝・後藤新平』1医者時代、藤原書店、二〇〇四年
鶴見祐輔『〈決定版〉正伝・後藤新平』2衛生局長時代、藤原書店、二〇〇四年
帝国連隊史刊行会編『歩兵第三十一連隊史』帝国連隊史刊行会、一九一九年
同愛社編『日本救療事業史料　同愛社五十年史』同愛社、一九二八年
東京帝国大学医学部法医学教室五十三年史編纂会編『東京帝国大学医学部法医学教室五十三年史』東京帝国大学医学部法医学教室、一九四三年
東北大学五十年史編集委員会『東北大学五十年史』上、東北大学、一九六〇年
鳥飼里の会編『創立七十年福岡県女子師範学校誌』鳥飼里の会、一九七三年
内藤参造『宮電の歴史』宮城電気鉄道株式会社史刊行会、一九七六年
中山栄子『続・宮城の女性』金港堂出版部、一九八八年
奈良原春作『荻野吟子』国書刊行会、一九八四年

浜田文雄『日本無産者医療同盟第二回全国大会報告』日本無産者医療同盟、一九三二年
林哲『芦名一族』歴史春秋社、一九七九年
原奎一郎編『原敬日記』第七巻、乾元社、一九五一年
伴忠康『高松凌雲と適塾―医療の原点』春秋社、一九八〇年
平川祐弘・平岡敏夫・竹盛天雄編『講座森鷗外1 鷗外の人と周辺』新曜社、一九九七年
福島成蹊学園創立一〇〇周年記念事業実行委員会・創立一〇〇周年記念誌委員会編『福島成蹊百年史』学校法人福島成蹊学園、二〇一五年
藤原相之助『仙台戊辰史』荒井活版製造所、一九一一年
藤原益栄『図説多賀城海軍工廠』くらしと民主主義、史跡・緑を守る多賀城懇話会、二〇一二年
北陸学院125年史編纂委員会『北陸学院125年史』北陸学院、二〇一〇年
堀田幸義『近世武家の「個」と社会―身分格式と名前に見る社会像―』刀水書房、二〇〇七年
歩兵第五聯隊編『遭難始末』歩兵第五聯隊、一九〇二年
松木明知『八甲田雪中行軍の研究』松木明知、二〇〇二年
宮城県「宮城県統計書一九〇二～一九〇八」(『明治年間府県統計書集成増補版 マイクロフィルム版』雄松堂)
宮城県医師会編『宮城県医師会史（医療編）』宮城県医師会、一九七五年
宮城県教育委員会編『宮城県教育百年史』第一巻明治編、ぎょうせい、一九七六年
宮城県教育委員会編『宮城県教育百年史』第二巻大正・昭和前期編、ぎょうせい、一九七七年
宮城県町村会『宮城県町村会七十年史』宮城県町村会、一九九二年
宮城県・みやぎの女性史研究会編著『みやぎの女性史』河北新報社、一九九九年
宮城厚生協会広報委員会『財団法人宮城厚生協会のあゆみ 一九五〇年～二〇〇〇年創立五〇周年』宮城厚生協会、二〇〇〇年
宮城厚生協会坂総合病院編『医者屋にならず―坂病院初代院長坂定義先生の生涯と業績―』宮城厚生協会坂総合病院、二〇一九年

宮城厚生福祉会『社会福祉法人宮城厚生福祉会二〇年のあゆみ』社会福祉法人宮城厚生福祉会、二〇一七年
森林太郎『鷗外全集』第三〇・三三・三五・三八巻、岩波書店、一九七四〜七五年
森林太郎・小池正直著『衛生新篇』南江堂、一八九六年
柳谷慶子『江戸のキャリアウーマン』吉川弘文館、二〇二三年
山内みな『山内みな自伝　十二歳の紡績女工からの生涯』新宿書房、一九七五年
横沢文質編著『宮城県幼稚園教育百年史』宮城県幼稚園協会、一九八〇年
吉岡一男『鈴木雨香の生涯と岩沼』鈴木雨香生誕一五〇年顕彰会、二〇〇三年
吉田秀一他編『仙台市医師会史（二十世紀の歩み）』仙台市医師会、二〇〇〇年
陸軍軍医団編『陸軍衛生制度史』小寺昌、一九一三年

論文・聞取調査記録

一戸富士雄・一戸葉子「多田ミトリ聞き取り調査記録」一九八三年九月一八日、一九八四年一月一六日
梅染信夫「英和幼稚園を創った婦人宣教師」『北陸学院短期大学紀要』三五、二〇〇四年
小笠原浩太「戦間期宮城県における方面委員の特性」『大原社会問題研究所雑誌』六四九、二〇一二年
小川功「日本三景・松島の観光振興と旅館経営者―大宮司雅之輔による観光鉄道への関与を中心として―」『跡見学園女子大学マネジメント学部紀要』九、二〇一〇年
菊池慶子「近代宮城の裁縫教育と朴澤三代治―裁縫雛形を用いた一斉教授法―」『東北学院大学東北文化研究所紀要』四五、二〇一三年
菊池義昭「岡山孤児院の2つの災害での貧孤児収容とその歴史的役割の概要」『東洋大学ライフデザイン学研究』八巻、二〇一二年
北場勉「大正期における方面委員制度誕生の社会的背景と意味に関する一考察」『日本社会事業大学紀要』五五、二〇〇九年
栗原伸一郎「「葦名靭負戊辰記事」に関する一考察」『仙台市博物館調査研究報告』三二・三三合併号、二〇一三年
小林恵子「最初の私立の保姆養成について（その三）―桜井女学校幼稚保育科と英和幼稚園―」『日本保育学会大会研究論文集』四〇、日本保育学会、一九八七年

坂はつ「あらしのなかの青春（6）わが夫、坂猶興のあゆんだこの道」『不屈』二〇八付録、治安維持法犠牲者国家賠償要求同盟宮城県支部、一九九一年
佐藤和賀子「朴澤三代治と裁縫教授用掛図」『仙台大学紀要』四四―二、二〇一三年
佐藤和賀子「軍医坂琢治と妻しまの授産事業」荒武賢一朗編『東北からみえる近世・近現代』岩田書院、二〇一六年
佐藤和賀子「明治期ニコライ堂の女子神学校と宮城の女性たち」『東北学院大学東北文化研究所紀要』四九、二〇一七年
佐藤和賀子「黒田チカ・牧田らくの仙台生活―東二番丁の坂琢治邸に下宿―」『東北大学史料館だより』三四、二〇二一年
佐藤和賀子「仙台藩奉行坂英力の遺された家族の近代―坂家の女性たちを中心に―」『地域女性史研究』三、二〇二二年
竹原万雄「コレラ流行と「自衛」する村落社会」荒武賢一朗編『近世日本の貧困と医療』古今書院、二〇一九年
知野愛「明治初年の女子勧業教育（2）―仙台女紅場を中心に―」『郡山女子大学紀要』三五、一九九九年
松木明知「中原貞衛と『第五連隊惨事奥の吹雪』（二）―山口少佐の死因をめぐって―」『日本醫事新報』四〇七二、二〇〇二年

あとがき

日本三景の松島と仙台市のほぼ中間にある塩竈市に、開院から一一〇年余の歴史をもつ坂総合病院がある。そのような病院によくある創立者の胸像や病院の由来を記すプレートはない。しかし、病院の駐車場には、大正三年（一九一四）に病院の本館が竣工した時に作られた大人の背丈ほどの石碑がある。その碑の表には「紀念之碑　計営者建立」とあり、裏には病院建設に協力した土工人夫、石工、大工など一七五人に及ぶ人々の名前と居住地が刻まれている。居住地の多くは、当時、無医村であった。

病院創立者の名前は、「紀念之碑」のどこにも刻まれていない。それゆえ、病院の名前が初代院長坂定義《さかさだよし》の名前に由来することを、知らない人も多いであろう。ましてや、彼の父坂英力《えいりき》が、戊辰戦争で新政府に抵抗した仙台藩の責任を負い斬首されたことを、知る人はさらに少ないであろう。碑に坂定義の名前がないのは、坂英力の息子ゆえの深慮があったのかもしれない。

この碑は、現在でも地元住民に大切にされている。名誉院長の村口至氏から「この碑は何度か移転されていますが、移転するために横に倒されていた時に、幼児を連れた若いお母さんが、「おじいちゃんに泥をかぶせるとは何ごとか」と事務長室に抗議に来られたことがありました。碑にはその方の祖父の名前が刻まれていました。この時私は、坂病院が、いかに地域の人々にとってかけがえのない存在であるかを、改めて認識しました」というお話を伺ったことがある。

この碑に触発されたことも一因で、この一〇年余、坂家の家族の歴史に関心を寄せてきた。これまでの研究で、坂英力の次男琢治《たくじ》と三男定義が軍医を退職後に、琢治は明治三〇年代に宮城授産場と幼稚園を開設して貧民と貧児のために活動し、定義は大正から昭和初期に私立塩釜病院（後の坂総合病院）の初代院長として地域住民のために、医療・福祉に貢献したことを明らかにした。

本書を執筆するにあたり、令和二年（二〇二〇）に公刊された資料「坂英力伝」を読み、大変嬉しい発見があった。戊辰戦争のさなか、仙台藩の奉行（家老）の但木土佐《ただきとさ》と坂英力が、出兵藩士の家族に配慮し、微禄困窮者の家族が病気になった時や、家族が幼少で世話が必要な時には、目付《めつけ》に申し出るように達《たつし》を出した、という記述を見つけた。英力らが対処した貧困藩士の家の病人や子どもへの救済は、まさに英力の息子琢治と定義が、その半生を捧げた貧民や子どものための医療・福祉活動へとつながっている。

琢治と定義は、父英力の朝廷への「逆賊」の汚名をそそぐため、天皇が統帥する陸軍の軍医として日清・日露戦争に従軍した。退役後、琢治は論考によって明治政府を批判し、定義は批判を決して表に出さず冷徹に地域の課題に取り組んだ。そのような父琢治と叔父定義の姿をみた猶興《なおおき》は、戦前には非合法活動の道を歩んだ。この三人の生涯を主軸に、坂家の家族の歴史を通じて、日本近代史をたどりたいと思ったことが、本書の執筆の動機である。

また、坂家の資料や公文書から、坂家の個性的な女性たちの存在を知り、明治・大正期を生きた彼女たちの人生の選択に現代的な課題をみたことも、執筆への思いを後押しした。明治末に、英力の長女コウは祖母と病気の母を世話するために教員を「介護離職」した。しかし、離職した直後に、母校の松操学校（仙台市にある裁縫学校）に再入学している。「介護と仕事の両立」が無理とわかると「介護と学業の両立」へと切り替え、「学び直し」（リカレント）によって、より高い資格を得て、次の再就職にその資格を生かしている。また、定義の妻志げは、教員としてのキャリアを継続するために、「夫と同居」ではなく「妻の単身赴任」を、明治末に選択した。介護離職、介護と仕事の両立、既婚女性の転勤など、働く女性が抱える問題は、戦後、女性の社会進出が始まってから生じたのではなく、女性が社会で働き始めた時から、すでに存在していた問題であることを改めて知り、彼女たちの生き方を紹介したいと考えた。

本書は坂英力の家族への関心から書き始めたが、執筆を進めるなかで、英力自身についても多くの方々に知ってほしいという思いが、徐々に大きくなってきた。藤原相之助著『仙台戊辰史』によると、英力は捕吏が来ても平然として、温顔微笑を含み「世乱れて忠臣現はる、吾輩忠か、はたまた不忠か、義か、はたまた不義か、他年必ず世に知るるの時あらん、暗黒の時代に於ては争うも甲斐なし」（かたかなと一部の漢字をひらがなに直している）と語ったという。不遜かもしれないが、本書がその「他年の時」をつくる小さなきっかけになることを願っている。

これまで、坂英力の家族に関する研究成果を発表する機会が数回あり、そのなかで格別に心に残る講演会が二つある。一つは、平成二九年（二〇一七）一二月に坂総合病院で行った講演会である。「坂琢治・定義の思想と業績―宮城授産場と私立塩釜病院―」の題で講演した。私立塩釜病院（坂総合病院）の二代目院長は琢治の三男猶興で、戦前に非合法活動をしていた。講演会後の茶話会で、本文でも触れたが、猶興の甥の坂正毅《まさたか》氏から、次のような逸話を伺った。

特高（特別高等警察）が猶興を拘束するために、坂家に来た時、とっさに猶興の母しまは、階段を背に正座して「二階に猶興はおりません。猶興の母がいないと言うのですから本当です。二階に上がりたければ、まず、私を斬ってから行きなさい」と言うと、特高はそのまま帰ったとのこと。幼い日、その場にいた正毅氏は、その記憶を一語一語ゆっくり確認しながらも、一気に語られた。

もう一つは、母校の東北大学大学院文学研究科日本史研究室の国史談話会総会での講演会である。コロナ禍が終息の兆しもなかった令和三年六月に、全国の会員をオンラインで繋いで講演会が予定された。ちょうど一〇〇年前の大正一一年（一九二二）、塩竈でコレラ患者が発生し、坂定義は予防の最前線に立ち奮闘していた。コロナ禍のなかで、定義について話をするのも巡りあわせと思い、「仙台藩奉行坂英力の遺された家族の近代―坂琢治・坂定義の福祉医療活動を中心に―」の題で講演をお引き受けした。その際には、講演依頼から当日の機器の操作に至るまでそれぞれの場面で、日本史研究室の柳原敏昭先生、安達宏昭先生、籠橋俊光先生、堀裕先生、栗原伸一郎先生にお世話になった。改めて御礼を申し上げる。

安達先生は博士論文の指導教官であり、卒業後には、安達先生が部会長を務める『岩沼市史』近現代部会に参加させていただいた。また、私の研究生活のなかで、一番長くご指導を仰いでいるのは大学院入学時の指導教官の大藤修先生である。卒業後も論文の抜き刷りをお送りすると、必ず的確なご批評と励ましがあり、本書についてもご教示を賜った。心から感謝を申し上げたい。

本書執筆に際して、坂家と公益財団法人宮城厚生協会坂総合病院、学校法人朴沢学園、仙台市博物館、柏崎市立図書館からの資料等のご協力に厚く御礼を申し上げる。

二〇二四年一月

佐藤和賀子

著者略歴
一九五〇年　北海道生まれ
二〇〇五年　東北大学大学院文学研究科博士課程後期修了
現在　聖和学園短期大学非常勤講師、博士（文学）

〔主要著書論文〕
『医者屋にならず―坂病院初代院長坂定義先生の生涯と業績―』（執筆担当、宮城厚生協会坂総合病院編・刊、二〇一九年）
「東北六県における女性の政治参画」（入間田宣夫監修『講座東北の歴史』六、清文堂出版、二〇一三年）
「軍医坂琢治と妻しまの授産事業―「宮城授産場日誌」をてがかりに―」（荒武賢一朗編『東北からみえる近世・近現代』岩田書院、二〇一六年）

戊辰戦後の仙台藩〈家老〉一族
坂家のファミリーヒストリー

二〇二四年（令和六）三月一日　第一刷発行

著　者　佐《さ》藤《とう》和《わ》賀《か》子《こ》

発行者　吉川道郎

発行所　株式会社 吉川弘文館
郵便番号一一三―〇〇三三
東京都文京区本郷七丁目二番八号
電話〇三―三八一三―九一五一〈代〉
振替口座〇〇一〇〇―五―二四四番
https://www.yoshikawa-k.co.jp/

印刷＝株式会社 精興社
製本＝株式会社 ブックアート
装幀＝渡邉雄哉

ISBN978-4-642-08445-1

家からみる江戸大名 伊達家 仙台藩

J・F・モリス著　A5判・二〇八頁／二二〇〇円

御家騒動や飢饉など、度重なる困難に見舞われた仙台伊達家。一方、数々の試練は平和で近代的な社会システムの芽を育んだ。家臣や領民の「不服」の声を聴く統治、家を支えた脇役にも光を当て、仙台伊達家の近世を描く。

戊辰戦争と草莽の志士 切り捨てられた者たちの軌跡

髙木俊輔著　A5判・一八四頁／二二〇〇円

明治維新の変革を目指して、地方・地域を背景に活動した草莽の志士たち。彼らは何を考え、何を契機に決起したのか。新政権樹立をなしとげた一握りの勝者からだけでは描ききれない、戊辰戦争のもう一つの側面に迫る。

江戸のキャリアウーマン 奥女中の仕事・出世・老後

柳谷慶子著　（歴史文化ライブラリー）四六判・二七二頁／一八〇〇円

生家を離れ武家へ奉公に出た奥女中。その働きやキャリア形成、老後の待遇に迫る。儀礼の差配、親族大名との交際、将軍家への使者など、奥向から大名家を支えた仕事に注目。職務に生涯をかけた姿に働くことの意味を問う。